教育部人文社会科学研究一般项目（项目批准号：12YJA820050）

法院案件管理机制实证研究

牟军 等 著

中国社会科学出版社

图书在版编目(CIP)数据

法院案件管理机制实证研究 / 牟军等著 . —北京：中国社会科学出版社，2021.3
ISBN 978-7-5203-7993-9

Ⅰ.①法… Ⅱ.①牟… Ⅲ.①法院—案件—管理—研究—中国 Ⅳ.①D926.2

中国版本图书馆 CIP 数据核字(2021)第 038190 号

出 版 人	赵剑英
责任编辑	任　明
特约编辑	芮　信
责任校对	赵雪姣
责任印制	郝美娜

出　　版	中国社会科学出版社
社　　址	北京鼓楼西大街甲 158 号
邮　　编	100720
网　　址	http://www.csspw.cn
发 行 部	010-84083685
门 市 部	010-84029450
经　　销	新华书店及其他书店
印刷装订	北京君升印刷有限公司
版　　次	2021 年 3 月第 1 版
印　　次	2021 年 3 月第 1 次印刷
开　　本	710×1000　1/16
印　　张	18
插　　页	2
字　　数	297 千字
定　　价	95.00 元

凡购买中国社会科学出版社图书，如有质量问题请与本社营销中心联系调换
电话：010-84083683
版权所有　侵权必究

《法院案件管理机制实证研究》

撰写人员：牟 军　张 青　徐 清　何永军　杨国俊
　　　　　　刘晓虹　苏斐然　李 毅　和 博

目　录

导论　法院案件管理问题的提出和研究方案的设计 …………… (1)
　一　法院案件管理问题的提出 ………………………………… (1)
　　（一）有关法院案件管理与审判管理内涵和外延的厘清 ……… (1)
　　（二）法院案件管理问题产生的背景和原因 ………………… (7)
　　（三）法院案件管理提出和发展的政策制度依据 …………… (11)
　二　法院案件管理的理论研究状况及其评价 ………………… (15)
　　（一）理论研究情况综述 ……………………………………… (15)
　　（二）法院审判管理（案件管理）理论研究的具体范畴及其
　　　　　主要观点 …………………………………………………… (18)
　　（三）法院审判管理理论研究存在的主要问题以及本项研究
　　　　　可能的突破 ………………………………………………… (24)
　三　法院案件管理的实证研究方案 …………………………… (28)
　　（一）研究目标及解决的问题 ………………………………… (28)
　　（二）研究对象的确立及其依据 ……………………………… (32)
　　（三）研究路径、框架和方法 ………………………………… (34)

第一章　法院案件管理组织体制及改革 ……………………………… (37)
　一　法院案件管理组织体制基本架构 ………………………… (38)
　　（一）法院内部组织领导体制 ………………………………… (38)
　　（二）法院外部组织管理 ……………………………………… (41)
　二　法院内外组织系统对案件的管理 ………………………… (43)
　　（一）法院内部系统对案件的管理 …………………………… (43)
　　（二）法院外部系统对案件办理的监督和控制 ……………… (48)
　　（三）法院内外组织系统对案件管理的评析 ………………… (52)
　三　法院组织系统改革的基本思路 …………………………… (56)

（一）当前司法改革对法院组织体制改革提出的要求 ………… (56)
　　（二）我国法院组织体制改革的基本思路 ………………………… (57)
　四　改革的主要举措及其推进 ……………………………………… (63)
　　（一）改革司法体制以保障法院独立司法 ………………………… (64)
　　（二）改革法院内部管理以保障法官独立审判 …………………… (66)

第二章　法院案件质量管理的基础、环节及建构 …………………… (84)
　一　法院案件质量管理：概念、标准和意义 ……………………… (84)
　　（一）案件质量管理的概念 ………………………………………… (84)
　　（二）案件质量管理之标准 ………………………………………… (86)
　　（三）案件质量管理的意义 ………………………………………… (88)
　二　法院案件质量管理的组织机构及其运行程序 ………………… (90)
　　（一）案件质量管理之组织机构 …………………………………… (90)
　　（二）案件质量管理之运行程序 …………………………………… (92)
　三　法院案件质量评定体系 ………………………………………… (96)
　　（一）法院案件质量评定体系之形成 ……………………………… (96)
　　（二）案件质量评定体系的基本内容和结构 ……………………… (97)
　　（三）案件质量评定体系的特点 …………………………………… (102)
　四　法院案件质量评查制度 ………………………………………… (104)
　　（一）案件质量评查之意涵及其功能定位 ………………………… (104)
　　（二）案件质量评查制度的内容和体系 …………………………… (106)
　五　法院案件质量管理之困境及其破解 …………………………… (112)
　　（一）法院案件质量管理之困境 …………………………………… (112)
　　（二）我国法院案件质量管理制度之完善 ………………………… (116)

第三章　法院案件效率管理的现状与制度完善 …………………… (122)
　一　我国法院案件效率管理的基本问题 …………………………… (122)
　　（一）案件审判效率的基本认识 …………………………………… (122)
　　（二）案件效率管理问题的提出 …………………………………… (128)
　二　我国法院案件效率管理的评价体系 …………………………… (136)
　　（一）最高人民法院案件效率评定体系 …………………………… (136)
　　（二）地方各级法院案件效率评定体系 …………………………… (142)
　　（三）最高人民法院和地方各级法院案件效率评定体系的
　　　　　基本认识 ………………………………………………………… (145)

三　法院案件效率管理运行实证研究……………………（148）
　　　（一）S市中级法院案件效率管理的实践情况……………（149）
　　　（二）法院案件效率管理存在的制度和实践问题…………（151）
　　四　我国法院案件效率管理制度的完善……………………（153）
　　　（一）我国法院案件效率管理需要解决的基础问题………（153）
　　　（二）我国法院案件效率评价体系的完善…………………（156）
　　　（三）我国法院案件审判效率机制的完善和法院体制改革的
　　　　　　协调……………………………………………………（159）

第四章　法院案件流程管理的实践与完善……………………（161）
　　一　对法院案件流程管理的认识……………………………（161）
　　　（一）什么是法院案件流程管理……………………………（161）
　　　（二）法院案件流程管理的提出及意义……………………（169）
　　　（三）法院案件流程管理与法院审判程序、审判权的关系……（174）
　　二　我国法院案件流程管理的实证研究……………………（178）
　　　（一）法院案件流程管理的实践情况………………………（178）
　　　（二）法院案件流程管理存在的问题和症结………………（184）
　　三　法院案件流程管理的突破和创新………………………（192）
　　　（一）法院流程管理的基础…………………………………（192）
　　　（二）法院案件流程管理的立法与规则完善………………（195）
　　　（三）法院案件流程管理相关措施的完善和改进…………（198）

第五章　法院绩效考评制度：一种新的法院管理制度安排………（201）
　　一　法院绩效考评的制度变迁史考察………………………（201）
　　　（一）绩效考评前法院内部对审判业务人员业绩的管理………（201）
　　　（二）法院绩效考评制度的建立和发展……………………（204）
　　　（三）建立法院审判业务人员绩效考评制度的必要性………（209）
　　二　我国法院绩效考评体系…………………………………（213）
　　　（一）我国法院绩效考评制度的框架和内容………………（213）
　　　（二）我国法院绩效考评制度的特点………………………（216）
　　三　我国法院绩效考评制度的运行现状和存在问题………（217）
　　　（一）我国法院绩效考评制度的运行现状…………………（217）
　　　（二）我国法院近年来绩效考评制度的运行效果…………（223）
　　　（三）我国法院绩效考评制度存在的主要问题和症结………（226）

  四　推进我国法院绩效考评制度改革和有效运行的对策
    建议 ……………………………………………………（235）
   （一）实现法院绩效考评理念和思想的转变 ……………（235）
   （二）对绩效考核中的具体制度进行调整和完善 ………（236）
   （三）强化对绩效考评制度有效运行的保障 ……………（240）

第六章　法院案件管理机制的综合评判和未来路径选择 ………（242）
  一　我国法院案件管理机制运行的整体态势 …………………（242）
   （一）法院案件管理的基础条件和手段状况 ……………（242）
   （二）法院案件管理机制运行的综合状况 ………………（245）
  二　我国法院案件管理机制评析 ………………………………（248）
   （一）我国法院案件管理机制的独特之处 ………………（248）
   （二）我国法院案件管理机制存在的突出问题 …………（248）
   （三）我国法院案件管理机制存在的整体困境和难点 …（251）
  三　我国法院案件管理机制的建构 ……………………………（257）
   （一）法院案件管理的目标确定和基本思路 ……………（257）
   （二）法院案件管理的规范化建设 ………………………（260）
   （三）法院案件管理组织体系的调整 ……………………（261）
   （四）理顺法院案件管理与审判程序的关系 ……………（265）
   （五）法院案件管理的具体措施 …………………………（267）

参考文献 ……………………………………………………………（270）

导论

法院案件管理问题的
提出和研究方案的设计

一 法院案件管理问题的提出

（一）有关法院案件管理与审判管理内涵和外延的厘清

1. 当代中国法院审判管理概念的提出。从诉讼过程和法律的外在形式上看，法院及其审判组织从事的主要活动是审判活动，其所行使的权力是审判权，与这一外在审判活动及其行使的权力相对应，在法院内部存在支撑和保障审判活动顺利进行、审判权有效和合法行使的审判管理活动，以及相应审判管理权的行使问题。所以，审判管理的这一概念是与审判本身相对应的，从逻辑关系上看，法院审判有着外部和内部两种表现形式，也就是，有法院外在的审判活动及审判权的问题，就必然有法院内部的审判管理活动及审判管理权的问题。在当代有关法院内部行政管理活动运行的阐释中普遍使用审判管理这一术语表达。

第一，中央和最高人民法院有关推动法院内部体制和机制改革的方案中始终使用审判管理的这一概念术语。从中央决策层面上看，十八届三中全会《关于全面深化改革若干重大问题的决定》第 32 项有关确保依法独立公正行使审判权、检察权的要求中涉及"两个管理"的提法，一是改革司法管理体制；二是建立符合职业特点的司法人员管理制度。十八届四中全会《关于全面推进依法治国若干重大问题的决定》中有关优化司法职权配置问题也明确指出，改革司法机关人财物管理体制，探索实行法院、检察院司法行政事务管理权和审判权、检察权相分离。而作为推动法院审判管理改革重要规范性文件的最高人民法院四个五年改革纲要均在使用审判管理术语的基础上提出改革要求。如最高人民法院第一个五年改革纲要第6条在阐述人民法院改革的基本任务和实现的目标中明确指出，以强化合议庭和法官职责为重点，建立符合审判工作特点和规律的审判管理机制。又如最高人民法院第二个五年改革纲要第25条有关院、庭长职责要求中规定，进一步强化院长、副院长、庭长、副庭长的审判职责，明确其审判管理职责和政务管理职责，探索建立新型管理模式，实现司法政务管理的集中化和专门化。另外，最高人民法院出台的其他司法规范性文件更为直接地对审判管理问题做出系统规定。如2011年最高人民法院发布的《关于加强人民法院审判管理工作的若干意见》以及《关于完善人民法院审判权与审判管理权运行机制的意见（征求意见稿）》对审判管理的基本概念、基本要求、基本职能和基本事项等均做出具体明确规定。

第二，在司法实践中法院系统内部也惯常接受和使用审判管理的概念，按照审判管理改革的固有模式和思路推进法院体制和机制改革。其一，根据中央和最高人民法院的要求，地方各级人民法院内部均成立审判管理办公室（简称"审管办"）主要负责本院审判管理事务工作。最高人民法院《关于加强人民法院审判管理工作的若干意见》第15条和第16条规定，在人民法院审判管理工作格局中，审判管理办公室是审判委员会、院长的参谋助手，是承上启下、连接各方的枢纽，是人民法院专事审判管理的综合审判业务部门。各高级、中级人民法院和有条件的基层人民法院，要设立审判管理办公室，基层人民法院也可以由审判监督庭承担审判管理的职能。审判管理办公室主要承担审判委员会日常事务、审判流程管理、案件质量评查、审判运行态势分析、审判经验总结等审判管理职责。其二，地方各级法院根据最高人民法院有关法院系统内部体制和机制改革的基本精神，均相应出台审判管理的若干规范性文件，在文件的称谓和内容上均使用审判管理的术语。以某省级高级人民法院出台的与审判管理有关的规范性文件为例，包括《×××省高级人民法院院庭长审判管理职责规范》《×××省高级人民法院关于创新和加强全省法院审判管理工作的若干意见》《×××人民法院审判流程管理系统运行管理办法》，等等。这些规范性文件的内容均使用审判管理这一术语。其三，法院内部机构和人员的绩效考评以审判管理整体要求中进行分解和落实。例如，根据《×××省中级人民法院绩效考评办法》第1条的规定，该考评办法制定目的在于，更好地适应关于全面深化改革的需要，切实履行对全省中级人民法院的监督指导和协管职责，全面、科学、公正评价各中级人民法院完成年度工作任务情况，建立科学发展的考核评价机制，进一步加强全省中级人民法院以审判为中心的全面建设。而该考评办法第 2 条规定，考评分为审判（执行）工作任务完成情况、领导班子建设、年度重点工作任务完成情况、落实党风廉政建设责任制情况四部分内容，重点考评审判（执行）工作任务完成情况。而审判工作任务完成情况实际上是法官审判质量和数量（效率）等具体情况。可见，法院绩效考评的主要内容是对法官审判质量和效率的考评，这属于审判管理的核心内容。

第三，我国学术和实务界对此领域问题的研究大多也采用审判管理的术语表达。从中国知网查询系统输入"审判管理"这一关键词，可以显示大约 300 篇的研究论文。其中相当一部分论文的标题或研究主题直接使用审判管理术语，就司法实务界的论文来看，如董皞《论审判管理改革》（《人民司法》2001 年第 8 期）、黄新华《完善审判管理制度的若干思考》（《人民司法》2007 年第 5 期）、胡夏冰《审判管理制度：回顾与展望》（《法律适用》2008 年第 5 期），等等。就学术界较有代表性的论文来看，如苏力《审判管理与社会管理——法院如何有效回应案多人少？》（《中国法学》2010 年第 6 期）、龙宗智《审判管理：功效、局限及界限把握》（《法学研究》2011 年第 4 期）、江必新《论审判管理的科学化》（《法律科学》2013 年第 6 期）、杨凯《审判管理理论体系的法理构架与体制机制创新》（《中国法学》2014 年第 3 期）、郭松《审判管理进一步改革的制度资源与制度推进》（《法制与社会发展》2016 年第 6 期），等等。这些论文无论在术语使用上，还是研究的具体内容上均紧扣审判管理这一主题，属于标准的审判管理论题的论文。而另外一些学术论文则主要探讨法院内部组织结构和权力配置、法院司法责任制、法院员额制改革以及有关法院体制、机制整体改革的问题，尽管论文标题并未使用审判管理的术语，但研究的内容与法院审判管理又有密切关系，论文的具体内容通常出现审判管理术语的运用，或与审判管理问题存在直接联系的部分。如顾培东《人民法院内部审判运行机制的构建》（《法学研究》2011 年第 4 期）和《再论人民法院审判权运行机制的构建》（《中国法学 2014 年第 5 期》）、龙宗智等《深化改革背景下对司法行政化的遏制》（《法学研究》2014 年第 1 期）、左卫民《审判委员会运行状况的实证研究》（《法学研究》2016 年第 3 期）、胡仕浩《论人民法院"全面推开司法责任制改革"

的几个问题》（《法律适用》2016年第11期），等等。有关法院审判管理研究的具体情况和归纳分析，可参见下文相关部分的论述。

2. 审判管理的实质或核心是案件管理。根据最高人民法院2011年发布的《关于完善人民法院审判权与审判管理权运行机制的意见（征求意见稿）》，对审判管理有如下界定："人民法院通过组织、领导、指导、评价、监督、制约等方法，对审判工作进行合理安排，对司法过程进行严格规范，对审判质效进行科学考评，对司法资源进行有效整合，确保司法活动公正、廉洁、高效运行。"根据最高人民法院的这一意见，有学者将审判管理概括为：对审判活动的组织、协调和监督，是保证审判的有序进行，保障司法公正与效率的必要活动和制度安排。[①] 审判管理是法院内部在整体上对审判活动的组织、领导、协调和监督，它所作用的范畴是审判活动，并作为支撑审判活动的一种组织方式，而对审判活动的管理又是通过对相应主体的影响发挥作用。从审判管理服务的对象上，有学者指出，审判管理首先要服务法官个人，为法官的审判执行工作提供细致周到的服务；其次，要服务合议庭，保障审判组织的独立性和完整性，建立以审判长为核心的案件审判管理制度，实现对合议庭内部审判资源的科学分工和案件质量的监控。[②] 而这些审判管理的目标均在于保障案件审判的公正和效率。总体上看，案件管理是审判管理的落脚点和出发点，也是审判管理的实质或核心所在。

首先，最高人民法院推动的审判管理制度改革的核心在于案件管理。从最高人民法院出台的四个五年改革纲要和相应的司法规范性文件对审判管理基本目标、方向、原则和具体内容提出的要求和做出的规定上看，实质上都是对与案件审判活动直接相关的案件管理活动的要求和规定，包括案件审判流程、案件审判质量与效率、案件审判工作的绩效考评管理以及与案件审判权力运行机制密切相关的法院内外部组织结构和权力配置改革等相关领域。这些审判管理的范畴显然不是法院系统内部的一般事务性或组织人事、物质和后勤等纯粹行政事务的管理，而是紧扣法院审判过程和结果的前置性或事后评估与督促的案件管理活动。

其次，学界将审判管理主要理解为案件管理。一是审判管理的基本特征主要表现为案件管理。理论研究在阐述审判管理的基本特征中，强调审

---

① 龙宗智：《审判管理：功效、局限及界限把握》，《法学研究》2011年第4期。
② 王晨：《审判管理的性质与体制机制建构》，《人民司法》2014年第5期。

判管理是围绕案件的审判与执行而展开的一种活动。有学者认为，法院审判业务包括审判和执行两个方面，审判管理也是围绕案件的审判和执行而展开的，被习以为常、约定俗成地统称的审判管理，严格说来应该被称为审判、执行管理。① 二是审判管理的核心内容在于案件管理。有学者指出，审判管理是与人民法院办理案件的活动直接相关的管理活动，是法院管理中最常遇到的内容，具体内容包括审判流程管理和审判质量管理两大类。②

最后，法院审判管理机制改革主要围绕案件管理活动展开。在实践中，法院所推行的"两权"改革活动，实际上是围绕法院案件审判和内部相应管理活动进行的。以"两权"改革试点较早和成效显著的成都市中级人民法院为例，其审判管理改革的动因在于我国法院长期以来存在的多主体、层级化的复合式定案机制，即独任庭、合议庭、院庭长和审判委员会组成的综合审判组织架构对案件的处理机制。③ 这种审判组织架构的特征在于，各主体对于案件裁判的形成，既可以通过直接、明示的方式，在程序内表达其意见；也可以通过间接、暗示的方式，以非程序化手段施以影响。它所产生的问题在于，案件裁判理由以及以法院名义所做出的裁判，在很大程度上可能既不反映合议庭意见，也不体现法院的集体智慧和机构的意志。而审判管理改革的内容和目标显然也在于聚焦案件裁判形成机制上的有效管理，即通过"点、线、面"三个维度的管控，把分散的、个别化的审判及审判管理活动统摄于法院的管理之中。两权改革的运行又集中于包括案件管理节点和审批程序在内的案件流程管理系统的建立和运用。④ 所以，司法实践中人民法院"两权"改革实际上是围绕案件审判活

---

① 审判管理的其他特征包括：第一，审判管理是法院的一项具有行政性质的公共管理活动，是公共管理的一个组成部分。第二，审判管理是法院的一项具有特殊规律的管理活动。第三，法院的审判管理必须尊重审判规律、依法进行管理，而不能采取一种命令和服从的管理模式。第四，审判管理是以审判委员会、各审判业务庭、局、专门的管理机构（包括审判管理办公室）、院长、庭长为主要管理主体的一种管理。第五，审判管理以法官及其辅助人员的审判行为为主要管理对象。第六，审判管理以审判管理权为基本依托。第七，审判管理通常以计划、组织、领导、协调、约束、指导、控制等方式实施。第八，审判管理的目的是保证审判实施权的正当有序运行，以确保司法公正、廉洁、高效。江必新：《论审判管理科学化》，《法律科学》2013年第6期。

② 参见蒋惠岭《论法院的管理职能》，《法律适用》2004年第8期。

③ 参见顾培东《人民法院内部审判运行机制的构建》，《法学研究》2011年第4期。

④ 参见蒋安洁《两权改革：中国审判运行机制的微观样本》，《法制资讯》2010年第1期。

动或案件处理所进行的审判权和相应管理权适当分离机制的改革。

3. 法院案件管理的表述符合当代法院组织体制改革的基本要求。党的十八届三中全会《关于全面深化改革若干重大问题的决定》明确提出司法管理体制机制的重大改革举措，该决定第 32 项从保障法院依法独立行使审判权的角度，提出建立符合职业特点的司法人员管理制度，健全法官、检察官、人民警察统一招录、有序交流、逐级遴选机制，完善司法人员分类管理制度，健全法官、检察官、人民警察职业保障制度。其中司法人员的分类管理制度的提出与增强法官依法独立办案的能力和条件相适应。而在法官分类管理的基础上，该决定第 33 项从健全司法权力运行机制的角度又指出，改革审判委员会制度，完善主审法官、合议庭办案责任制，让审理者裁判、由裁判者负责。明确各级法院职能定位，规范上、下级法院审级监督关系。凡此种种实际上是法院内部审判组织和其他行政化的领导组织围绕案件裁判权分配、归属和司法责任担当，上、下级法院就案件裁判的审级监督等所做出的规定。中央推动的有关法院系统人员分类管理制度改革成为后来法院系统人员员额制改革的基础。在法院系统司法体制改革的基础上，十八届四中全会进一步对司法制度的改革提出明确要求，其中有相当一部分涉及法院系统内部案件管理制度的改革。如为了法院依法独立公正行使审判权，建立领导干部干预司法活动、插手具体案件处理的记录、通报和责任追究制度。又如与案件流程管理密切相关的立案制度，将立案审查制改为立案登记制。再如有关健全司法机关内部监督制约机制的问题，指出建立司法机关内部人员过问案件的记录制度和责任追究制度。完善主审法官、合议庭的办案责任制，落实谁办案谁负责。另外，对于办案人员严格司法责任问题，确立办案质量终身负责制和错案责任倒查问责制，确保案件处理经得起法律和历史检验。

最高人民法院第三个五年改革纲要有关加强人民法院队伍建设部分第 18 条和第 19 条意见中明确指出，建立健全人民法院科学的选拔任用机制和有效的干部监督管理机制，增强人事管理的透明度和公开性。完善法官及其辅助人员分类管理的制度。配合有关部门制定与人民法院工作性质和地区特点相适应的政法专项编制标准，研究建立适应性更强的编制制度，逐步实施法官员额制度；研究制定与法官职业特点相适应的职数比例和职务序列的意见，适当提高基层人民法庭法官职级。法院员额制改革的目标在于推动司法人员办案的职业化和专业化建设，保障法院整体司法活动和个案裁判活动的公正和公平。

而与法院员额制改革相适应,并保障司法权力合理和有效运行的改革则是司法责任制的进一步完善。显然,法院推行的司法责任制集中体现为审判组织及承办法官的办案责任制,这是改变长期以来法院内部案件裁判权由院庭长、审委会等行使的行政倾向的重要举措。2015年最高人民法院《关于完善人民法院司法责任制的若干意见》明确指出,完善人民法院的司法责任制,必须以严格的审判责任制为核心,以科学的审判权力运行机制为前提,以明晰的审判组织权限和审判人员职责为基础,以有效的审判管理和监督制度为保障,让审理者裁判、由裁判者负责,确保人民法院依法独立公正行使审判权。其中有关审判权力运行去行政化的举措始终围绕并着眼于案件裁判合理化的管理改革:一是独任庭和合议庭的审判权运行,强调基层、中级人民法院可以组建由一名法官与法官助理、书记员以及其他必要的辅助人员组成的审判团队,依法独任审理适用简易程序的案件和法律规定的其他案件。二是审判委员会的运行,明确审判委员会只讨论涉及国家外交、安全和社会稳定的重大复杂案件,以及重大、疑难、复杂案件的法律适用问题。强化审判委员会总结审判经验、讨论决定审判工作重大事项的宏观指导职能。三是规定独任庭法官、合议庭承办法官和审判长、院庭长、审委会案件审判运行和内部管理各环节应担负的职责。四是明确规定独任庭法官、合议庭成员、审判委员会成员等在涉及案件办理中的责任范围,责任认定和追责程序等。

(二) 法院案件管理问题产生的背景和原因

20世纪90年代我国开始在司法系统着手进行改革,法院案件管理是伴随我国司法系统改革而提出的一个关键性的实践问题。党的十五大报告中明确提出从制度上保证司法机关依法独立公正地行使审判权和检察权,建立冤案、错案责任追究制度,加强执法和司法队伍建设。但司法改革之初主要集中于审判制度(如人民法院审判方式的改革),[①] 以及法院装备、队伍和审判运行形式的改革(法庭席位布局、法袍、法槌等的改革)。从

[①] 庭审模式开始由以法官为主的纠问式转向以控、辩双方平等的对抗式,强调法官中立,要求当庭举证、质证,庭审得到强化,审判公开受到重视。参见高原、陈霄《中国司法改革历程回顾》,http://news.hexun.com/2012-10-17/146842098.html,2018年5月3日访问。

20世纪90年代末最高人民法院发布第一个五年改革纲要开始，法院案件管理才提到法院改革工作的议程上来，并在21世纪持续推动这一改革向纵深发展。综观法院案件管理制度的提出和发展过程，其有着重要的历史背景和现实原因：

1. 适应社会政治经济发展的客观需要。最高人民法院在第一个五年改革纲要中对包括案件管理制度在内的各项改革举措就明确指出，随着社会主义市场经济体制的逐步建立，我国经济体制改革、民主与法制建设和社会主义精神文明建设取得了令人瞩目的成就。同时，社会关系变化、利益格局调整、社会矛盾交织，使人民法院审判工作面临前所未有的复杂局面，人民法院的管理体制和审判工作机制，受到了严峻的挑战。具体包括司法活动中的地方保护主义产生、蔓延，严重危害我国社会主义法制的统一和权威；现行的法官管理体制导致法官整体素质难以适应审判工作专业化要求；长期以来形成的审判工作行政管理模式，不适应审判工作的特点和规律等。[①] 最高人民法院第二个五年改革纲要开篇也指出，当前相对滞后的司法体制和工作机制已经不能适应人民群众对司法公平正义日益增长的需求，人民法院的司法改革既面临着不可多得的历史机遇，又面临着多方面的严峻挑战，而这些挑战为司法体制改革提出了更高的要求。为了贯彻落实党中央部署的司法体制和工作机制改革任务，进一步深化人民法院各项改革，完善人民法院的组织制度和运行机制，增强司法能力，提高司法水平，保障在全社会实现公平和正义，需要制定《人民法院第二个五年改革纲要（2004—2008）》。[②] 所以，适应我国社会政治经济发展的客观需要，法院司法工作迫切需要转变司法理念和方式，实现和保障社会的公平和正义价值，就必须对包括法院案件管理问题在内的司法体制和机制进行改革。

2. 司法改革向纵深推进中必须经历的一个重要环节。如上所述，我国法院司法改革初期主要涉及司法制度层面的改革，在1996年刑事诉讼法第一次修改的基础上，法院系统主要围绕有关第一审普通审判程序的对抗制、辩护律师有效辩护、死刑案件核准权收回等审判程序和制度进行改革。但这些改革均是有关刑事审判运行外部形式和机制的改革，从实践情况看，由于法院系统内部的行政化和地方化的管理体制和审判权力运行的

---

① 参见最高人民法院改革纲要（1999—2003）第1项的内容。
② 参见最高人民法院改革纲要（2004—2008）前言的内容。

内在决定作用,导致审判外部运行只具有形式意义,或成为对法院内部司法权运行的一种确认程序,审判制度的一系列改革举措显然难以取得实效。所以,法院系统司法改革的决定性因素仍在于法院系统内部的体制和机制改革。有学者指出,推动司法体制机制与法官制度的配套改革,在保障法官独立的同时保障法官的素质以及公正审判的条件,形成司法体制的重大变革,而这种体制上的改革目前尚难成为现实,因此改革方向就可能出现某种扭曲,即采取加强审判管理与监督的措施,通过行政的力量弥补。①

3. 应对司法不公和司法腐败的重要举措。司法不公和司法腐败问题是长期以来困扰法院系统的突出问题,不仅体现在法院庭审阶段控、辩双方的对抗格局没有形成、被告人的辩护权和对质询问权难以落实、书面审判方式导致庭审流于形式、法官中立地位没有真正确立等严重影响司法程序公正的方方面面,而且法院实体裁判结果的可靠性和正当性也面临挑战,甚至法院案件承办人员的贪污受贿、权力寻租、徇私枉法等行为而导致实体裁判结果严重被扭曲。在过去十几年的司法实践中法院审判不公,裁判缺乏公信力的现象严重,甚至出现较多的冤假错案,有的冤假错案产生巨大的社会影响,对国家刑事司法公正形象和司法公信力造成严重损害。应该承认,这些司法不公、司法腐败以至冤假错案的产生有着复杂的社会政治、经济、文化和法治不健全的多种原因,但案件是法院办的,法院的审判过程和相应的裁决结果均与审判组织及其个体法官行为直接相关,法院内部系统的监督、领导、组织没有发挥应有的正向引导和合理的权力配置作用也是一个重要因素。正如有学者指出的那样,我国法官数量很大但普遍素质不高,而且保证其勤勉廉洁的机制不健全,这种情况下,按照司法本身的要求对他们放权,不可避免地会带来腐败与不公正问题。院、庭长利用行政管理权,以加强审判管理的方式"管住审判权",尤其是一些重要案件的审判权,以提高审判质效并抑制腐败,已基本取得法院领导层的共识,并成为一种趋势。②

4. 作为解决案多人少局面的重要措施。长期以来,案多人少是困扰法院审判运行效能的一个突出问题。近年来,由于转型时期社会矛盾凸显、纠纷普遍,法院受理的案件大幅度增长。最高人民法院政治部主任周

---

① 龙宗智:《审判管理:功效、局限及界限把握》,《法学研究》2011年第4期。
② 龙宗智:《审判管理:功效、局限及界限把握》,《法学研究》2011年第4期。

泽民在2011年"两会"期间披露,"从全国来讲,可以用一种数据来说明'案多人少'的现象,从2007年到2009年,2007年全国地方各级法院受理的案件是965万多件,2009年增加到1137万多件,较2007年增长了17.8%"。从法官队伍的情况来看,从2007年到2009年,全国地方各级法院法官人数从189413人增长到190216人,仅增加了803人,增长幅度仅为0.42%,明显与案件增长速度不成比例。① 为提高诉讼效率,也防止因案件负担过重而出现"萝卜快了不洗泥"现象,降低司法质量,法院加强审判管理,可以说是因势而为。② 而在当代社会政治经济变革的时代,随着科技的发展,大数据和人工智能的普遍运用也为法院科学高效的案件管理提供了可能。在人民法院向"网络化、阳光化、智能化"塑形过程中,信息技术与审判管理持续融合,信息技术影响审判管理的深度、广度与日俱增。③

5. 中国社会各项事业的改革发展为法院案件管理制度的建立和完善提供了重要基础和条件。第一,改革开放和社会主义现代化建设的发展,为人民法院改革提供了良好的政治条件。九届全国人大二次会议通过的宪法修正案,将党的十五大提出的依法治国基本方略载入国家根本大法;会议《关于最高人民法院的工作报告的决议》提出了要发挥人民法院在依法治国、建设社会主义法治国家中重要作用的要求,为人民法院改革奠定了宪法和法律基础。第二,社会主义市场经济体制的逐步建立,客观上要求人民法院平等地保护当事人的合法权益,公正、及时地处理当事人之间的纠纷,改革与社会主义初级阶段经济建设和社会发展不相适应的司法观念、管理模式与运行方式。第三,全社会对改革、发展、稳定三者关系认识的逐步深化,人民群众法律意识的增强,理论界对司法改革进行了大量有益的探讨,法院改革已逐渐成为全社会共识,为人民法院改革创造了良好的社会条件。第四,人民法院已经进行的改革为今后改革的深入积累了经验。近年来,全国法院为坚持严肃执法,确保司法公正,实施了一系列改革措施。各级人民法院全面落实公开审判制度,进行审判方式改革;强化合议庭和独任审判员的职责,规范审判委员会活动;逐步实行立审分

---

① 赵艳红:《周泽民谈"案多人少":挖掘潜力提高办案效率》,http://legal.people.com.cn/GB/14071822.html,2018年5月3日访问。
② 龙宗智:《审判管理:功效、局限及界限把握》,《法学研究》2011年第4期。
③ 高一飞、高建:《智慧法院的审判管理改革》,《法律适用》2018年第1期。

立、审执分立、审监分立的制度。根据法官法的规定，在法官考试、任免和交流等方面，进行了成功的实践和探索。这些改革措施和已经取得的阶段性成果，为今后推进人民法院改革创造了有利的条件。①

（三）法院案件管理提出和发展的政策制度依据

由于法院案件管理并不属于案件审判活动或程序的组成部分，而是法院内部保证案件审判活动顺利推进和产生公正结果的组织、领导、评价、监督等的管理活动，因而法院案件管理制度的确立和完善并非由全国人大制定的基本法律或单行法律规范等来推动，而是由最高人民法院的司法改革举措和方案来推进的。其中最高人民法院先后颁行的四个人民法院五年改革纲要和其他规范性文件，为这一改革提供了政策和制度依据。

1. 最高人民法院第一个五年改革纲要（1999—2003）初步确立了法院案件管理制度。第一，法院内部裁判权运行机制的改革。推行院长、副院长和庭长、副庭长参加合议庭担任审判长审理案件的做法；审判委员会作为法院内部最高审判组织，在强化合议庭职责，不断提高审理案件质量的基础上，逐步做到只讨论合议庭提请院长提交的少数重大、疑难、复杂案件的法律适用问题，总结审判经验，以充分发挥其对审判工作中带有根本性、全局性问题进行研究和做出权威性指导的作用。第二，法院案件管理的信息化建设。建立全国法院计算机网络系统，将案件的管理、信息和统计数据收集、传输等纳入网络系统，提高人民法院各项管理工作的科技含量。第三，建立科学的案件审理流程管理制度。由专门机构根据各类案件在审理流程中的不同环节，对立案、送达、开庭、结案等不同审理阶段进行跟踪管理，保证案件审理工作的公正、高效。另外，作为案件管理基础的法院人事制度改革方面，提出加强和完善法官交流和轮岗制度等。

2. 最高人民法院第二个五年改革纲要（2004—2008）和第三个五年改革纲要（2009—2013）对案件管理制度改革的进一步推进。第一，改革和完善法院内部各层级机构或组织的职能及运行机制。对审判委员会组成和职能运行方式进行改革②；进一步明确院庭长的审判职责和审判管理

---

① 参见最高人民法院改革纲要（1999—2003）的相关内容。
② 最高人民法院改革纲要（2004—2008）第23、第24条规定：最高人民法院审判委员会设刑事专业委员会和民事行政专业委员会；高级人民法院、中级人民法院可以根据需要在审判委员会中设刑事专业委员会和民事行政专业委员会。审判委员会委员可以自行组成或者与其他法官组成合议庭，审理重大、疑难、复杂或者具有普遍法律适用意义的案件。

责任；第一次提出建立法官依法独立判案责任制，强化合议庭和独任法官的审判职责；优化审判业务部门之间、综合管理部门之间、审判业务部门与综合管理部门之间、上、下级法院之间的职权配置，形成更加合理的职权结构和组织体系。第二，法院审判管理制度的建立和完善。"二五改革纲要"第一次明确提出建立和完善法院审判管理制度。①"三五改革纲要"进一步提出健全权责明确、相互配合、高效运转的审判管理工作机制；研究制定符合审判工作规律的案件质量评查标准和适用于全国同一级法院的统一审判流程管理办法；规范审判管理部门的职能和工作程序。第三，改善上、下级法院之间的监督指导关系。明确上级人民法院对下级人民法院进行司法业务管理、司法人事管理和司法行政管理方面的范围与程序，构建科学的审级关系。第四，建立和完善法院外部监督制约机制。加强人民法院依法独立公正行使审判权的保障机制建设；研究建立对非法干预人民法院依法独立办案行为的责任追究制度；研究建立违反法定程序过问案件的备案登记报告制度。第五，明确提出法院人员分类管理和员额制改革思路。配合有关部门制定与人民法院工作性质和地区特点相适应的政法专项编制标准，研究建立适应性更强的编制制度，逐步实施法官员额制度；研究制定与法官职业特点相适应的职数比例和职务序列的意见，适当提高基层人民法庭法官职级。另外，建立科学统一的案件质量、效率评估和人员考核机制。②

3. 人民法院第四个五年改革纲要（2014—2018）推动了案件管理制度改革的纵深发展。第一，立案和分案制度的改革。立案既是法院审判程序的最初阶段，又是涉及法院内部案件处理流程的起始阶段，属于法院案件管理的重要内容。按照"四五改革纲要"规定，变立案审查制为立案登记制，对人民法院依法应该受理的案件，做到有案必立、有诉必理，保障当事人诉权；加大立案信息的网上公开力度；推动完善诉讼收费制度。

---

① 最高人民法院改革纲要（2004—2008）第29条规定：明确审判管理职责，建立并细化与案件审理、审判权行使直接相关事项的管理办法，改善管理方式，建立案件审判、审判管理、司法政务管理、司法人事管理之间的协调机制，提高审判工作的质量与效率。第30条规定：健全和完善科学的审判流程管理制度，逐步做到同一级别的法院实行统一的审判流程管理模式。在考虑案件类型、难易程度等因素的前提下建立和完善随机分案制度。

② 最高人民法院改革纲要（2004—2008）第42条规定：改革法官考评制度和人民法院其他工作人员考核制度，发挥法官考评委员会的作用。根据法官职业特点和不同审判业务岗位的具体要求，科学设计考评项目，完善考评方法，统一法官绩效考评的标准和程序，并对法官考评结果进行合理利用。建立人民法院其他工作的评价机制。

关于分案问题，该纲要指出，在加强专业化合议庭建设基础上，实行随机分案为主、指定分案为辅的案件分配制度；建立分案情况内部公示制度；对于变更审判组织或承办法官的，应当说明理由并公示。

第二，建立科学合理的案件质量评估体系。废止违反司法规律的考评指标和措施，取消任何形式的排名排序做法；强化法定期限内立案和正常审限内结案；建立长期未结案通报机制，坚决停止人为控制收结案的错误做法。

第三，健全主审法官、合议庭办案机制。选拔政治素质好、办案能力强、专业水平高、司法经验丰富的审判人员担任主审法官；独任制审判以主审法官为中心，配备必要数量的审判辅助人员；合议制审判由主审法官担任审判长，合议庭成员都是主审法官的，原则上由承办案件的主审法官担任审判长；完善院、庭长、审判委员会委员担任审判长参加合议庭审理案件的工作机制。

第四，进一步完善主审法官、合议庭办案责任制。四五改革纲要明确提出，按照权责利相统一的原则，确定主审法官、合议庭及其成员的办案责任与免责条件，实现评价机制、问责机制、惩戒机制、退出机制与保障机制的有效衔接。

第五，健全院庭长审判管理和监督机制。规范案件审理程序变更、审限变更的审查报批制度；健全诉讼卷宗分类归档、网上办案、审判流程管控、裁判文书上网工作的内部督导机制；规范院、庭长对重大、疑难、复杂案件的监督机制，建立院、庭长在监督活动中形成的全部文书入卷存档制度；建立主审法官、合议庭行使审判权与院、庭长行使监督权的全程留痕、相互监督、相互制约机制，确保监督不缺位、监督不越位、监督必留痕、失职必担责。

第六，进一步改革审判委员会工作机制。强化审判委员会总结审判经验、讨论决定审判工作重大事项的宏观指导职能；建立审判委员会讨论事项的先行过滤机制，规范审判委员会讨论案件的范围，除法律规定的情形和涉及国家外交、安全和社会稳定的重大复杂案件外，审判委员会主要讨论案件的法律适用问题；完善审判委员会议事规则，建立审判委员会会议材料、会议记录的签名确认制度。

第七，对法官分类管理和法官员额制提出具体改革方案和步骤。包括科学确定法官与审判辅助人员的数量比例，建立审判辅助人员的正常增补机制，切实减轻法官事务性工作负担；根据法院辖区经济社会发展状况、人口数量（含暂住人口）、案件数量、案件类型等基础数据，结合法院审级职能、法官工作量、审判辅助人员配置、办案保障条件等因素，科学确定四级法院的法官员额；针对不同层级的法院，设置不同的法官任职条件等。

除上述最高人民法院四个五年改革纲要对法院案件管理确立的方向和框架外，最高人民法院对涉及法院案件管理的特定领域和具体环节又通过出台系列的司法规范性文件做出明确具体规定：

第一，有关法院审判管理制度问题做出整体性、系统性规定。2011年1月6日最高人民法院发布《关于加强人民法院审判管理工作的若干意见》。该意见对审判管理的概念、基本要求、基本职能和内容、审判管理的机构设置及职责和审判管理的其他事项等做出具体明确规定。作为该意见核心部分的审判管理基本职能实际上是对案件审判质量、效率、流程、绩效考核等提出的具体要求，均是法院案件管理的主要内容。

第二，有关完善人民法院司法责任制做出具体规定。2015年9月21日和2017年5月1日，最高人民法院分别出台《关于完善人民法院司法责任制的若干意见》和《关于落实司法责任制完善审判监督管理机制的意见（试行）》。前一意见对改善审判权力运行机制（独任庭、合议庭、审判委员会运行机制及审判管理与监督），司法人员职责和权限（独任庭、合议庭司法人员职责，院、庭长的管理监督职责），审判责任的认定和追究（审判责任范围和承担，违反审判责任追究程序）和法官的履职保障等做出全面、系统规定。而后一意见则对落实司法责任制做出明确规定，包括各级人民法院应当逐步完善院、庭长审判监督管理权力清单，院、庭长可以根据职责权限，对审判流程运行情况进行查看、操作和监控，分析审判运行态势，提示纠正不当行为，督促案件审理进度，统筹安排整改措施；健全随机分案为主、指定分案为辅的案件分配机制；依法由合议庭审理的案件，合议庭原则上应当随机产生；院、庭长有权要求独任法官或者合议庭报告案件进展和评议结果；充分发挥专业法官会议、审判委员会总结审判经验、统一裁判标准的作用，在完善类案参考、裁判指引等工作机制基础上，建立类案及关联案件强制检索机制，确保类案裁判标准统一、法律适用统一；各级人民法院应当强化信息平台应用，切实推进电子卷宗同步录入、同步生成、同步归档，并与办公办案平台深度融合等。

第三，对院、庭长办理案件加以明确规定。2017年5月1日最高人民法院出台《关于加强各级人民法院院庭长办理案件工作的意见》（试行），明确规定入额的各级人民法院院长、庭长应当办理案件，包括独任审理案件、参加合议庭作为承办法官审理案件、参加合议庭担任审判长或作为合议庭成员参与审理案件；办理案件的重点是重大、疑难、复杂、新类型和在法律适用方面具有普遍指导意义的案件；对院、庭长办理案件的数量提出明确要求；建立保障院、庭长办案的工作机制，实行审判团队改革的基层人民法院，庭长、副庭长应当直接编入审判团队，承担相关案件的审判和监督职责等。

应该指出，上述最高人民法院四个五年改革纲要及其他司法规范性文件的陆续出台和实施，不仅对法院案件管理制度及相关司法体制机制改革提供了重要的政策依据和制度规范，确立了这项司法改革的具体方向和路线，而且为法院案件管理改革的具体落实和进一步操作提供了重要标准。

二 法院案件管理的理论研究状况及其评价

（一）理论研究情况综述

如果将法院案件管理问题置于法院审判管理这一总体框架下加以考察，涉及法院案件管理问题的理论研究大致可以分为三个阶段：

第一阶段：1994年至1999年，法院审判管理问题的提出阶段。在21世纪以前有关法院审判管理的研究成果并不多见。中国知网查询可知，从1995年至1999年，在公开发行刊物发表的法院审判管理的论文共有7篇，其中较有代表性的论文有：孟昭科《加强审判管理保障司法公正》（《政法论丛》1996年第5期）、蔡仲玉《人民法院科学管理的主要内容》（《人民司法》1997年第5期）等。从研究内容看，主要将法院审判管理作为法院审判工作的一部分加以提出，阐述这一问题对于实践操作的重要意义，以引起法院系统的重视，并没有涉及审判管理的具体内容和对其理论体系展开讨论。

第二阶段：2000年至2010年，初步探索阶段。审判管理问题引起司法界重视并逐步进行系统研究，始于最高人民法院第一个和第二个五年改革纲要出台和实施过程中。"1999 年最高人民法院颁布的《人民法院五年改革纲要》，第一次以法院改革纲领性文件的形式正式提出了审判管理制度改革的基本任务。"① "一五改革纲要"明确将建立符合审判工作特点和规律的审判管理机制作为自 1999 年至 2003 年人民法院改革的基本任务和必须实现的具体目标。"二五改革纲要"则将改革和完善审判管理制度作为一项独立的任务加以提出。② 中国知网查询可知，从"一五改革纲要"实施至 2010 年大约十年间公开发表的有关法院审判管理的论文达 87 篇，其中较有代表性的论文有：李长明《专职审判长刍议》（《法学家》2000年第 4 期）、董皞《论审判管理改革》（《人民司法》2001 年第 8 期）、黄新华《完善审判管理制度的若干思考》（《人民司法》2007 年第 5 期）、胡夏冰《审判管理制度：回顾与展望》（《法律适用》2008 年第 5 期）、苏力《审判管理与社会管理——法院如何有效回应案多人少？》（《中国法学》2010 年第 6 期）以及董治良《论审判管理体系的构建与完善》（《法律适用》2010 年第 6 期），等等。从这一时期的学术研究来看，对于法院审判管理问题的探讨主要集中于审判管理改革命题、法院审判管理体系构建以及审判管理涉及的外部因素等领域。

第三阶段：2011 年至今，理论研究持续关注阶段。这段时期处于最高人民法院第三个和第四个五年改革纲要出台和实施过程中。如上所述，"三五改革纲要"主要就进一步健全权责明确、相互配合、高效运转的审判管理工作机制提出要求，改革上、下级法院之间监督管理机制和法院内部组织机构，明确提出法院人员分类管理和员额制改革意见。而"四五改革纲要"则围绕遵循权责相统一、保障审判权合理行使的原则，对法院主审法官、合议庭、审委会的责权等做出规定。有关理论研究也主要围绕上述领域展开，这一领域研究的关注度持续增高，从中国知网查询结果看，这一期间公开发表的学术论文达 200 余篇。其中较典型的论文包括：龙宗智《审判管理：功效、局限及界限把握》（《法学研究》2011 年第 4 期）、顾培东《人民法院内部审判运行机制的构建》（《法学研究》2011年第 4 期）、左卫民《信息化与我国司法》（《清华法学》2011 年第 4 期）、吴红艳等《司法统计发展路径的实证研究》（《法律适用》2011 年

---

① 胡夏冰：《审判管理制度改革：回顾与展望》，《法律适用》2008 年第 10 期。
② 其涉及的审判管理改革方面的内容包括：一是建立健全审判管理组织制度；二是健全和完善科学的审判流程管理制度；三是改革司法统计制度。

第 2 期)、江必新《域外案件管理的借鉴与启示》(《比较法研究》2013年第 4 期) 和《论审判管理的科学化》(《法律科学》2013 年第 6 期)、杨凯《审判管理理论体系的法理构架与体制机制创新》(《中国法学》2014 年第 3 期)、郭松《审判管理进一步改革的制度资源与制度推进》(《法制与社会发展》2016 年第 6 期)、梁平《"管理—审判"二元架构下法院内部机构设置与权力运行研究》(《法学论坛》2017 年第 3 期),等等。从这一时期审判管理问题研究的基本情况看,在关注法官绩效考评、法院信息化管理、案件质量评查等审判管理具体问题的基础上,审判管理的基础理论、涉及司法体制改革的法院内部权力结构与配置、法院内部各层级组织机构的职能、上下级法院关系等理论问题受到重视。

从我国法院审判管理理论研究二十余年的发展情况来看,总体上有以下几个基本特点:

第一,审判管理问题的研究主要是司法实践推动的结果。如上所述,法院审判管理理论研究的开启以最高人民法院 1999 年"一五改革纲要"的实施为重要标志,之前对这一问题的理论研究较少,而这之后引起实务界和学术界的关注,发表的理论文章显著增加,而且随着最高人民法院第二个至第四个五年改革纲要的实施,法院审判管理问题的研究逐渐向纵深发展,发表的学术论文数量成倍增长。从中可以看出,这一问题的理论研究直接源于最高人民法院出台的四个五年改革纲要,且这些改革纲要的实施引领了理论研究的热度和深度。因而可以认为,法院审判管理的理论研究是司法实践推动的结果,并非学术界自主开展的讨论,这一领域的理论研究具有学理反应一定被动性的特点。

第二,司法实务工作者作为一支重要力量参与这一问题的研究。法院审判管理问题属于司法实践的操作问题,本身具有重要的实践运用价值,因而这一问题的研究不仅学者关注,而且法院系统的专业人士也有着极大的研讨热情,成为这一问题研究的一支重要力量。从二十余年来研究的实际情况看,早期对此问题研究主要来自法院系统的专业人员,尤其是从事审判业务的法官和部分法院各级行政管理人员,之后研究人员群体发生变化,诉讼法学和司法制度学专业的学者逐渐加入这一领域的研究中。但总体来看,法院系统人员仍占有相当的比重,从知网上搜索的论文作者所在单位多数来自法院系统的事实可以证明。另外,刊载这些论文的期刊也主要集中于司法实务类的期刊,最高人民法院主办的《人民司法》、《法律适用》和《中国审判》等期刊,以及各省高级人民法院主办的审判实务性质的刊物发表的这类论文最多。

第三,有关审判管理的研究与法院推动的司法改革紧密结合。尽管法院审判管理与法院体制机制改革有着密切关系,但正如该成果呈现的基本结构和内容来看,审判管理(包括案件管理)显然有着特定研究范畴和内容。然而,由于审判管理的理论研究是在最高人民法院四个五年改革纲要及相应的司法改革规范性文件[①]实施下推进的,故而这一领域的研究主要以法院司法改革作为切入点或在司法改革的主题之下展开,完全聚焦于法院审判管理的研究不多。从早期研究情况看,以法院队伍建设、院、庭长职能以及上、下级法院监督关系等为研究主题的较多,党的十八大以来,尤其随着十八届三中、四中全会决定提出的司法体制和制度改革的具体部署和要求,以及最高人民法院第四个五年改革纲要的实施,审判管理的研究主要结合法院推动的省级以下法院人事与财政权管理、司法人员分类管理、员额制等司法体制机制改革展开。

第四,法院审判管理的理论研究偏重于整体和宏观理论框架的构建。由于法院审判管理问题的探讨来自司法实务界,初、中期的研究主要涉及审判管理绩效考评、案件质量与效率管理以及案件流程管理等具体环节,但随着学界对审判管理问题的关注,研究也越发体现出与司法改革相结合的宏观性特点,偏重于理论性、机理性的阐述,意图构建审判管理及相关研究论题的理论体系。如龙宗智的《审判管理:功效、局限及界限把握》、顾培东的《人民法院内部审判运行机制的构建》、江必新的《论审判管理的科学化》、杨凯的《审判管理理论体系的法理构架与体制机制创新》等较有代表性和影响力的学术论文体现了这一学术倾向。

(二) 法院审判管理 (案件管理) 理论研究的具体范畴及其主要观点

1. 法院审判管理基础原理的研究。第一,审判管理的基本概念界定。龙宗智将审判管理界定为审判活动的组织、协调和监督[②];江必新进一步

---

① 如《最高人民法院关于加强人民法院审判管理工作的若干意见》;《最高人民法院关于完善人民法院司法责任制的若干意见》;《最高人民法院关于加强各级人民法院院庭长办理案件工作的意见(试行)》;《最高人民法院关于落实司法责任制完善审判监督管理机制的意见(试行)》;《最高人民法院关于加强各级人民法院院庭长办理案件工作的意见(试行)》等。

② 参见龙宗智《审判管理:功效、局限及界限把握》,《法学研究》2011年第4期。

认为，审判管理是人民法院对审判工作进行合理安排，对审判过程进行严格规范，对审判质效进行科学考评，对司法资源进行有效整合，以确保司法公正、廉洁、高效，总体上侧重于对法官及其他审判人员的管理。① 第二，审判管理的科学化和正当化。程晓东提出审判管理正当性应实现四个转变：由控制型向服务型的转变；由管理向制约转变；由数据管理向实质管理转变；由封闭型向外向型转变。② 孙英认为，法院工作机制和管理制度应当跟进司法体制改革的步伐，进行配套支持，有必要将审判管理改革纳入司法体制改革一体考虑、一体设计、一体部署。③ 江必新就审判管理正当化问题提出一套系统性理论：审判管理既要强调规范化，又要强调类型化；既要强化审判管理，又要尊重审判规律；既要注意量化评价，又要注意评价体系及其运用的客观性与合理性；既要实行高标准的严格管理，又要实行人性化的管理等。④ 第三，审判管理的基本认识。江必新认为，从审判管理应然角度看，应当辩证地全面地看待审判管理，既应看到其积极作用、积极功能，也应看到其有一定的行政化成分，有产生消极作用的可能和危险。⑤ 郭松则从实践角度认为，既往审判管理呈现出管理基点的控制性、管理对象的复合性、管理过程的贯通性、管理方式的单一性与管理重心的偏颇性等特点，其运行处于由司法逻辑与行政逻辑高度混同、法院组织高度行政化的科层结构与地方法院竞争性的关系结构构成的复杂场域中。⑥

2. 法院审判管理制度和理论体系的构建。杨凯从宏观理论视野，试图构建现代审判管理理论体系的法理架构：以法治思维为基础建构现代审判管理理论体系的核心价值；以司法公正为评价标准建构现代审判管理理论体系的底线思维；以司法公开为手段建构现代审判管理理论体系的信息化平台；以机构职能设定建构审判管理理论体系的主体和运作模式；以大

---

① 江必新：《域外案件管理改革的借鉴与启示》，《比较法研究》2013年第4期。
② 程晓东：《浅议确保审判管理正当性的若干进路》，《法律适用》2013年第4期。
③ 孙英：《从审判管理看当前影响司法公正的突出问题及改进的建议》，《山东审判》2014年第6期。
④ 江必新：《论审判管理科学化》，《法律科学》2013年第6期。
⑤ 江必新：《论审判管理科学化》，《法律科学》2013年第6期。
⑥ 郭松：《审判管理进一步改革的制度资源与制度推进：基于既往实践与运行场域的分析》，《法制与社会发展》（双月刊）2016年第6期。

数据云计算管理方式建构现代审判管理理论体系的运行模式。① 龙宗智则认为应从"裁判逻辑"中寻求司法建设的常识，重视审判资源配置，强化基础意识防止轻重倒置；注意审判管理重在审判权外部展开，实现"以外促内"；限制和规范审判管理权干预案件的实体处理；正确把握评查与考绩的方法与限度。②

3. 有关法院内部权力结构及其运行。第一，法院内部整体结构模式。梁平认为，针对法院"管理—审判"二元架构下"机构—权力"的二维关系，法院内部呈现"机构—权力"的运行机制③；而顾培东将法院内部权力结构界定为"多主体、层级化、复合式"模式，所谓"多主体"，即审判活动由法院内多个主体参与，从承办法官合议庭、副庭长、庭长、副院长、院长，以至审委会，各主体都可以参与到审判活动之中。④ 第二，法院内部权力运行的整体设想。梁平提出法院内部管理机构改革的创新性方案：设立党政办公会和审判委员会为院级管理机构，下设审判、执行、审判管理、政务人事管理等四类专业事务机构；改革审判委员会的职能，使其成为专司审判事务管理和审判咨询的机构；改革人事管理模式，实行分类化、专业化管理；还审判权于法官，实行主审法官负责制下的合议庭民主制。⑤ 宋克宁进一步认为，法院内部权力运行机制的改革在于实现审判管理与行政管理的分离，将法院内部的行政职务与审判职务予以分离；建立审判委员会专业化制度；设立专门的法院行政管理机构——人民法院行政管理局。⑥

4. 法院内部机构或组织的管理权限改革。第一，院庭长的审判管理职责。吉罗洪认为，院长行使审判管理职责，具有现实合理性，并符合法理价值，对其应当规范而非废止。院长履行审判管理职责，应当遵循司法规律，坚持价值同一原则、依法管理与有限管理原则、柔性管理原则和权

---

① 杨凯：《审判管理理论体系的法理构架与体制机制创新》，《中国法学》2014 年第 3 期。
② 龙宗智：《审判管理：功效、局限及界限把握》，《法学研究》2011 年第 4 期。
③ 梁平：《"管理—审判"二元架构下法院内部机构设置与权力运行研究》，《法学论坛》2017 年第 3 期。
④ 顾培东：《人民法院内部审判运行机制的构建》，《法学研究》2011 年第 4 期。
⑤ 梁平：《"管理—审判"二元架构下法院内部机构设置与权力运行研究》，《法学论坛》2017 年第 3 期。
⑥ 宋克宁：《我国法院内部现行审判管理与行政管理分工模式探析》，《山东行政学院山东省经济管理干部学院学报》2005 年第 6 期。

责一致原则。其核心职责在于,保障法律统一适用的监督指导职责和保障审判工作正常运行的审判事务决策管理职责。① 重庆市高级人民法院课题组认为,院长、庭长审判管理制度转型应以确立审判责任制为核心,构建合议庭责任制和院长、庭长审判管理责任制,做到权利与义务对等、权力与责任统一。② 顾培东还认为,院、庭长对合议庭的案件裁判也有一定参与权,但存在参与案件范围、参与方式和参与效力等限制。③ 第二,合议庭审判长的职权与责任。高权认为,审判长的审判管理职能主要是组织、指挥、协调、沟通。审判长职权的基本内容,主要有确定案件承办法官;指导和安排审判辅助人员做好审判业务辅助性工作;确定案件审理方案、庭审提纲、协调合议庭成员的庭审分工以及做好其他必要的庭审准备工作等。④ 第三,审判委员会的职权。顾培东从实证的角度阐释审判委员会与合议庭的职能均是审判职能,而院、庭长的职能则是审判管理职能。⑤ 并进一步认为审判委员会的职能应得到加强,强化审委会讨论中的审的成分,改革审委会讨论案件的表决方式等。⑥ 另外,关于人民法庭庭长的审判职责,李新亮认为,应确立人民法庭庭长的审管分离机制,庭长集中于办案,建立承接庭长职能的替代性机构;量化庭长办案的具体指标;保障司法决策的有效做出。⑦

5. 法院审判管理的历史和域外研究。有学者对南京国民政府时期审判管理的形式、基本原则、目的和效果进行了分析。并认为,南京国民政府时期审判管理制度存在着与审判实践不相适应、以"党治"为基本原则、审判管理的实效有局限性等弊端;而南京国民政府审判管理实践表明,提高法官审判的独立地位,简化审判程序,提高法官队伍素质具有重要意义。⑧ 对于域外法院案件管理改革问题,江必新指出,域外法院案件管理大致存在两种模式:一种是英美法系国家的管理型司法模式;另一种是大陆法系国家的集中化审理模式。管理型司法模式强调案件管理人的作

---

① 吉罗洪:《地方法院院长的审判管理职责》,《人民司法》2015 年第 12 期。
② 重庆市高级人民法院课题组:《审判管理制度转型研究》,《中国法学》2014 年第 4 期。
③ 顾培东:《再论人民法院审判权运行机制的构建》,《中国法学》2014 年第 5 期。
④ 高权:《审判管理学视角下的审判长角色定位》,《中国审判新闻月刊》2014 年第 3 期。
⑤ 顾培东:《人民法院内部审判运行机制的构建》,《法学研究》2011 年第 4 期。
⑥ 顾培东:《再论人民法院审判权运行机制的构建》,《中国法学》2014 年第 5 期。
⑦ 李新亮:《人民法庭庭长办案机制中的审管分离》,《人民司法》2015 年第 9 期。
⑧ 沈凌:《南京国民政府时期的审判管理研究》,《学术探索》2014 年第 4 期。

用,要求从立案到开庭的审前程序应在法院指派的案件管理人的控制之下,以提高效率、缩短时间、降低成本。集中化审理模式,指的是通过庭前的工作使正式的庭审活动顺利进行,达到缩短诉讼时间的目的。两大法系案件管理的特点在于,主体是法官,主要目的是效率(减少迟延、降低诉讼成本,而不是解决司法不公),中心环节在审前(集中在准备阶段或审前阶段),最终目标是解决纠纷(促使案件尽快达成和解或者审判快速推进)。①

6. 有关法院司法责任制改革。主审法官司法责任制与审判管理中的司法权力运行机制改革关系密切,因而成为学界探讨的一个重要问题。第一,法院司法责任制产生的背景和发展过程。胡仕浩指出,司法责任制的确立源于最高人民法院1998年发布的《人民法院审判人员违法审判责任追究办法(试行)》和《人民法院审判纪律处分办法(试行)》两个文件。最终成为司法改革的一项重要组织部分,则与党的十八届三中和四中全会提出的完善主审法官、合议庭办案责任制以及办案质量终身负责制和错案责任倒查问责制的要求密切相关。而中央随后召开的三次司法改革推进会进一步使司法责任制的实施得以落实。② 第二,司法责任制的基本内容和类型。胡仕浩指出,司法责任制包括"让审理者裁判"和"由裁判者负责"两个基本要素;其要点在于:构建责权利的平衡机制,不是单纯的法官问责制;是内部追责,而不是外部担责,也不是错案追究制。③ 陈瑞华认为,司法责任制包括结果责任、程序责任和职业伦理责任三种模式。④ 第三,司法责任制改革的基本条件。胡仕浩认为,全面推开司法责任制改革,需打牢员额制改革的基础。⑤

7. 有关法院绩效考评问题。谢亮等从完善工作程序、合理设计体系、合理设定考核标准、引入信息化管理手段等方面提出构建法院绩效考评体系,尤其强调应改变简单以结案数量作为唯一标准的做法,充分结合所在

---

① 江必新:《域外案件管理改革的借鉴与启示》,《比较法研究》2013年第4期。
② 胡仕浩:《论人民法院"全面推开司法责任制改革"的几个问题》,《法律适用》2016年第11期。
③ 胡仕浩:《论人民法院"全面推开司法责任制改革"的几个问题》,《法律适用》2016年第11期。
④ 陈瑞华:《法官责任制度的三种模式》,《法学研究》2015年第4期。
⑤ 胡仕浩:《论人民法院"全面推开司法责任制改革"的几个问题》,《法律适用》2016年第11期。

法院执法办案工作实际，将当事人数量、诉讼程序、案件类别、办案环节、结案方式等各类反映案件繁简难易程度的重点要素全面纳入办案数量评价体系。① 赵玉东则从理念转变、机构设置、考评程序三个方面对审判过程评价做出制度设计。②

8. 有关法院审判管理中信息技术的运用。第一，审判管理的信息化。刘雁鹏认为，近年来审判管理的信息化问题引起学界和法院系统的关注。信息化正在深刻地影响着我国法院的审判管理工作，各级法院通过打造服务平台、建造科技法庭、改造信息系统、建设电子法院实现审判管理信息化。③ 高一飞从智慧法院的实践运行情况，提出信息技术在审判管理中的运用，在于从辐射向全面覆盖发展，从"各自为战"向"团队协作"发展，从数据保管向数据维护发展等。④ 第二，审判管理的信息化向审判信息化的转变。左卫民提出审判信息化的概念，在他看来，"审判的信息化"是指法院信息化建设的目标及效果应当围绕着完成审判活动的基本任务而展开。以为审判活动提供一个信息化平台，为社会公众提供一种以信息化为载体的纠纷解决机制为目标，具体包括推进与强化一审、二审、再审的信息化，推行集体讨论、评议的信息化等。⑤ 第三，审判管理信息的公开。王亚明建议建立审判管理信息公开工作机制，合理保护当事人的隐私并防止泄露司法秘密，建立审判管理信息查询及救济机制等。⑥

另外，对法院审判管理与案多人少等实践问题的关系，周超认为，审判管理观念滞后、审判资源配置不合理、审判管理微观设计不科学是造成"案多人少"现状的重要原因。应更新审判管理观念，优化审判资源配置，科学设计审判管理细节，有效突破"案多人少"的困境。⑦ 在解决法院体制改革中产生的"案多人少"问题上，苏力认为审判管理应有独特作用，诉讼收费本是审判管理的一个非常有效的措施，要有效回应"案多人少"，也许最重要的不是大量增加法院人手，而是最高人民法院要尽

---

① 谢亮等：《论人民法院法官业绩评价的完善》，《法律适用》2018 年第 7 期。
② 赵玉东：《试论过程评价机制在审判质效考评中的运用》，《法律适用》2014 年第3 期。
③ 刘雁鹏：《审判管理信息化：路径、效果和展望》，《中国应用法学》2017 年第 4 期。
④ 高一飞、高键：《智慧法院的审判管理改革》，《法律适用》2018 年第 1 期。
⑤ 左卫民：《信息化与我国司法——基于四川省各级人民法院审判管理创新的解读》，《清华法学》2011 年第 4 期。
⑥ 王亚明：《审判管理信息公开路径探讨》，《福建法学》2015 年第 1 期。
⑦ 周超：《基层法院"案多人少"的困境与出路探析》，《湖南财政经济学院学报》2012 年第 4 期。

快同中央政法委和国务院相关部门沟通，修改《诉讼费用交纳办法》，大幅提高诉讼收费。①

（三）法院审判管理理论研究存在的主要问题以及本项研究可能的突破

从我国二十余年有关法院审判管理理论研究的发展过程和现实情况来看，该领域的研究虽然受到持续关注，所产出的研究成果数量较大，研究的观点和对策建议纷繁多样，其中不乏真知灼见，但仍存在几个突出问题需引起重视：

1. 这一领域的学术研究仍主要定位为审判管理而非案件管理。从二十余年对这一领域研究所产出的成果看，无论研究的形式还是研究框架内容，也无论研究主题的设定，还是具体术语的表达上，均以法院审判管理论题为限，而围绕法院案件管理这一主题展开的系统性研究或具体问题的个别化研究较少。从中国知网查询的数据来看，以法院案件管理为主题的学术论文有：葛文《法院审判核心领域的保障与案件管理》（《法学》2009 年第 10 期）、邓兴广《法院案件效率管理的调查分析——以杭州中院案件审判实践为基点》（《法学》2009 年第 10 期）、江必新《域外案件管理改革的借鉴与启示》（《比较法研究》2013 年第 4 期）、刘小飞等《加拿大法院案件管理的规则、实践与启示》（《法律适用》2008 年第 6 期）等。而其他涉及案件管理的学术论文大多数是有关检察机关案件管理或法院民事审判管理主题的论文。一般认为，法院案件管理与审判管理存在更为密切的内在联系，从外延来看，审判管理可以包含案件管理，从内涵来看，审判管理研究的许多问题也是案件管理研究的范畴，似乎两者只是术语表达上的差异。但法院案件管理尤其以刑事审判为中心的案件管理，与一般意义上的审判管理仍有相应差异，因为前者更强调围绕法院案件处理或裁判而进行的庭前案件一系列流程或过程的管理，研究的对象更为集中于案件本身，研究的问题是有关案件管理的动态与静态相结合的问题，而审判管理则是从与审判权相联系的角度，在法院司法改革的体制框架下，较为宏观层面的界定，研究的内涵和范畴仍有不同。所以，这一领域的研究没有关注法院案件管理的这一角度和主题，显然是有缺陷的。

---

① 苏力：《审判管理与社会管理——法院如何有效回应"案多人少"?》，《中国法学》2010 年第 6 期。

2. 有关这一领域的研究范畴不够明确。现今大多数法院管理问题的研究并非定位为案件管理这一主题，因而法院案件管理研究具体范畴和对象也难加以具体确定。从已发表的法院案件管理学术论文来看，有的是研究如何减少法官所负担案件的实际工作量，减缓法官办案承受的压力，使法官有充分时间关注开庭和撰写法律文书，及时、有效和妥当处理案件，改善法官的工作条件等问题①；有的是研究如何通过法院的案件管理理顺案件处理流程，提高审判效率等问题。② 对域外案件管理问题的探讨也主要集中于从案件处理流程上加强管理的做法，如法院指定的案件管理人按照规定的程序步骤，在规定的各阶段期限内，对案件从登记立案到提交庭审之间的全部准备过程进行主持、监督、干预、推动，以促使案件在最短时间内达成和解或者提交庭审等。③ 已有的法院案件管理研究范畴局限于案件在法院内部流转中操作的技术性问题，推动案件管理的主要目标在于减轻法官的办案压力，提高办案的效率，降低司法成本。显然，上述研究的问题仅是法院案件管理中的一个环节，研究的视域过窄，法院案件管理更为重要的理论问题和体制问题都未涉及。

即便与案件管理密切相关的审判管理问题的研究也存在研究对象不明确、研究范畴界定不清晰的问题。从上述有关法院审判管理理论研究梳理的 8 个方面问题来看，这一研究领域的范围比较庞杂，既包括法院组织机构体制、权力结构和相应司法改革等较宏观的诸多问题，也包括中观层面的审判质量与效率、绩效考评等问题，还包括微观层面的案件流程管理、法官队伍建设、法官素质条件等问题。换言之，只要与法院审判运行过程和结果有联系的属于法院事务范围内的问题都可以作为该领域的研究范畴，因而这一领域研究对象和范畴缺乏明确而科学的界定。

3. 该领域研究缺乏实证调研的支撑。从过往法院审判管理研究的整体情况看，不仅缺乏以特定调研对象为基础的典型实证性研究论文，而且缺乏从调研或访谈角度通过真实的数据或第一手材料来支撑自身学术观点或建议的研究论文。即便来自法院系统的专业人员所做的研究，也主要是根据现有的中央决策和最高人民法院出台的改革纲要及相关的

---

① 参见葛文《法院审判核心领域的保障与案件管理》，《法学》2009 年第 10 期。
② 参见邓兴广《法院案件效率管理的调查分析——以杭州中院案件审判实践为基点》，《法学》2009 年第 10 期。
③ 参见刘小飞、李振国《加拿大法院案件管理的规则、实践与启示》，《法律适用》2008 年第 6 期。

司法规范性文件对审判管理进行规范性分析，或与本法院的实际情况稍有结合提出改革的初步设想和建议，研究成果都缺乏自身的特色和价值。而学者的研究主要以理论推导和规范性分析为主，有少数学者也试图结合实践情况进行具体探讨，如顾培东《人民法院内部审判运行机制的构建》一文，以C市人民法院为样本，探讨其审判职权的配置与界定、审判流程的建立与控制、审判动态的监督与把控、审判绩效的评价和考核、信息技术的植入和运用五个方面的问题[①]，但该文既无该法院制定的有关规范性文件为依据，也未对该法院各层级管理者的相关访谈或获取的第一手材料作为论证的支撑，而是以自身的感受或总体把握为基础进行一般性分析论证，因而也不宜视为一种实证性的研究论文。应该指出，法院案件管理问题属于实践性、操作性较强的问题，除规范性研究外，更需采用与这一主题特点相适应的实证研究方法，通过直接而具体的研究更有效观察和把握审判管理制度运行的实践问题，增强这一研究的观点和结论的客观性和可靠性。

4. 已有研究成果的问题意识和实效性明显不足。尽管该领域研究问题的提出源于法院司法改革的需要，但研究成果多属于理论或规范分析的成果，研究主题的确立和基本观点的展开及相应的结论，本身缺乏鲜明的问题意识和实效性：第一，多数论文的主题均以中央和最高人民法院推动的司法改革的相关内容为依据，缺乏针对性和具体化。如上所述，二十余年来该领域研究论文的主题，或为较宏观的法院组织机构权力结构及运行的论题，或为较具体的院庭长、审委会、合议庭权力运行的论题，抑或对法院绩效考评、案件质量与效率管理等审判管理某一环节的探讨，甚或对与之相关联的员额制、司法责任制等问题的研究。尽管上述问题属于法院管理中的实践问题，但设定的论题往往比较笼统，且倾向于整体性、粗线条的论述，缺乏针对地方司法实践具体问题的分析，因而这些研究主题的设定大多缺乏问题意识。第二，大多数的学术研究属于缺乏实质突破的重复性研究。二十余年来该领域研究的一个共同特点在于，多数成果属于缺乏突破的重复性研究。就法院系统专业人士的研究来看，重复性较多的研究集中于法院绩效考评、案件质量评查、案件效率管理以及当前推动的员额制等改革的论题；而学者则较多关注整体性的司法体制机制改革以及法

---

① 参见顾培东《人民法院内部审判运行机制的构建》，《法学研究》2011年第4期。

院组织机构的权力结构和权力运行问题的主题。这些重复性的研究只是在研究的侧重点、论证的依据与材料以及某些观点等方面有所不同，但有着实质性突破的研究很少。第三，多数研究提供的对策和建议明显不足。由于这类研究普遍缺乏问题意识，研究论题比较笼统、趋同，加之研究的方法和取向与司法实践的结合度不足，多数研究成果均难以提出具体有效的完善法院案件管理制度和举措的对策和建议，研究成果的实用价值明显打折扣。

针对当代有关法院审判（案件）管理领域研究存在的上述诸多问题，本项研究旨在从以下几个方面有所突破：

首先，将研究领域明确界定为法院案件管理问题。这一研究领域的确定，主要有几个方面的考虑：其一，法院的案件管理相较于审判管理更为明确和具体，可以避免审判管理论题在范围上模糊不清、研究对象和内容过于宽泛的弊端；其二，法院案件管理的术语表达更为准确，因为法院的全部活动就是处理案件的活动，它的一切活动均是围绕这一活动而展开，不仅法院的审判活动是如此，法院庭前程序性和行政性的活动也是如此。所以，将法院的管理活动界定为案件管理，实际上紧扣了法院整体活动的关键环节；其三，法院案件管理聚焦于审判领域具有典型性。法院案件管理中最具有典型性和普遍意义的活动是与审判有关的管理活动。从当代司法实践情况来看，与审判活动相联系的案件管理，不仅因重要意义受到高度关注，而且这类案件管理中存在的体制机制性问题也更为突出，需要进行系统的、有针对性的理论研究。

其次，明确法院案件管理理论研究对象和范畴。针对当前这一研究领域对象和范围过于宽泛庞杂，界限不清的现状，本项研究在把握法院案件管理基本要素和固有规律的基础上，以有限目标为原则，确定法院案件管理合理而具体的研究对象和范围：一是法院案件管理组织体制及权力运行机制；二是法院案件质量与效率管理运行机制；三是法院案件流程管理制度及操作办法；四是法院案件管理中的绩效考评；五是法院案件管理机制运行的综合评判和总体结构设计。在上述法院案件管理研究体系中，法院案件质量、效率和流程管理属于法院案件管理研究的核心论题，而法院内外组织体制及权力运行机制则是贯彻和落实案件质量、效率和流程管理的决定性条件和基础，同时法院绩效考评制度则是法院案件管理公正、高效运行的保障手段。所以，本项研究对象和范围的设定具体明确，研究的重点对象和论题突出，相关联的基础性和保障性问题也受到应有重视，本项研究对象和范畴的整体设计较之前有明显突破。

再次，本项研究具有实证研究的价值取向。与大多数法院审判管理研究侧重于理论推导和规范分析不同，本研究在一般理论和原理阐释和分析的基础上，更重视实证性研究方法的运用。本研究设定的多数研究论题都将根据具体调研对象案件管理的实践运行情况，通过收集的第一手访谈材料和实践性数据以及规范性文件出台、运用等情况，进行具体和有针对性的客观分析，从而得出更为具体和可靠的观点和结论。有关这一实证研究方法设计和运用的具体问题将在下文中涉及。

最后，本项研究以问题意识为导向，努力提出更有针对性、可操作性的对策和建议。由于本研究立足于法院案件管理实践操作的现实情况，从司法实践中观察、了解和把握法院案件管理的基本情况、特点和存在问题以及背后的成因，因而对于法院案件管理问题更可能提出具体的有针对性的对策和建议。具体而言，通过本研究，可以为法院案件质量与效率管理、法官绩效考评等提出具体可行的标准和依据，以及案件流程管理中应关注和消除的问题及其相应的举措；对于法院内部机构权力配置和运行提供合理和有建设性的观点、意见和建议；对于最高人民法院出台的审判管理的司法规范性文件的调整和修改，各级法院案件管理实践运行的操作性规范及相关规范的制定和实施提供参考意见等。

三　法院案件管理的实证研究方案

（一）研究目标及解决的问题

鉴于当前学术界对法院案件管理的研究停留于理论和规范研究的层面，缺乏来源于司法实践具体深入的实证研究，存在难以发现真实问题并有效提出解决问题方案的现实局限性，本项研究通过选取某省三级法院系统中案件管理情况展开具体、可靠的实证调研和考察，在收集、整理和运用一手材料和数据的基础上，进行相对客观和直接的分析和提炼，有着明确而突出的研究目标和问题意识。

1. 本研究的主要目标

第一，实践运用目标。通过法院案件管理机制的实证研究，主要达到以下几个实践目标：其一，法院的管理者和承办案件的法官增强案件管理的意识和能力。长期以来，对于审判活动，承办案件的法院及其审判法官更多注重审判程序和方式是否符合法律规范，重视案件的事实认定，证据运用和法律适用问题，而对法院内部案件管理机制和方式方法则存在不同程度的轻视。对于审判过程和结果出现的不公正和法律失范等问题，更多从审判程序和司法队伍人员素质等方面寻找原因，往往忽视法院内部案件管理所存在的问题。鉴于此，通过法院案件管理的实证考察，揭示法院审判运行与法院案件管理的内在联系，促使法院管理者及其承办法官从思想和观念上真正认识案件管理的重要性和必要性，增强自身的案件管理水平和能力。其二，提出切实可行的法院案件管理体系和机制构想。根据法院案件管理运行机制的实证研究，从法院审判的实践操作情况出发，在相应案件管理的调研报告基础上，对法院案件管理的内外组织架构、案件流程管理、案件质量与效率管理、法院绩效考评等方面的体制机制改革，提出相应的切实可行和合理的意见和建议，为法院审判过程中在内部案件管理方面提供可靠的指引和参考。其三，实现审判公正和效率两者兼顾的总体目标。通过法院案件管理制度改革方案的提出，为法院司法权力的合理配置和行使、司法资源的有效合理利用，回应当代司法员额制和司法责任制改革的需要，在切实保障审判活动效率的前提下，实现基本的公正价值，达到党的十八届三中、四中全会提出的司法改革目标，以及最高人民法院四个五年改革纲要提出的人民法院司法改革的基本要求。

第二，政策、立法指引目标。对于法院审判管理等涉及法院内部体制机制改革的问题，虽然党的十八届三中、四中全会的报告对改革的基本精神和原则提出了要求，最高人民法院相继出台的四个五年改革纲要及其他司法规范性文件对于法院司法权力结构调整、员额制和司法责任制改革等均有相应规定，但这些司法改革的举措和规定仍是一种原则性规定，具有改革的方向指引作用，而缺乏具体可操作的标准和办法，所以，本研究的成果可以为司法改革的政策乃至立法的完善提供一定参考。一是为最高人民法院进一步完善相应的司法规范性文件提供参考。例如，可以为最高人民法院已出台的《关于加强人民法院审判管理工作的若干意见》、《关于加强各级人民法院院庭长办理案件工作的意见》（试行）、《关于完善人民法院司法责任制的若干意见》和《关于落实司法责任制完善审判监督管理机制的意见（试行）》等司法规范性文件的进一步完善提供参考。二是为各级人民法院有关案件管理的司法改革办法或规程提供参考。为贯彻落实最高人民法院有关案件管理体制机制改革的司法规范性文件，地方各级人民法院通常根据自身实际情况制定相应的规定或办法，本研究成果可以为这些法院制定规范性文件提供必要的参考。三是促进国家立法的进一步完善。有关法院案件管理体制机制问题，不属于刑事诉讼法调整和解决的问题，但其对人民法院组织法涉及的法院内部组织机构及权力配置和行使的规定产生一定影响，同时对刑事诉讼法所调整的刑事审判运行程序和方式也有一定影响，因而本研究成果所涉及的法院案件管理的相关对策建议也旨在促进上述法律规范的进一步完善。

第三，司法理论建构目标。诉讼理论界对审判管理机制和制度的研究成果较多，但多数是从一般审判管理的角度进行研究，研究的范畴、内容和方法上都存在相应缺陷。本项研究在借鉴以往研究的基础上，希冀实现以下研究目标：一是聚焦于司法理论中的法院案件管理机制问题。与学界普遍关注的法院一般审判管理问题、法院体制机制改革问题的探讨不同，本研究成果以法院案件管理运行机制为主题，聚焦于法院审判中的案件管理具体问题，探讨法院体制机制改革之下，提出确立和改善法院案件管理机制的建议，从而为我国司法改革的基本理论命题和体系提供具体可靠的基础条件。二是形成和建构法院案件管理体制机制的基本理论观点和体系。通过对法院案件管理运行机制的研究，进一步澄清和阐释案件管理中涉及的司法权力配置、法院内部组织结构、审判质量与效率、审判流程与审判过程关系、法院绩效考评与法院行政管理关系等基本理论依据，为当前推动的法院整体性管理体制和司法权运行机制改革的基本理论提供理论支撑。三是探索有关法院案件管理问题研究的有效实证研究方法。本项研究采取实证调查研究方法，致力于通过对法院案件管理设定的若干问题深入法院系统开展访谈和收集整理第一手资料，在此基础上观察和分析法院案件管理的基本情况、存在的问题和可能的解决方案或建议，使研究得出的观点、结论和对策建议等更为客观、可靠，从而更具有实用价值。

2. 本研究解决的主要问题

第一，正确认识案件管理在法院审判运行中的地位和作用。在长期的司法实践和诉讼理论认识中，对案件审判的过程和结果是否符合程序和实体正义的基本要求，程序法定和证据裁判的基本原则是否得到遵循，一般认为有两个因素起重要作用：一是审判组织对审判程序的运用和对案件事实及证据的把握；二是我国审判的法律规范本身的合理性和可操作性。但从审判实践情况看，审判过程和裁判结果的质量不仅取决于上述因素，而且在于庭前法院围绕案件审判所进行的管理和监督活动。通过法院案件管理运行机制的研究，在于阐释法院的这一管理活动对法院审判运行究竟产生什么影响、影响的程度、影响的决定因素以及这一影响的方式等，从而正确认识和把握案件管理在法院审判运行中的地位和作用。

第二，对法院案件管理的本质及案件管理与审判活动或审判权的界限和相互关系的把握。通过法院案件管理运行实践情况的观察和第一手材料的分析，首先需要在理论上界定法院案件管理的定位问题。法院案件管理活动究竟是法院的一种什么活动，它的本质特征是什么，如何澄清学术界对法院案件管理（审判管理）与法院行政管理、行政指导、事务性管理界限不清的认识。在对法院案件管理属性合理界定的基础上，如何将其与审判（权）本身加以区分，以及如何把握法院案件管理与审判运行的相互联系和相互影响的关系，对于司法实践中以案件管理权代行或干预审判权的现象，如何在理论上加以阐释，从司法实践的角度如何构建新型的法院内部组织机构和相应权力结构及权力运行机制等。

第三，把握长期以来我国法院案件管理运行机制中存在的突出问题及其产生的原因。当前学术界主要侧重于司法体制改革的角度，从理论上阐述和探讨法院内部组织权力结构、审判质量与效率、绩效考评等审判管理制度和机制的问题，其所观察和发现的是全国范围内整体审判管理问题。而本研究成果主要立足于具体的调研对象，观察和分析法院案件管理实践运行中涉及的法院内部各层级管理机构或组织权力结构、案件质量和效率以及流程管理等具体运行中的制度性和操作性问题，更准确直接地探寻产生这些问题的体制性、制度性和结构性原因以及相应的客观和主观因素，以为法院案件管理实践操作所遇到的困境和问题把脉问诊。

第四，破解法院案件管理问题应采取的重要制度和机制方案。通过对法院案件管理实践运行的调研、分析和论证，针对法院案件管理中涉及的法院内部组织机构的权力优化配置改革、案件质量和效率管理、案件审判流程管理以及法院案件审判活动的绩效考评等存在的制度和实践运行问题，提出初步的解决方案和制度构建设想：一是对于调研过程中了解和发现的法院案件管理机制运行具体做法、方法和举措等方面存在的问题，以调研报告或建议书的形式为办案法院改进和完善法院案件管理制度和机制提出可行的解决方案和具体举措。二是就实证调研中发现的我国法院案件管理存在的具有普遍性和共同性的体制、制度和机制的具体问题，以最终学术专著的形式，提出完善我国法院案件管理体制和机制的总体方案，为最高人民法院涉及法院案件管理制度改革的决策，以及补充和完善相应的司法解释和其他司法规范性文件提供重要参考。

（二）研究对象的确立及其依据

1. 研究对象的选择和内容设计。本项研究主要以某省省会城市区域为基础，就省、市、区（县）三级法院系统案件管理实践运行情况开展调研。具体而言，以 Y 省高级人民法院、Y 省省会城市 S 市中级人民法院和 S 市所辖若干区县人民法院（根据该研究涉及的具体法院不同，相应研究部分将以 A、B、C 等英文字母形式或××符号形式表示实证调研中所涉及的区法院或县法院）为调研的样本法院。同时，该项研究还涉及对与 Y 省相邻的 H、G 两省高级人民法院调研情况的收集、分析和阐述，以对 Y 省法院系统案件管理实证研究情况的一种横向比较或对前者研究情况掌握不足的必要补充。由于该项研究主题主要涉及与审判运行相关的案件管理问题，因而对上述调研对象案件管理实践运行情况的调查主要针对法院立案庭、刑庭、部分民庭等业务庭机构以及作为综合性案件管理职能部门的法院审判管理办公室等机构进行。

本实证研究调研对象的选取有以下几个特点：一是调研对象选取的法院系统所处区域相对集中。该调研地点主要选择在 Y 省省会城市这一中心区域，除有便于调研考察的考虑外，也有作为司法改革先行先试的区位优势，其调研获取的材料和信息更具有代表性和典型性的考虑。二是调研对象所选取的法院系统的层级具有多样性。该调研对象包括 Y 省高级人民法院（包括相邻省份的高级人民法院）、S 市中级人民法院和各区县人民法院等三级地方法院系统，而非以某一层级法院系统或某一具体法院作为调研对象，因而调研对象不仅兼顾了法院涵盖面的需要，而且考虑了不同法院类别的需要。三是调研的注意力更加集中于基层法院和中级法院的案件管理运行情况。从实证素材获取的条件和案件管理实施的重要性及普遍性的角度来看，将案件管理实践操作情况的调查集中于基层法院和中级法院更具有可行性。四是兼顾实证调研中的横向比较。在选取调研对象中，注意对 Y 省相邻法院系统案件管理运行情况的了解和分析，将完全不同的若干区域的法院案件管理问题进行综合比较也是该实证研究考虑的一个重要方向。

调研的范围和内容主要包括以下几个方面：一是调研对象出台和实施的有关案件管理的各种实施细则、办法、规定等具体规范性文件。重点收集和整理 Y 省高级人民法院、Y 省省会城市 S 市中级人民法院和 S 市所辖若干区县人民法院三级法院系统，以及 Y 省相邻省高级人民法院等的具体规范性文件；人民法院院庭长审判管理规则；法院审判委员会工作规则；法院案件流程管理办法；案件审理时限规定；案件质量、效率考察和评定标准；法院绩效考评办法；法院法官员额制和遴选办法，等等。二是调研对象有关案件管理的档案记录和台账等。主要包括院庭长、合议庭对案件谈话、讨论的记录，审委会讨论案件的会议纪要，法院案件立案、审理、结案、执行、归档等各阶段流程管理的记录情况，审判管理机构履职中对案件管理行为和事件的记录情况等。三是调研对象有关案件管理的数据统计情况。主要包括若干年度或季度涉及案件质量、效率评价和考核，法院案件承办法官及相关辅助、行政管理人员的绩效考评，法院员额制和司法责任制改革推行的实际效果和产生的相关问题等数据及情况分析。

2. 调研对象确立的依据。该项实证研究调研对象选取的主要依据：第一，选取 Y 省三级法院系统作为调研对象，主要考虑调研对象的全面和整体要求。我国法院案件管理运行机制问题，是涉及整个法院系统审判权优化配置、法院系统与外部体制衔接、上、下级法院关系调整、法院内部员额制及司法责任制改革等一系列司法改革的全局性问题，出于把握法院案件管理整体情况的考虑，当然需要以地方三级法院系统案件管理运行情况作为研究对象。而且地方三级法院组织系统的设置也是我国法院组织法和三大诉讼法规定的基本框架，每一层级法院系统的案件管理运行情况都有自身的特点和存在的特殊问题。对此进行多层级多角度的案件管理运行情况研究，不仅具有针对性，符合该研究的实证特点，而且也是保证本项研究具有完整性和普遍意义的需要。

第二，选取省会城市若干区县法院作为调研对象，主要考虑多样化的调研对象能够反映区域差异的特点。在该实证研究中，选取的 S 市若干基层法院既有该市中心区域的若干区法院，也有该市所辖的若干县法院。市所辖的区行政区域和县行政区域不仅地理位置和社会结构具有不同特点，而且在社会政治、经济、文化发展等方面存在较大差别，同时调研对象所确定的该市所辖的各区行政区域之间以及该市所辖的各县行政区域之间本身社会经济文化发展的程度也不相同。由于各行政区域社会政治文化结构和经济发展程度的不同，影响法院审判运行和司法体制机制改革的理念、思维、物质、人员等基础条件就各不相同，法院案件管理的原则、方法以及制度操作可能就存在自身特点，同时案件管理实践中呈现的问题及产生的效果也有所不同。调研对象在区域差异上的选择，有利于客观反映不同区域法院案件管理活动的具体情况，更加全面、综合地观察、分析和归纳各法院案件管理不同特点和存在的问题，以体现该实证调研过程和结果的合理性和可靠性。

第三，兼顾 Y 省相邻区域法院案件管理问题的调研，也是出于本实证研究整体的可靠性需要。如上所述，有关法院案件管理运行机制涉及法院体制机制改革的整体问题，这些问题不是地方性问题，而是全国范围内的带有全局性的问题，最终应该置于全国法院系统范围下，从更为宽广的视野分析和探讨法院案件管理的普遍性问题，从而为全国法院系统案件管理制度机制构建和完善以及最高人民法院出台相应的司法改革规范性文件提供参考。所以，在本项研究中，除主要选取 Y 省各级法院系统作为调研对象外，还将与 Y 省相邻的两个省特定区域的法院案件管理情况也纳入调研范围，一方面可以使不同区域法院案件管理的情况加以比较，发现各自的差异和特点；另一方面也在于从整体的角度把握全国范围内案件管理的共性问题，以利于通过该实证研究提出具有普遍参考价值的法院案件管理制度机制的方案。

（三）研究路径、框架和方法

1. 研究路径。本研究从对法院案件管理一系列基础理论规范分析出发，通过对选取的调研法院系统案件管理机制实践运作的实证分析，在总体上了解和掌握法院案件管理的现实情况、取得的效果、存在的问题以及案件管理机制建设的内外因素，对法院案件流程管理、案件质量管理和案件管理的方式和手段等具体问题进行分解研究，总结和评价现行案件管理制度和具体做法的特点和优劣，探讨案件管理与法院管理体制改革、法院员额制与司法责任制改革、法官队伍建设、审前和审判程序运作等的相互影响和作用。在此基础上，本研究提出了符合司法固有规律和裁判逻辑，与我国司法行政管理特点相适应的案件管理机制和操作方法。

2. 研究框架。本研究主要由六大部分构成：第一部分，法院案件管理组织体制及制度建设。包括法院组织管理体制基本构架；法院内外组织系统对案件的管理；司法改革背景下法院内外组织系统的优化和完善；法院组织系统改革的突破口和保障等。第二部分，法院绩效考评制度：它是一种法院内部激励管理制度。包括法院绩效考评的提出；法院绩效考评体系；我国法院绩效考评制度运行现状和存在的问题；我国法院绩效考评制度的有效运行等。第三部分，法院案件流程管理的实践。包括对法院案件流程管理的基本认识；法院案件流程管理的实证研究；法院案件流程管理的突破和创新等。第四部分，法院案件管理质量管理运行机制研究。包括法院案件质量管理的基本理论问题；我国法院案件质量管理的组织机构及运行程序；我国法院案件质量评价体系；我国法院案件质量评查制度；我国法院案件质量管理之困境及其破解等。第五部分，对法院案件效率管理的考察。包括我国法院案件管理的基本问题；我国法院案件效率管理的评价体系；法院案件效率管理的实践运行情况；我国法院案件效率管理制度的完善等。第六部分，法院案件管理机制的综合评判和未来路径选择。包括我国法院案件管理机制运行的整体态势；我国法院案件管理机制评析；我国法院案件管理机制的构建方案等。

3. 研究方法。①案件管理基础问题的理论和规范分析法。对于涉及法院案件管理组织体制、法院绩效考评、案件质量与效率管理、案件流程管理等一般基础理论问题，将根据我国理论和实务界的基本理论认识，并结合有关当代法院审判管理、员额制与司法责任制改革等的基本理论进行阐释和分析。对于上述法院案件管理涉及的相关内容，也将依据中央推进司法改革的重要决议或决定、最高人民法院的司法解释及其他司法规范性文件（如最高人民法院出台的四个五年改革纲要等），进行文本的规范性解读。②实证研究方法。对于具体调研对象案件管理运行实践情况的分析和掌握，具体采用以下几种方式：第一，调研措施和手段。运用蹲点介入手段跟踪个案管理流程和案件管理效果；采用与法院相关部门座谈、与办案人员深度访谈等交流方式，了解和掌握法院及职能部门案件管理的整体情况；收集法院案件管理的文件、档案和其他文献资料，阅览和复印与案件管理有关的案卷材料和诉讼文书，了解案件管理的具体操作过程和具体细节。第二，案件管理调研资料和数据的分析方法。一是列表分析法。运用统计学中的图表方法对调研数据和资料进行数字化分析和归纳，图表格式遵循通行做法；对不宜采用图表解决的问题将运用个案解析的方法进行文字分析，以得出可靠并有代表性的结论。二是定量分析法。对调研对象获取的各类信息资料进行统计、汇总和归类，测算各种情况的数据和百分比，据此对不同法院之间案件管理运行情况作量化分析、比较。三是定性分析法。在定量分析的基础上，根据调研对象各类数据情况对法院案件管理进行特征描述、问题及其原因揭示和整体对策建议等归纳性定性分析。

第一章

法院案件管理组织体制及改革

自《最高人民法院第一个五年改革纲要》发布起，加强审判管理一直是法院建设中的一项重点内容。然而，处于转型期的中国社会却呈现出空前的社会问题，各种社会矛盾和冲突与日俱增，不仅数量上明显增多①，且各种问题的复杂程度也更甚从前。整体社会的有序和局部社会的无序是当前社会的主要特征。来自基层的问题不能如从前那般②通过国家政治权力压制和消化，各种复杂的纠纷大量涌入法院。在这种社会治理的大背景下，法院的案件管理早已超越了司法组织体制建设内部本身的范畴，而是关系到司法权运行机制、司法的效率与公正、司法权威的建立并最终关系到国家法治建设和社会公平正义等问题。因此，如何从组织结构层面认识和保障法院内部对案件的有序管理，是当前我国法院案件管理制度改革中需要关注的首要的和基础性的问题。

---

① 2000年后，中国开始大量出现"诉讼爆炸"的说法，以此形容我国法院诉讼量突增的状况。在美国，20世纪60年代到80年代已出现民事诉讼急剧增加的情况，Walter K. Olson 将此种情况称为"the Litigation Explosion"。参见 Walter K. Olson, *The Litigation Explosion: What Happened When Amercia Unleashed the Lawsuit*, Penguin Books, 1991。然而这种提法也受到一些学者的质疑，如冉井富认为不能简单通过案件数量的增加就得出诉讼爆炸的结论，影响诉讼爆炸的关键因素主要是国家经济发展水平，其他因素还包括人们的价值观念、政策选择和纠纷类型。参见冉井富《现代进程与诉讼：1978—2000年社会经济发展与诉讼率变迁的实证分析》，《江苏社会科学》2001年第3期。

② 邹谠和孙立平曾把改革开放前的中国称为全能主义国家或是总体性社会。在邹谠看来，全能主义并非简单等同于极权主义，全能主义是指："政治机构的权力可以随时无限制地侵入和控制社会每一个阶层和每一个领域"。参见邹谠《中国二十世纪政治与西方政治学》，《经济社会比较》1986年第4期。孙立平提出了与此相似的总体性社会观点，其认为改革开放前中国社会的特征之一就是党和政府对日常生活、科学研究等的直接的和有效的干预。随着改革开放后国家干预的日趋减弱，中国进入了后总体性社会。参见孙立平《改革以来中国结构的变迁》，《中国社会科学》1994年第2期。

一 法院案件管理组织体制基本架构

在我国，案件管理是指负有管理职责的人员和部门对案件进行的监督和管理。从组织目标来看，其是："人民法院运用组织、领导、指导、评价、监督、制约等方法，对审判工作进行合理安排，对司法过程进行严格规范，对审判质效进行科学考评，对司法资源进行有效整合，确保司法活动公正、廉洁、高效运行。"[1] 如图1-1所示，从整体上把握，目前我国案件管理的基本组织系统，是通过法院内部组织领导体制和法院外部组织管理体制，首先对作为输入项的纠纷和案件加以过滤和转化，再对案件的流程、质量、效率和效果这些要素进行监督和管理，最终输出案件的过程。本章旨在对影响案件管理的两个组织变量，即内部组织领导体制和外部组织管理体制给予专门的关注和阐释，以此作为研究我国案件管理机制的基本出发点。组织结构变量对审判活动进行控制和影响，是一种基础性和条件性的因素，也是对组织运转影响最大的因素。由于组织设计的差异，就限制了主体在组织内的行为方式，影响了主体的角色、资源分配和权力关系以及组织目标的实现。

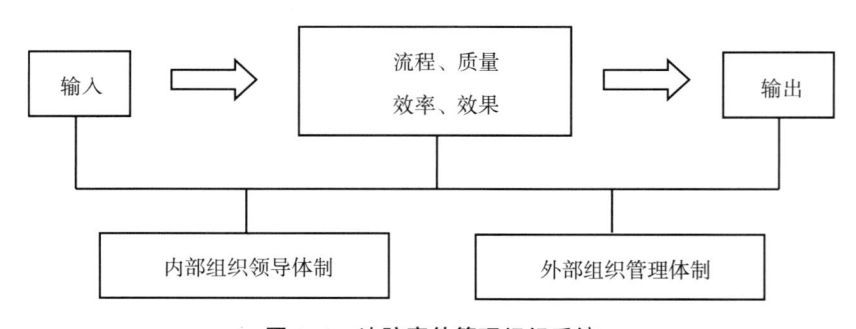

图 1-1 法院案件管理组织系统

（一）法院内部组织领导体制

组织是有结构的整体活动[2]，"组织的内部结构既是行动者权力的一

---

[1] 董开军：《加强审判管理提高案件质效》，《法律适用》2011年第12期。
[2] 参见于显洋《组织社会学》，中国人民大学出版社2001年版，第8页。

种重要来源，同时又会对行动者的行动进行制约"①，结构与行动间的关系是制度变迁的关键变量，结构制约、影响、改变着行动。② 因此，若试图回答与审判管理相关的问题，就应当首先考察行动者生活的那个组织结构，只有首先对内部组织结构进行细致入微的阐释和分析，才能理解和追寻结构下的行动逻辑，而法官行动的结构就是法院组织。总体而言，当下我国法院内部组织的领导体制，是实行纵向与司法行政管理权相对应的层级管理，横向依职能部门划分的分庭管理二者相结合的组织架构形式。

1. 纵向层级管理体制

（1）院级管理组织。在法院内部纵向的层级管理结构中，院党组、审判委员会、院领导、咨询或专业委员会均属于最高层级的案件管理主体。法院党组的组织职能是在地方党委的领导下，确保党的路线、方针、政策在法院工作中得以贯彻落实，讨论决定法院的重大问题，指导法院党组织的建设，团结非党干部和群众，全面完成各项工作任务。在法院党组的日常组织活动中，其主要侧重于从思想政治层面对法院的人事和审判活动加以宏观把握和指导。作为我国独有的法院内部组织，审判委会员是法院内部对审判工作实行集体领导的组织，其任务是总结审判经验，讨论重大、疑难案件和其他有关审判工作事项。故与法院党组对审判工作的原则性和宏观性指导相比，审判委员会的管理则具有实质性和具体性特点，其对案件结果的处理通常具有最终的决定性，是合议庭之上的"终极裁判者"。除上述两种管理组织外，院领导通过院庭长审批案件制度，对案件的程序性和实体性事项进行审核也是一种影响和指导审判活动的方式。此外，为分解审判委员会的案件压力，提高审判活动质量，一些法院通过设立咨询和专业委员会对案件进行讨论，也是在司法改革过程中出现的案件管理新形式。

（2）院内中级管理组织。业务庭、职能部门及其负责人对审判活动的管理属于法院内部纵向层级管理体制的中间层级。对审判业务部门和职能部门的管理主要来源于两个方面，一方面来自庭室内部的管理，另一方面来自庭室外部的管理。目前我国法院庭室内部的管理可以归纳为庭长个人管理制，庭长是各庭室权力结构的中心，直接决定庭室内部

---

① ［美］沃尔特·W. 鲍威尔、保罗·J. 迪马吉奥主编：《组织分析的新制度主义》，姚伟译，上海人民出版社 2008 年版，第 336 页。

② 参见高宣扬《当代社会理论》，中国人民大学出版社 2010 年版，第 692 页。

的日常运作和外部的沟通协调。除参与案件讨论与审批判决文书外,在行政管理事务上庭长还决定着诸如案件的二次分配、日常工作安排、庭内考勤管理、业务与政治学习等各种具体事项,呈现出"庭长个人管理制"的特征。随着司法改革的推进,一些法院逐步取消了传统业务庭的设置,以主审法官加法官助理和书记员的"审判团队"模式开展审判工作。在这种模式下,对合议庭负全面责任的主审法官某种意义上只是分食了原来庭长和分管副庭长的权力,俨然成为新结构中的"微缩版庭长",继而在拆分原有业务庭的外观结构下依旧延续了旧体制中庭长个人管理的模式。

2. 横向分庭管理。我国法院内部组织结构长期以来一贯采用"分庭管理"的审判管理方式。① 此种横向体制始于国民政府1936年施行的新《法院组织法》,当时地方法院内部分为法院和检察处两大部分,称为审部和检部。审部②主要包括院长、推事、书记官长、书记官、候补书记官、学习书记官、录事、执达员、法警、庭丁和公丁。其间法院内部已经开始采用分庭的模式管理审判,在建院初始刑事庭和民事庭的基础上先后设立了人事管理科、会计室、缮状处、公证处,当事人欲获得事件于法律上的效力,可请求公证③、不动产登记处。中华人民共和国成立后,地方法院被基层人民法院取代,并陆续在法院内部成立了审判委员会、人民法庭、经济审判庭、立案庭、执行庭、行政审判庭、研究室等部门。

从审判管理角度,可以将上述横向分庭管理部门分为两大部分,一是

---

① 参见刘忠《论中国法院的分庭管理制度》,《法制与社会发展》2009年第5期。
② 审部主要负责民事和刑事案件的审判,并依法管辖一些非诉讼案件。其中各类人员的职责分别是(1)院长:负责监督司法行政事务,兼办民刑事第一审案件,民事强制执行等案件;(2)推事:办理民刑事第一审案件、民事调解、法人登记等事项;(3)书记官长:复核司法行政文稿,配合院长办理民刑事第一审案件,民事强制执行,案件记录、分案及兼办统计;(4)书记官:配合推事、候补推事办理民事、刑事第一审案件,民事调解等案件记录与分案;(5)候补书记官:监印,办理文牍、会计、庶务,保管书记科各种行政卷宗、簿册及其他一切杂务,兼法人登记等事宜;(6)学习书记官:保管全院民事、司法行政卷宗,证物赃物及其他一切杂务,兼办监所记录;(7)录事:办理收状、缮状及发售印纸状纸,缮校文书,收发监视律师阅卷事宜,整理卷宗编号归档,检查及补正卷宗内误缺等事项;(8)执达员:负责送达一切文件,缮写民刑事传票,并兼办执行事务;(9)法警:负责公诉案件的押解和站庭;(10)庭丁和公丁:主要负责维持审理民事案件的秩序。
③ 凡有申请之件,公证处即开始调查,调查核实后,即公布大众。经过一个月,如未发生异议,即填发公证书或证书,以资证明。公证费按千分之十收取。

院业务组织管理部门,二是诸如纪检组织和后勤保障组织等的院监督保障部门。构建法院组织分庭管理体制的动力机制主要来源于法院组织本身的技术逻辑。技术逻辑的理论预期是审判兼具法律实体和法律程序的过程,进而法院组织的部门化也应当兼具专业化和流程化,故逐步形成了趋向于以司法专业化和审判流程化为特征的组织安排和行动框架。从我国法院组织结构的变迁历史中可以看到,基层法院组织不断地水平分化,遵循的技术逻辑一方面是将相似类型的审判活动组合于统一的空间范围,按其特定的专业职能将之部门化;另一方面是按照审判流程和监督保障的要求将诉讼程序从立案、审判、执行到审判监督的重要节点加以部门化。院业务组织管理部门和监督保障部门是日常生活中与案件管理工作互动最频繁的组织,前者侧重于管理案件,后者侧重于管理法官,其能对审判管理日常工作产生最直接的影响。

(二) 法院外部组织管理

一个组织是嵌入更大的组织场域之中的,组织场域的互动作用是决定其中任何一个给定组织各种变迁可能性的重要变量。在中国的叙事框架和政治语境下,深嵌其中的法院组织面临的最重要外部环境便是条块关系。之所以称为条条、块块,来自对组织的外部环境进行图状表示时的两个方面:同系统和异系统的相互关系。相同组织结构的上下级关系以条状的线条表示,而这些同系统的组织结构同时又置于地方行政区划内,受到来自异系统的指导和监督,地方行政区划空间在地理版图中一块一块地被划分界定,每一行政区划内的组织都受地方党委的统一领导。"条块结合,以块为主"反映了我国法院组织同时受到同级党委和上级法院的双重领导和监督。

1. 同系统的条形管理。根据《中华人民共和国宪法》、《中华人民共和国法院组织法》和最高人民法院《关于规范上下级人民法院审判业务关系的若干意见》的规定,在我国法院组织系统内部,上、下级法院之间是"监督"与"被监督"的组织关系。在上、下级法院之间的各种政务、财务、人事和业务等关系中,与审判管理有关的业务关系是上、下级法院之间围绕审判业务活动而产生的各种关系。需要注意的是,这种审判管理关系包括但不限于上级法院对下级法院的审级管理关系。"审级关系是指因上诉、再审、死刑核准、减轻处罚核准等与审级结构相关的审判关系，是根据法律程序所设置的审判监督关系，是一种常态化、规范化和制度化的上、下级法院审判监督关系。"① 依此而言，与审级制度相对应的审级管理关系只是法院同系统条形管理的常态和基础机制，是一种在审判过程中针对个案的程序性事后监督方式。而实践中最高人民法院、上级法院对下级法院的审判管理方式还包括了对特殊案件的请示汇报机制，以及发布指导性案例、制定规范性文件、总结审判经验、召开业务学习会议和组织法官培训等非程序性的监督指导形式。在组织运作中，这种条形管理体制依托于我国上、下级法院间呈"倒影式"的组织架构，即从基层人民法院起，内部的组织设计通常与上级法院作一一对应。作为专司审判管理的职能部门，最高人民法院于2010年成立了审判管理办公室，而后各省高级人民法院和下级人民法院先后成立各级法院内部的审判管理办公室，用组织同构的模式安排上下级组织间针对审判管理问题的控制与协调。

2. 异系统的块状管理。从历时性的制度变迁角度，"中国背景下政党与司法关系的演进，遵循着从绝对的司法不党到彻底的司法党化，再到既坚持中国共产党的政治领导又强调司法独立的过程"②。目前在法院外部的块状管理体制中，党委、人大和政府对地方法院审判活动的领导和监督方式主要有：第一，在人事关系上，地方人大和常委会有权对法官及法院中的各项职务进行任免。按照规范的逻辑分析，根据我国宪法的原则，审判机关由人民代表大会选举产生，对它负责，受其监督③，这是我国法院审判权力的规范性来源。县级以上的地方各级人民代表大会有权选举和罢免本级人民法院院长和本级人民检察院检察长④，副院长、审判委员会委员、庭长、副庭长和审判员由本院院长提请本级人民代表大会常务委员会任免⑤。第二，财政管理。自1994年我国进行分税制改革以来，各级财政部门对法院经费进行单列，法院的收入完全由地方财政自行负担。尽管近期的一些实证研究成果显示，目前法院系统的经费来源较从前更为多元，不同来源的所占比率也有变化，不同法院之间财政经费的不均

---

① 杜豫苏：《上下级法院审判业务关系研究》，北京大学出版社2015年版，第3页。
② 冯丽霞：《政党、国家与法治——改革开放30年中国法治发展透视》，人民出版社2008年版，第377页。
③ 《中华人民共和国宪法》第三条。
④ 《中华人民共和国宪法》第一百零一条。
⑤ 《中华人民共和国法官法》第十五条第三款。

衡也有所改善①，然而法院财政来源受地方掣肘也是长期以来备受学界诟病的导致司法地方化的一个重要原因。第三，以听取报告、执法检查、案件评查、旁听案件等形式对法院日常的审判工作进行监督。享有一般监督权的地方人大有权听取、审查人民法院一年一度的工作报告。随着人大、政府、政协对法院审判工作由传统"个案监督"形式的转变，通常情况下这些组织并不会干预司法机关对具体个案的处理，现有的案件评查和旁听案件等管理方式则主要成为法院系统内部对审判工作进行考核评估的固定指标。在个案的协调和监督中，地方政法委员会是党委领导政法工作的组织形式和具体工作部门，作为"党管政法"工作的实际承担者，地方政法委员会除了对法院组织进行宏观指导，实践中主要通过协调公检法三机关之间的关系对个案进行监督和管理。

二 法院内外组织系统对案件的管理

在中国，官方只认同审判独立，而不赞同司法独立，法院内外诸多组织对于法院的具体司法都能产生影响，具体对于案件管理来说，法院内外组织都负有权力和责任，对此下面我们就分别来作一简单的考察。

（一）法院内部系统对案件的管理

1. 组织架构规划的层次化。如图1-2所示，在我国法院组织内部的层级管理体系中，对审判管理实行两条主线下的三级管理。一条主线是依托审判组织，在审判权下对涉及案件的实体问题进行监督管理，另一条主线则是依托行政职能部门，在行政管理和审判管理权下对涉及案件管理流程和相关人事、资源配置等问题进行约束、分配和保障。正是这种在内部空间架构上形成的两种主要层级结构关系规定着我国法院在审判管理规范层面上的整体格局。

具体而言，一方面，在从合议庭到审判委员会的关系上，合议庭是法院内部的基础性审判组织，审判委员会则是对审判组织的领导性组织，而处于中间层面的审判长联席会则是一种由审判长参与案件讨论、发挥集思

---

① 参见王亚新《司法成本与司法效率——中国法院的财政保障与法官激励》，《法学家》2010年第4期；王亚新：《法院财政保障的现状及前景略议》，《学习与探索》2010年第4期；左卫民：《中国基层法院财政制度实证研究》，《中国法学》2015年第1期。

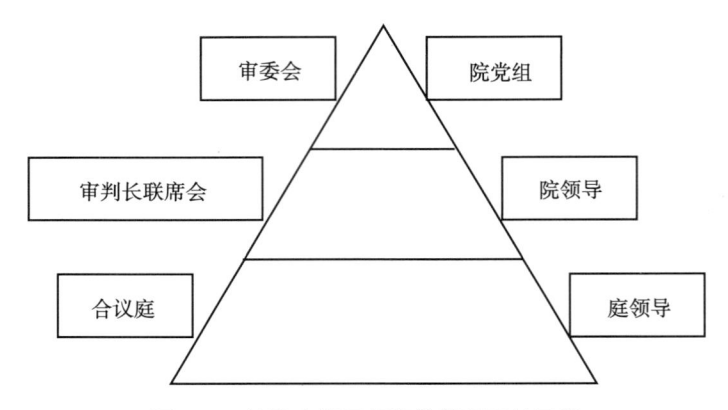

```
        审委会        院党组
    审判长联席会              院领导
合议庭                              庭领导
```

图 1-2　法院内部三级案件管理系统示意

广益功能的参考性组织。作为享有最高层级审判权的审判组织，通过对重大、疑难和复杂案件进行讨论并做出决定，审判委员会对合议庭具有案件管理上的领导与被领导、监督与被监督的关系。在具体的操作上，若对一般案件的法律适用问题存在争议，合议庭可以将案件提交由审判长组成的审判长联席会议加以讨论，审判长联席会议形成的集体意见对合议庭具有参考作用。其价值在于将大部分的审判业务问题解决在庭室组织层面一级，通过这种前期"过滤"，保障审委会有更多的精力讨论真正具有全局性和典型性的问题。① 在审判过程中，合议庭若认为对重大、疑难和复杂案件难以做出决定，或是合议庭内部意见存在争议，抑或是院、庭长在审核审理报告过程中对合议庭的意见有分歧，均应提请庭长将案件提交审判委员会员讨论决定。在此过程中，审判管理办公室会对此类案件进行整理和排期，之后在适当的时间由院长统一主持召开审委会，并将最终的讨论决定交由合议庭执行。

另一方面，我国法院的内部组织实际上是按照行政机构的科层制原理构建起来的②，故在审判组织的空间内部，存在着与行政级别相对应的职级建制，从法官、庭长、院长至院党组，遵照行政管理的权力系谱，也对案件管理的相关行为发挥着支配和影响作用。最高人民法院第三个五年改革纲要中提出建立院长、庭长的"一岗双责"制度，即院长和庭长"一

---

① 叶向阳：《试论审判长联席会议的运行机制及功能实现》，《法律适用》2008年第7期。

② 顾培东：《人民法院内部审判运行机制的构建》，《法学研究》2011年第4期。

手抓审判、一手抓队伍建设"。在审判层面,可将我国院、庭长享有的权力归为以下四类:裁判性权力、程序指挥权、制裁性权力和监督权。具体而言,院长和庭长应当参加合议庭审理案件并作为审判长以及作为审委会委员讨论案件,可以指定审判长并做出是否回避的决定,批准拘传、罚款、拘留等程序性事项,对合议庭的评议意见和制作的裁判文书进行审核,并对裁判文书进行签发。在队伍建设上,院党组、院长和庭长对审判人员的人事任免、审判资源的分配、审判流程的把握和审判绩效的考核都有直接的决定权。通过对上述事项的监督和管理,确保自己分管和所在部门法官的清正廉洁和案件的质量。很明显,在这条依托行政管理权的主线下,遵循着下级服从上级的行动逻辑并实行首长责任制。

2. 实际运行效果的混同化。审判管理在中国法院审判组织的发展历程中始终存在,只是在各个阶段其管理方式和组织形式有所区别。从最初的行政和司法合一的审判管理方式至今,由于对法院在组织目标和职能上同行政机关未形成根本性的认识区分,因而从总体上看,在实际运作中,中国法院内部的审判管理方式实质上依旧采取与行政部门相似的科层式层级业务管理方式。故无论是改革之前还是改革中的审判管理,都旨在依审判权和行政管理权的不同性质对支撑案件管理系统的两条权力主线进行明晰和划分。自第一个五年纲要起至本次全面深化司法改革[①],优化法院内部组织机构职权配置和运行的措施主要包括两大方面的内容,一是对庭室的规范,明确各组织部门的职责范围和分工,优化审判流程各环节的相互制约和协调机制;二是对人员的调整,推进法院工作人员的分类管理,明确副庭长、庭长、副院长和院长的审判职责和审判管理职责。

《人民法院第四个五年改革纲要》(2014—2018)第四部分"健全审判权力运行机制"中从完善主审法官、合议庭办案责任制,健全院、庭长管理和审判监督制度,改革审判管理制度和改革审委会工作机制等方面继续深化法院去行政化改革。如图 1-3 所示,本次司法改革的着力点和

---

① 本次改革的一个方案是,在横向维度的空间结构上分离审行合一的庭室结构,整体上建立审判和行政管理彼此独立的空间架构,将现有庭室结构拆分为多个"1+N"式的"主审法官审判团队"。然而,受制于不可能改变的物理空间,即办公地点、空间中人员的数量和组成,变形后的审判团队很可能依旧是业务庭。在课题组调研的基层法院现有业务庭中,仅有民一庭和审监庭有超过 5 名数量的法官,且现有办公的物理空间环境已经固定,在大部分仅有 3 名法官和一个办公室的庭室中推行主审法官审判团队制改革,效果难免仅是场所门牌从"刑事审判庭"到"刑事审判团队"的符号化改变。

目标在于遵循技术逻辑,通过取消院、庭长审批案件制度消解结构间的作用空间。然而,这种对组织空间不断地层次化改革却依旧难以有效厘清和解决实践中各类权力的混同化。这是由于技术逻辑与权力逻辑相互作用交融于同一个"人",因此对"空间"的层次化并不能有效分离并存于同一个"人"的多重逻辑和权力,进而导致在"人"的行动中基层法院内部业务庭与非业务庭、党组与审委会、审判与审判管理这三对关系长期以来均处于一种混同和杂糅的状态。

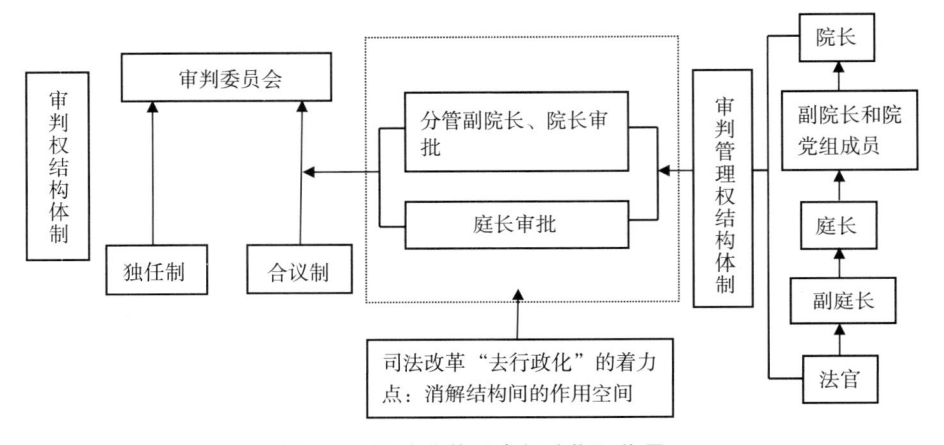

图 1-3 司法改革"去行政化"作用

事实上,"审判委员会"是法院组织中各种权力混同化表演的日常舞台。具体而言,在课题组调研的几个基层法院中,第一,作为基层法院内部最高层级的审判组织,基层人民法院审判委员会的现有组成人员通常是:院长1人,副院长2人,民事专委1人,刑事专委1人,民一庭庭长1人,刑庭庭长1人。例会时这一以"审判组织"为本质属性的会议空间却如图1-4所示,座位分布均是按照权力等级严格预设,院长居中而坐,两名副院长坐其两边,若检察长列席审委会时,通常坐在副院长旁边,其余四位审委会委员与院长相对而坐,由于案件承办人并不属于这一固定的"权力舞台",故通常是随机性地"见缝插针",坐在四位委员旁边的空座上。第二,不仅从空间位置上可以对比出权力的位阶分布,在时间安排上权力的表达也同样显露无遗。笔者注意到基本上每次会议四个委员总会陆续提前到场,两位副院长而后进场,院长则最后入场。若普通委员偶尔迟到,通常会不由自主地轻身进入,反映在肢体语言的细节上便是弯腰、低头或是踮脚,但院长晚到或迟到时的神情动作与此截然相反,挺胸、抬头和阔步。并且作为主持人的权力主角何时到场,会议何时正式开始,故若院长迟到多长时间,其余成员也会等多长时间。第三,除时空规则外,法律应用的细节是由语言组成的,实际对话就成为语言使用者背后各种关系的力量对比和权力竞争过程①,"语言不仅仅是权力运作的工具,在许多至关重要的方面,语言就是法律权力"②。作为一种正式制度中的话语仪式,对会议过程中"话语权力"的拿捏也是权力表达的重要内容,这就包括了诸如言说的内容、语词的运用、语调的高低、发言的顺序和决策的形成等方面。首先,在"说什么"的问题上,虽然技术层面已有相关的正式规定③,各基层人民法院自身也制定了《审判委员会工作规则》,然而当被问及"哪些案件需要上审委会"时,不同的法官对此都给出了不同的回答,这从某种程度上反映出在审委员上"说什么"具有一定的模糊性和随意性④,大部分情况下只有权力的持有者才对话语的边界具有解释权,即副庭长和庭长可以对本庭的疑难案件主动提出上审委会,或是对重大敏感案件由分管副院长或院长决定在审委会上加以讨论。其次,"怎么说"对结果的形成也至关重要,而院长的权力在决策时占据重要地位。⑤按照最高人民法院《关于改革和完善人民法院审判委员会制度的实施意见》的相关规定,"审委会讨论案件时依照听取承办人汇报、询问、

---

① 参见高宣扬《当代社会理论》,中国人民大学出版社 2010 年版,第 301 页。
② [美] 约翰·M. 康利、威廉·M. 欧巴尔:《法律、语言与权力》,程朝阳译,法律出版社 2007 年版,第 16 页。
③ 根据《中华人民共和国法院组织法》第十一条的规定:"审判委员会的任务是总结审判经验,讨论重大的或疑难的案件和其他有关审判工作的问题。"最高人民法院《关于改革和完善人民法院审判委员会制度的实施意见》第十条的规定,基层人民法院审理的下列案件应当提交审判委员会讨论决定:"(一)本院已经发生法律效力的判决、裁定确有错误需要再审的案件;(二)拟在法定刑以下判处刑罚或者免于刑事处罚的案件;(三)拟宣告被告人无罪的案件;(四)拟就法律适用问题向上级人民法院请示的案件;(五)认为应该判处无期徒刑、死刑,需要报请移送中级人民法院审理的刑事案件;(六)认为案情重大、复杂,需要报请移送上级人民法院审理的案件。"此外,根据《意见》第十一条的规定,合议庭可以提请院长决定提交审委会讨论的案件有:"(一)合议庭意见有重大分歧、难以做出决定的案件;(二)法律规定不明确,存在法律适用疑难问题的案件;(三)案件处理结果可能产生重大社会影响的案件;(四)对审判工作具有指导意义的新类型案件;(五)其他需要提交审判委员会讨论的疑难、复杂、重大案件。合议庭没有建议提请审判委员会讨论的案件,院长、主管副院长或者庭长认为有必要的,得提请审判委员会讨论。"
④ 参见李雨峰《司法过程的政治约束——我国基层人民法院审判委员会运行研究》,《法学家》2015 年第 1 期。
⑤ See Xin He, "Block Hole of the Responsibility: The Adjudication Committee's Role in a Chinese Court", *Law and Society Review*, Vol. 46, Issue 4, pp. 681-712, 2012.

发表意见、表决的顺序进行，审委会委员发表意见的顺序一般应当按照职级高的委员后发言的原则进行，主持人最后发表意见，在审委会委员发表意见后，主持人应当归纳委员的意见，按多数意见拟出决议，付诸表决，最终的决议应当按照全体委员二分之一以上多数意见做出"。但在实践中，通常情况是发言顺序和时间均受来自主持人（院长）的直接把控，而决议的形成也很难保证"民主集中"下的"少数服从多数"，决策权仅属于少数的最高权力持有者。在此，问题是若会议决策长此以往均按"少数意见"做出，不仅如同正式剧本失败，更有可能因为程序违法导致法律上的不利后果，故为保证大部分情况下各路演员均能按权力逻辑下的期待"说台词"，通过组织内部的人事调动，选择"会说话"的审委会委员就成为每个"一把手"任职期间首要考虑的重要问题。

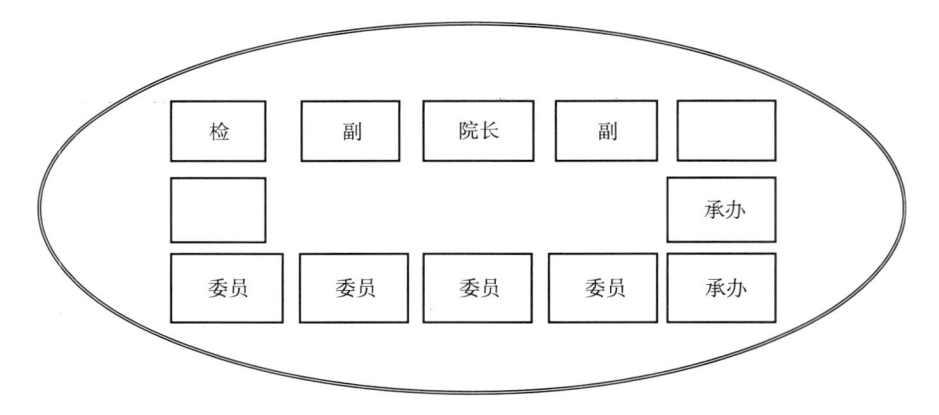

图 1-4　基层人民法院审判委员会会议空间示意

（二）法院外部系统对案件办理的监督和控制

1. 对法院案件管理具有直接领导、控制作用的纵向系统。在我国目前的四级法院系统下，依照宪法和《法院组织法》的规定，最高人民法院监督地方各级人民法院和专门人民法院的审判工作，上级人民法院监督下级人民法院的审判工作，以此对上、下级法院间的关系基本上形成了不同于行政机关和检察机关的总体框架。然而，尽管总体框架是"监督"和"被监督"的关系，但在中国的司法实践中其互动关系实则早已超越和异化出了这一边界范畴。这种复杂关系呈现出的现实面相和真实图景是上、下级法院关系的行政化。此种行政化主要指法院组织结构外部被行政化,即是从最高人民法院到基层法院,整个法院组织系统被行政"格式化"①。在此结构下法院和法院之间的日常互动通常也是按照行政关系加以对待和处理,审判管理相当于行政管理。行政关系的主要特点是自上而下的"上命下从"和自下而上的"请示汇报",由于此种交往方式的长期存在,下级法院通常不能违背上级法院的各种指示和命令,并且在对审理情况出现异议时,下级法院会对具体问题向上级法院请示汇报并依其意见执行。这种表现为各类"指示"和"请示"的非正式行动早已超出了正式制度中审级监督和业务监督的范畴,而是一种具有明显"领导"与"被领导"特征的行政化关系。长此以往不仅影响下级法院审判的独立性,事前的请示汇报也在间接意义上取代了原有上诉制度的功能和作用。此外,这种上、下级法院关系的行政化还反映在人事管理中,与行政级别相对应并按行政干部进行管理,对下级法院法官的人事任免,尤其是有行政级别的人事任免通常均需要经过上级法院政治部的事先批准审核。

2. 对法院案件管理具有间接作用的纵向系统。上级党委、政府、人大等主要通过人事、组织、宣传、政策和物质保障等发挥对法院案件管理的影响作用,这种影响作用一般较为宏观、隐匿和间接,即其并不会直接干预下级法院的审判活动和其对具体个案的处理。课题组调研过程中,当被问及上级党委、人大对本院审判活动的影响时,大部分法官均表示基本没有影响。在我国目前"党管政法"的政权体制下,其内涵就是党委负责各部门干部的任用、考核、奖惩和免职。在宏观指导上,上级党委领导政法工作的作用,一方面在于保证司法工作统一于社会治理,发挥司法的社会效果;另一方面在于通过监督和约束司法机关保证其正确实施法律,②以此实现司法的法律效果、社会效果和政治效果相统一。在具体工作中,主要由党委组织部门专门负责管理上述事项。在正式制度层面,上级党委直接管理的法院干部只有法院院长,依照《党政领导干部选拔任用工作暂行条例》第26条的规定,部门与地方双重管理干部的任免,当主管方和协管方意见不一致时,正职的任免报上级党委组织部门协调。依此不难看出,对法院院长任免的决定权在党委内部实则最终取决于上级党

---

① 参见张卫平《我国法院体制的非行政化——法院体制改革的一种基本思路》,《法商研究》2000年第3期。
② 参见顾培东《中国法治的自主型进路》,《法学研究》2010年第1期。

委。在这种人事结构下，能否领会和贯彻上级党委精神便成为法院院长在日常工作中需要考量的一个重要因素。因此，通过对下级法院一把手的管理实现对下级法院人事和审判活动的管理是上级党委管理下级法院最主要的方式。而相对于人事管理而言，上级党委对案件的指导一般则是通过本级政法委员会或本级法院，再由这两个组织部门向其对应的下级部门传达具体意见，实践中出现较为频繁的情况是在涉诉信访问题的解决上，若申诉方越级信访，上级党委、人大和政府相关部门接访后，一般会用转办的方式将涉诉案件经由政法委再转至下级各政法部门。总而言之，不管是在人事管理上还是在审判管理中，由于来自上级异系统的指导都需经过院长或是下级对口组织，故这种上下关系从总体上呈现出间接影响而非直接作用的特征。

3. 横向系统对法院案件管理的作用

（1）同级人大、党委、政府的作用。与上级党委、政府、人大等对法院案件管理的"间接性"作用相比，同级党委、政府、人大对法院案件管理的作用更具"直接性"和"具体性"，这种直接作用的主要特点便是"司法地方化"。首先，长期以来，在我国法院组织"条块结合，以块为主"的双重领导体制下，地方法院归属地方党委领导。在人事任免上，地方党委和组织部门享有关键的"推荐权"和"审核权"，法院的经费来源和物质保障亦均来源于同级党委政府。其次，在实行"专职副书记"之前，除地方政法委书记外，地方党委分管政法工作的副书记、地方政府分管政法部门的副市长或副县长，都可以直接指导和影响审判活动。实践当中，通过个案协调和监督的方式，党委、政法委、社会综合治理办公室、维护社会稳定办公室等诸多机构都能对不同的案件、进行不同程度的指导。最后，这种直接性作用通常以"维护社会稳定""为本地经济建设保驾护航"等地方保护立场为由。如果审判过程中发生与地方利益相冲突的情况，同级党委和政府领导往往出于保护地方利益的需要，以"指示"或"决定"的方式，要求同级法院为大局考虑，在此情况下，由于法院在人事和财政权上的不独立，审判实际上很难独立进行。

（2）同级公安机关、检察院对法院案件管理产生的影响。根据我国宪法及《刑事诉讼法》的规定，公检法三机关间的关系被定位为"分工负责、互相配合、互相制约"。其规范性意涵是三个组织"地位的独立性和权力的有限性"①。然而实践中该条正式的法律规范仅仅是这三个主体行为规则的一种，在它们的相互关系中，承认其他的一些规则并以此来调节它们的行为②，这即是三机关在对案件管理的关系上呈现出的"合谋格局"。一方面，"合谋格局"是在公检法三机关长期的互动过程中逐步形成的，与正式制度相脱离，甚至相悖，旨在得到相互认同和相互支持的行动策略和规则。③另一方面，该格局的形成也并非仅是来源于司法机关内部某一个人的单方行为，而是生发于我国刑事司法传统并长期存在于司法实践中的一种组织主体间的集体行动，此格局的运行及其衍变，已经成为三者之间及其组织结构内部上下级之间的一种"共同知识"（common knowledge）④，对这种知识的运用形成了当下公检法三机关在司法组织场域中"制度化的非正式行为"⑤。

公检法三机关间的这种"合谋格局"对案件管理造成的具体影响有：第一，纠正违法适用的"不确定性"。根据相关规定⑥，人民检察院在审判活动中发现人民法院违反法定程序，有权在庭后提出纠正意见。作为人民检察院对法院审判活动进行监督的正式制度，综合以上规范，审判活动监督针对的内容是人民法院违反法定程序，监督时间是"事后"，即是在庭后提出，监督方式是提出书面的纠正意见。实践中通过纠正意见实现审判监督体现出"不确定性"的特点，具体表现在

---

① 韩大元、于文豪：《法院、检察院和公安机关的宪法关系》，《法学研究》2011年第3期。

② 参见［奥地利］尤根·埃利希《法律社会学基本原理》，万哲编译，江西教育出版社2014年版，第29页。

③ 根据布莱特曼的共享合作理论，合作共享主要有三个特征：相互的回应、对共同行为的认同和对相互支持的认同，以此使得参与者间形成规范性的约束力量。参见 Michael E: Shared Cooperative Activity, *Philosophical Review*, 101 \\ 2, April. p. 382, 1992。

④ "共同知识"来源于博弈论，是交互主体间的共同性知识，即先行动的局中人可以考虑和预知后行动的局中人可能采取的行动。参见［美］库恩著《博弈论经典》，韩松译，中国人民法学出版社2004年版。对于这种"共识"，组织社会学理论也认为，当组织内或组织间的一定数量的行动者逐渐对他们的场域的特定界定达成共识时，则我们可以说场域被很好地界定，并且是稳定的。参见［美］沃尔特·W. 鲍威尔、保罗·J. 迪马吉奥主编《组织分析的新制度主义》，姚伟译，上海人民出版社2008年版，第337页。

⑤ 周雪光：《基层政府间的"共谋"现象：一个政府行为的制度逻辑》，《开放时代》2009年第12期。

⑥ 参见《刑事诉讼法》第二百零三条之规定，人民检察院发现人民法院审理案件违反法律规定的诉讼程序，有权向人民法院提出纠正意见。最高人民法院关于适用《中华人民共和国刑事诉讼法》的解释第二百五十八条的规定，人民检察院认为人民法院审理案件违反法定程序，在庭审后提出书面纠正意见，人民法院认为正确的，应当采纳。

启动与否的任意性、适用内容与方式的随意性、制度效果的失灵三个方面。第二，逆向运转的程序方式。在本书的讨论范围中，逆向运转的程序方式主要指在刑事诉讼过程中，通过法院和检察院之间的协商运作，使得案件的处理逆转回前一诉讼阶段的行为，检法间对程序的逆转协商主要体现为审判阶段检察院撤回公诉。第三，绩效考核的利益链挂钩。为实现共同的绩效目标，公检法在互动中寻求一致，凝聚成利益共同体，进而相互间应有的制约型组织结构被共谋型组织结构所取代，具体表现在法院历年稳定的无罪判决率和检察院稳定的刑事抗诉率这两个问题上。

（三）法院内外组织系统对案件管理的评析

1. 法院内外组织系统案件管理的基本特点。从总体上看，可以将我国法院内外组织系统对案件管理的基本特点概括为"多主体、层次化、复合式"①。其中，"多主体"是经手案件的主体并不唯一，也并不固定，不同的案件可能会有不同的主体介入，案件结果可能并非由单一的承办法官做出，在具体个案中，从院内部的承办法官、审判长、庭长到院长，包括法院外部的党委政法委、公安和检察机关都能参与其中并可能对案件的处理产生直接或间接的作用。"层次化"即在法院的内部组织中，审判活动在三级案件管理系统下进行，无论是从合议庭到审委会，抑或是从庭领导至院党组，由于权力混同运行于金字塔形的层级空间，同一个案件需要经过上述层级的综合评价，而若当案件性质疑难、重大和复杂时，甚至需要经历来自外部上级法院和党委、人大的层层协调和指导，才能形成最终的审理意见。"复合式"特点表现为在司法场域，审判权的权力来源呈现出多元化特点，即在案件结论形成的过程中，承办人意见通常不是唯一的结论来源，通过各种正式和非正式的制度和行动方式，各方意见均能融入审理过程中，故而使得结论性意见呈现出复合式而非单一式特点。

将这种静态特点切入动态的日常审判工作中便是当下我国法院组织面

---

① 一些学者在对相关问题进行分析时也都以此总结实践中我国法院存在的共同问题和特点。参见顾培东《人民法院内部审判运行机制的构建》，《法学研究》2011年第4期；方乐：《审判权内部运行机制改革的制度资源与模式选择》，《法学》2015年第3期。

临的"日常政治"(everyday politics)。① 具体而言,基层法院的权力场域中"日常政治"的实践运作机制主要有:第一,法官任用管理中的政治素质。"在中国,司法作为政党的治理工具,司法角色的入职资格条件中最重要的是政治上的忠诚",革命根据地时期对审判人员专业资格的首要要求便是"能够忠于革命事业",1975年时任最高人民法院院长的江华也曾在回忆就职经历时指出:"中央的同志说,你到法院工作,主要掌握政策就是了"②。2006年1月1日起施行的《公务员法》将法官归入公务员队伍进行管理,从而在正式制度中对我国法官的公务员角色加以定位。第二,岗位职责中的政治内容。从"人大之下的一府两院制"国家权力架构上来看,由于我国权力分化和分工的有限性,在政党领导下,司法系统的地位长期以来和人大系统、行政系统共同构成了政府进行经济建设和社会治理中的一个职能组成部门。故而作为公务员的法官,不仅需要完成审判任务,还需承担诸如"预防化解社会矛盾,把矛盾化解在基层;着力推进涉稳问题系统治理;加强群体性事件预防处置工作;充分发挥'刀把子'作用,严惩'两抢一盗'犯罪"③ 等工作事项,不同时期的工作重点围绕着"为中心工作服务"的类似话语而进行相应的规划和调整④。第三,工作中的政治方式。大部分法官的工作心态既非"纠纷解决",亦非"确立规则",反而仅只是在审限和考评指标内"完成任务"。为尽快结案衍生出了法官的各种日常工作策略,此时法律并非是唯一的,甚至已非最重要的"剧本",为因案、因地制宜地完成各项考核指标,

---

① Kerkvliet Benedict 根据自己在越南长期的田野调查,在《日常政治的力量——越南农民如何改变国家政策》一书中提出了"日常政治"这一概念,区别于官方政治和劝说政治,是越南农民在其日常生活的行动中所展现出来的政治,既没有正式的文本,又是一种非正式的表达,其指的是越南农民集体化时期对于劳动、土地、庄稼、畜力、化肥等其他生产资料的长期争夺,这些争夺很少公开或者采用组织的形式。之后,在社会学理论分析中,日常(everyday)是指场域中行动者的日常工作、交往的空间、日常的活动、日常的行为,进而,日常政治是一种生活政治、实践政治,即政治生活的日常运作过程。日常政治分析不是从结构出发理解政治,而是从场域中的行动者出发,从日常的、具体的活动出发去思考制度与结构问题,以此着力探讨微观权力秩序的生成逻辑,以及日常政治生活世界的内在文化结构与活动机制。参见 Kerkvliet Benedict J. Tria,*The Power of Everyday Politics*:*How Vietnamese Peasants Transformed National Policy*,Cornell University Press,2005。樊红敏:《日常政治分析:县政研究的新进路》,《社会主义研究》2008年第4期。
② 吴英姿:《法官角色与司法行为》,中国大百科全书出版社2008年版,第35页。
③ 资料来源于《W市委政法委员会2014年工作要点及任务分解》的通知,上述内容是该《通知》中涉及W市法院作为承办单位的具体工作事项。
④ 参见吴英姿《法官角色与司法行为》,中国大百科全书出版社2008年版,第309页。

工作方式有时甚至包括"自掏腰包"结束纠纷。而完成工作任务除了是年终个人考评时是否称职的指标之一，还是对其工作进行奖惩的重要依据，此时"先进个人"和 100 元的奖励也早已超越了精神和物质层面的意义，更象征着组织对其日常角色扮演的肯定。第四，审判中的政治效果。"在刑事审判工作中积极落实社会管理创新，把握社会治安形势变化，坚持人民法院人民性，积极稳妥处理民生问题，落实各项便民利民措施，延伸审判职能，促进依法治市，牢固树立司法为民的理念，将审判执行与群众路线相结合，切实做到为人民司法。"以上是某市人民法院 2014 年工作总结和 2015 年工作规划中的内容，这些文本政治内容蕴含在日常的实践表达中则是我国独特的司法模式，即通过个案，将政治效果与社会效果渗透法律规范的适用中。第五，运作中的政治依附。从另一个侧面而言，法院受权力结构约束的同时也反映了其对政治的依附，中国的司法独立实际上是一种微妙的方式嵌入政治和权力的复杂网络中[①]。对于这种司法和政治"共生性"[②]下的司法形态，张文显教授将其称为"联动司法"[③]。我国的司法机构，以党的领导作为组织保障，为配合其他国家机关完成社会治理任务，在人事和财政方面均需主动争取地方政府的保障和支持。除党委政府各部门对人财物的管理外，在复杂的地方政治生态中，党委、人大、政协和纪委均有权对法官的日常工作进行监督考核。

  2. 法院内外组织系统案件管理的成因和症结。组织社会学认为，组织结构是对社会和文化环境进行调整和适应的产物。因此，对组织结构形成动因的追寻，就势必需要关注其所处的文化环境及其相互作用关系。时空互动中我国的法院组织已经适应、融入并成为当地文化的一部分。通过组织结构和其内外的物、行为及其互动关系，不断编织和表达着我国司法实践的那张"意义之网"。当下我国的各级法院在外部环境中也已经形成了一种相对稳定的生存秩序。这种生存秩序不仅包括了上文中涉及的与基层政法委和公检法之间的关系，还有长期以来备受学界批评，也是此次司改重点之一的基层法院与地方党委和政府及其各部门之间的关系。实践中

---

  ① 参见贺欣《为什么法院不受理这些纠纷？——司法决定过程中的法律、权力与政治》，徐昕主编《司法制度演讲录》（第一卷），法律出版社 2008 年版，第 256 页。
  ② 汪庆华：《政治中的司法：中国行政诉讼的法律社会学考察》，清华大学出版社 2011 年版，第 69 页。
  ③ 张文显：《联动司法：诉讼社会境况下的司法模式》，《法律适用》2011 年第 1 期。

人财物受其约束实则只是地方司法与政府真实互动图景的一个面相，还有一个面相是二者在社会治理中的相互依赖与支持，并且更多的是法院对地方政府的依赖和支持。在一个面对多种现代性后果且正处于社会转型时期的社会，从纠纷产生的原因、纠纷表达的方式、纠纷处理的成本到纠纷化解结果的实现等方面上都具有较大的难度和复杂性，尤其是对于基层的纠纷解决而言，通过地方政府从源头上化解纠纷，防止纠纷的异化和扩大化具有保障社会稳定、防控社会风险的重要意义。司法与行政之间长期的相互依赖与合作，不仅是处于共生性环境中组织之间"互依关系"① 所导致的结果，这种组织行为的合法性还来源于二者对外部的社会治理和社会稳定评价的共同需求与迎合。

总而言之，当前我国法院案件管理的特点反映出我国处于社会转型时期的法院组织体制难以有效调和与兼顾的四种矛盾，这也是我国法院案件管理的制度困境和症结所在。一是现代与传统的矛盾。法院内外组织结构的改革虽然在制度架构上期望走向一种现代化面相，然而由于其无法避免要遭遇和嵌入基层社会与文化的"传统"中，受权力与社会场域的作用与制约，司法难以在这种交错混同中独立抽离。二是一元性与多元化的矛盾。具体说来便是法院组织结构的特点是非人格化的专业组织，而地方性生活实践与纠纷却是复杂、具体而多元的。司法职业化和法院组织专业化的过程，也是不断被地方性形塑的过程。司法权独立行使与纠纷处理的复杂面相之间的紧张是显而易见的。三是理念与历史现实的矛盾。现代法院组织结构的理念是在建构中形塑的，而非来源于我国历时性的司法传统，而基层的地方性实践却通常带有深厚的历史烙印，故理念的逻辑与历史的逻辑又构成了第三个维度的矛盾与张力。最后是表达与实践的矛盾。内在逻辑自洽的改革文本是静态的、系统的、封闭的，而法院组织的日常运作则是动态的、琐碎的、开放的，规范性的表达与碎片化的实践也是案件管理结构得以再生产的一个原因。上述四个维度的矛盾及其相互之间的融合、冲突、摩擦与影响使得中国法院的案件管理体制在整体上呈现出了"多主体、层级化、复合式"的样态。

---

① 参见［美］杰弗里·菲佛、杰勒尔德·R. 萨兰基克《组织的外部控制——对组织资源依赖的分析》，闫蕊译，东方出版社 2006 年版，第 44 页。

三 法院组织系统改革的基本思路

(一) 当前司法改革对法院组织体制改革提出的要求

诺斯在其制度变迁理论中提出了著名的路径依赖思想，他认为事物现在及未来的发展受制于其历史，一旦采用了某一路径，不论是好是坏，基于行为和思考的惯性，都会产生对该种路径的依赖，即"人们过去做出的选择决定了他们现在的选择"[①]。我国自 1998 年第十四次全国法院工作会议首次提出司法改革以来，司法改革成为我国法院发展的关键路径。从 1999 年开始，最高人民法院先后出台了四个五年改革纲要。依诺斯所言，若欲对现有及未来制度进行分析和规划，应当首先回顾历史。笔者通过总结发现，我国各个时期的改革措施虽然呈现出一定的时代特点，但在总体上仍然具有某种一贯性与固定性。在此，笔者欲对我国司法改革的四个五年纲要做一个简要的总结，以呈现司法改革的主要趋势和特点（见表1-1）。

表1-1　　　　人民法院四个五年改革纲要主要内容

事件	改革的主要内容
最高人民法院出台第一个《人民法院五年改革纲要（1999—2003）》	深化审判方式改革；科学设置法院内设机构；健全审判组织形式；深化法院人事管理制度；加强法院办公现代化建设；探索建立法院经费管理体系；积极探索人民法院干部管理体制改革，更好地实现党的领导和人大的监督。
最高人民法院出台第二个《人民法院五年改革纲要（2004—2008）》	改革和完善诉讼程序制度；改革和完善审判指导制度和法律统一适用机制；改革和完善执行机制；改革和完善审判组织与审判机构；建立和完善案件流程制度；推进和完善人员分类管理制度；改革法官考评制度；建立法官惩戒制度；规范人民法院与新闻媒体的关系；建立科学的审判质量评估体系。
最高人民法院出台第三个《人民法院五年改革纲要（2009—2013）》	改革和完善审判组织；改革和完善上、下级法院之间的关系；改革和完善审判管理制度；完善人民法院自觉接受党委对法院领导班子及其成员、党组织、党员干部进行监督的工作机制；完善法官招录培养体制和培训机制；完善人民法院编制与职务序列制度；改革和完善法官工资福利和任职保障制度；健全司法为民工作机制。

---

① ［美］道格拉斯·C.诺斯：《制度变迁理论纲要》，载《经济学与中国经济改革》，上海人民出版社 1995 年版，第 19 页。

续表

事件	改革的主要内容
最高人民法院出台第四个《人民法院五年改革纲要（2014—2018）》	推动在省一级设立法官遴选委员会；建立法院人员分类管理制度；建立法官员额制；完善法官等级定期晋升机制；探索建立与行政区划适当分离的司法管辖制度；健全审判权力运行机制；推动省级以下地方法院经费统一管理机制改革；进一步深化司法公开；明确四级法院职能定位。

如表1-1所示，从第一个五年改革纲要起，司法改革在法院组织体制方面的目标主要有二：一是阻挡外部行政力量进入法院；二是阻挡内部行政力量进入合议庭，即是对司法"去地方化"和"去行政化"。在当前司法改革的各项措施中，"去地方化"主要是通过省级以下地方法院人财物统一管理和建立与行政区划适当分离的司法管辖制度这两个大的路径进行推动，而法院组织内部的"去行政化"措施主要包括取消院庭长审批案件制度、建立法院人员分类管理制度和建立法官员额制。不难看出，本轮司法改革对审判管理的要求是分离本级法院组织内部对案件管理具有实体性和直接性作用的层级化管理，变实体管理为程序性的间接管理，同时兼顾流程管理和绩效管理。在法院组织外部，取消地方人财物的管辖权，弱化地方力量对案件的不当干预。

（二）我国法院组织体制改革的基本思路

本研究认为，作为国家审判机关的法院，未来我国法院组织结构的改革路径首先需要回归法院组织的本质功能和目标——审判，继而再在"审判型"组织体制下结合多元的区域性特色，因地因审级的需要灵活调整和构建具有地方性特点的组织形式，调适出适合地方的基层法院组织体制。尽管不同国家的政府功能和政府结构会影响其司法制度的形成和生长①，不同的纠纷解决模式也与其社会结构具有一定的同构性②，然而在现代型法院组织结构中，其共同的特征便是法院组织需要围绕着"审判"这一核心价值进行架构，从历时层面上，其是现代法院组织结构与传统法院组织结构本质差异；在空间层面上，是现代各国法院组织结构的共通价

---

① 参见［美］米尔伊安·R.达玛什卡《司法和国家权力的多种面孔——比较视野中的法律程序》，郑戈译，中国政法大学出版社2007年版，第272页。
② 参见［美］布莱克《法律的运作行为》，唐越、苏力译，中国政法大学出版社1994年版，第119页。

值。从组织层面展开,"审判型"组织体制的核心要义主要包括以下三方面的内容:

1. 在法院组织的行动主体中以法官为中心。首先,以法官为中心需要在法院组织人员的构成中减少行政管理人员的数量,突出法官在组织中的主体地位。在这一方面,本轮司法改革的亮点之一便是将现有司法人员划分为行政管理人员、司法辅助人员和法官三大类,其中法官占法院编制的33%,司法辅助人员占52%,行政管理人员占15%,以此对其实行员额制下的分类管理。不仅在人数上法官人数应当多于行政管理人员,且在工作职能上,司法辅助人员和行政管理人员均应以协助法官完成司法审判工作为其主要职责。突出法官在组织中的主体地位有助于使得组织结构的运行动力蕴含在每个组织部门的主体中,而非少数的权力持有者中。从法官到审判组织,每一个散布于组织结构中的主体的能量积聚起来便是组织结构的运行和变迁动力。因此在"审判型"组织体制中,不会因权力持有者的更替而导致组织运行动力的更迭重启,进而避免了组织运行效率低下,防止因单一的个体原因阻碍组织目标的实现。

其次,以法官为中心意味着在法院内部纵向的组织结构中,应尽量减少中间层次的权力层级,同时在人员构成上分离司法主体和司法行政管理主体。目前在我国的基层法院内部,法官审理案件需要经由庭长至副院长逐级审批,若遇重大疑难复杂案件还需报院长审批。制度设计的初衷本是避免年轻法官的审判经验相对不足,可能在对案件的把握上产生偏差,导致案件的审理出现瑕疵。相对而言,在我国现有的院庭长晋升结构下,庭长和院长大多由资历较深且审判经验丰富的老法官兼任。从这个角度来看,院庭长审批案件有利于更好地保证案件质量,避免案件审理出现疏漏或瑕疵。然而院庭长审批案件制度随着法院审判工作的逐年运行却产生了一些负面效果,即在与权力结构的勾连中,案件审批制导致了院长和庭长权力的集中化和交叉化,倘若其在职业伦理上出现问题,便很可能形成案件"一言堂",甚至出现错案。[①] 此外,如果出现错案,进行责任追究,由于是经院领导审批而改变原本判断的案件,责任归属不明晰,容易造成"有权者决定,承办者负责"。因此,以"法官为中心"的组织结构需要将本属于法官的判断权回归法官,让

---

① 参见魏文彪《禁止法院院长干预审判有利司法去行政化》,《人民论坛》2015年第8期。

"审理者裁判，裁判者负责"的前提是应当首先分离司法主体与司法行政管理主体，只有在人员分离的基础上，才能从根本上分隔当下处于混同状态的司法权与司法行政管理权，进而杜绝通过行政管理权对司法权施加干预。即在"审判型"组织体制中，一方面，对于法官的管理应当独立于对于行政管理人员的管理，法官只服从于法律，对其应当独立的、实行有别于现有公务员管理的选任、考评、惩戒和职业保障制度。另一方面，应尽量减少和压缩现有结构中的权力中间层级，并且，院、庭长不再占用法官员额，其职能将仅限于对法院组织日常行政性事项的管理，不再涉及与案件审理相关的业务性事项。

最后，以法官为中心必须保障法官的独立办案环境。法官是司法管辖所及范围内唯一的审判职能履行者，是对有争议法律问题的最终裁判者。以法官为中心的"审判型"组织体制不仅应当确定和落实法官在法院独立审判职能中的核心地位，并且在法院的外部关系中也应确保法官能按自己独立的意志与行动实现宪法赋予其的审判职能。有学者认为，在当下我国法院组织的内部和外部结构中，法官的司法行动可能会受到来自权力持有者的两种干预：一是"因私"，二是"因公"。因私表现为领导干部因自己个人的关系，对相关司法人员施加不应有的影响，或是利用自己的权力及职权，以权压法，利用上下级关系对司法人员施加压力，导致出现徇私枉法，引发一系列人情案、金钱案等，此种类型最终可能衍变为腐败性干预。另外，领导干部在工作范围内，根据该地区经济发展、政治环境、社会综合治理的格局背景，从党政部门的实际运作情况和多方利益博弈角度出发而做出的干预，这种可称为治理性干预。[①] 除此之外，本文的实证研究表明，权力持有者对法官的"日常"干预还表现为法官在组织结构内部的非正常调动及因与外部组织互动而导致的目标多元化与角色多样化等。

以法官为中心需要以保障其独立办案环境作为制度基础，这就包括第一，保证法官在其任职期间有权获得固定的且相对其他公务人员适当甚至较高的收入，且法官薪金应与其在法官独立序列中的级别，而非与现有公务员序列级别挂钩。第二，保证法官任用、惩戒与免职的法定化、程序化

---

① 参见陈柏峰《领导干部干预司法的制度预防及其挑战》，《法学》2015年第7期。

与正当化。在法官的正常履职期限内,不应当受到随意地惩处①。第三,对法官的日常调动须征得法官同意,避免随意性地非正常调离。第四,转变现有组织结构下的"关系型"晋升方式,对法官的晋升和奖励应以其司法专业和绩效为主要评价标准。在法院组织中,法官作为法律专家的权力地位应当得到凸显,尊重法官的专业知识是法官职业化与法院组织专业化的必然要求。

2. 在内部组织部门的构架中以审判组织为中心(见图1-5)。根据《法院组织法》的规定,我国法院的审判组织主要包括独任制、合议制和审判委员会。长期以来,我国法院组织所采用的部门化管理方法是合并司法与行政的分庭管理模式,这种二元异合型分庭结构的形成和再生产有其复杂的制度原因,法院事权逐步扩大,导致功能分化,组建新的审判庭,致使编制增加、人员扩大,有能力申请与承担更多的事权,使得功能再分化,组建新的审判庭或将以往的审判庭升格,随着业务量提升继而再次拆分,增加编制、扩大人员,长此以往不断地再生产后,人民法院从外观上呈现出了一种较为完备的分庭管理体系。②这种中国法院组织一直秉持的分庭管理方式,一方面是作为社会治理主体的成员之一,司法身处并回应社会更迭变迁;另一方面则是作为"经济人"的法院对其自身功能不断形塑和发展的产物③,力图在此过程中将法院内部的各方权力在正式制度中不断地进行再分配和重组。从制度预期看,中国法院内部庭室的不断分化,目的是更好地划分审判职能分工,最终有效实现法院组织的审判目标。然而,实践中分庭管理运作致使中国的法院,尤其是最高法院以及高级法院形成一个庞大的科层体系,一方面法院自身无法独立于其他机构,另一方面也导致承办案件的法官,尤其是基层法官难以独立于来自上级的多层权力干预。

最高人民法院第四个"五年改革纲要"中提出了健全主审法官、合议庭办案机制,"以审判组织为中心"的法院组织构造即是在独任制审判中,应当以主审法官为中心,合议制审判则由主审法官担任审判长并

---

① 从现实情况看,如美、德、日等法制现代化国家的法院系统中,弹劾罢免法官的情况几近于无,美国建国之后的200多年中,仅有16位法官(其中11位联邦法官)受到弹劾,最终定罪者为7位。参见宋冰《读本:美国与德国的司法制度及司法程序》,中国政法大学出版社1998年版,第139页。
② 参见刘忠《论中国法院的分庭管理制度》,《法制与社会发展》2009年第5期。
③ 参见刘忠《论中国法院的分庭管理制度》,《法制与社会发展》2009年第5期。

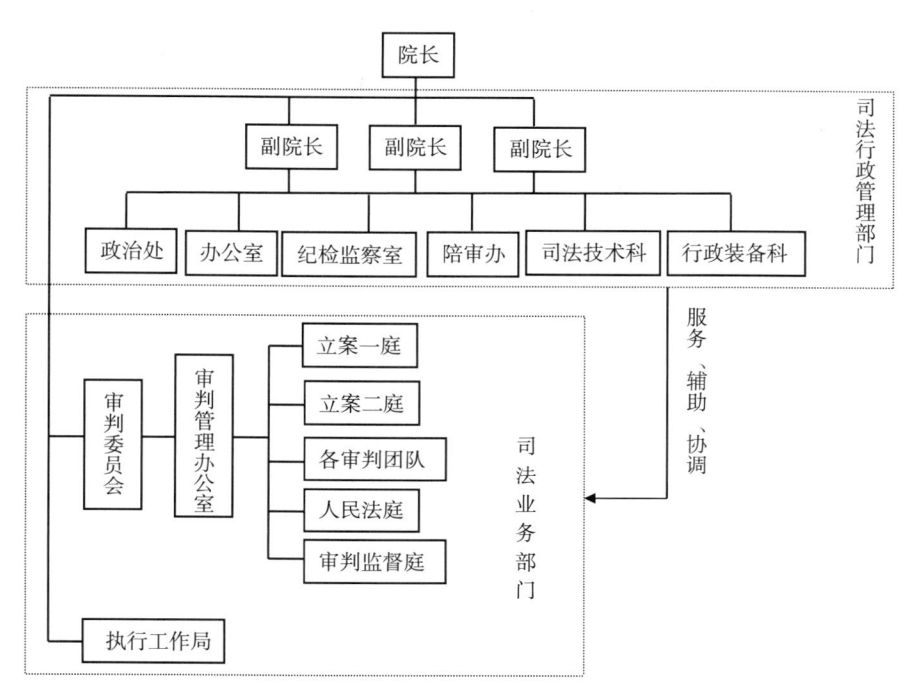

图 1-5 法院内部组织构架

完善合议庭工作机制。如图 1-5 所示,"审判型"组织体制在庭室部门构架上,需要打破现有的业务庭管理模式,将司法业务部门与司法行政管理部门进行组织结构上的分离,改变现有二者在空间结构上的混同交叉状态,司法行政管理部门的职责中不再包括具体的审判业务事项,仅只是为司法业务部门的审判活动提供服务、辅助与协调。在各审判组织中,建立以主审法官为中心的合议庭管理模式,即通过增设法官助理,形成以主审法官为核心、以审判需求为导向的新型审判组织管理模式。此外,在法院最高层级的审判组织——审判委员会的改革中,应当加强对其作为审判组织中"审"这一部分的职能构建,实现审与判的统一。明确并细化现有审判委员会议事规则,完善诸如讨论的案件范围、议事和表决程序。

3. 在法院组织的外部关系上以审判为中心。"只有在厘定外部关系的基础上,才谈得上司法权内部的合理构造问题。"① "以审判为中心"的法

---

① 张志铭:《法理思考的印记》,中国政法大学出版社 2003 年版,第 302 页。

院外部关系改革，在总体上应加强系统内（上、下级法院系统）的专业监督和指导，弱化非法院系统力量的干预，保持法院在案件处理上的独立性。这就包括一方面在法院系统内部的纵向关系中，需要优化最高人民法院和上级法院的监督和制约，需要明确对下级法院人事和审判管理的权限、议事和程序制度、监督和指导的方式和方法以及监督和指导的效力与救济等。另一方面，在基层法院与非法院系统的关系，尤其是与公检法的关系上，应坚持以"审判为中心"，即是落实法院审判，尤其是第一审程序中的法庭审判在整个刑事诉讼程序中的中心地位。①

十八届四中全会提出的190余项重大改革举措中，涉及有关进一步深化司法体制和社会体制改革的措施占84项，其中重点包括推进以审判为中心的诉讼制度改革。② 在此之前，2013年10月，最高人民法院召开了第六次全国刑事审判工作会议，这次会议成为我国刑事诉讼尤其是刑事审判发展历程中一次具有里程碑意义的会议，大会提出并确立了一系列科学合理而又符合当代发展需求的司法理念，其中最为突出的理念之一就是提出坚持以庭审为中心，充分发挥法庭审判应有之功能，全面提升庭审的质量。③ 应该说，以审判为中心的改革标志着国家在深化司法改革、保证公正司法、提高司法公信力等方面迈出了跨越式的，同时也是极为关键的一步。

尽管不同的学者对"审判中心主义"的定义表述有所差别、表述重点各有侧重，有学者从国家的角度出发以此凸显国家公权力在整体上的强制化效能，同时兼对人权保障加以强调；有学者从宪法和法律规范的层面进行拓展，在协调司法机关之间关系的前提下，旨在突出法院的核心地位以及该制度对防范冤假错案的重要作用；另有学者重点强调其他诉讼阶段

---

① 参见樊崇义《论以审判为中心的诉讼制度改革》，《中州学刊》2015年第1期。
② 《实施方案》将四中全会上有关深化司法体制和社会体制改革方面所提出的84项改革举措逐项具体化，明确工作进度和时间节点，提出可检验的成果要求。按照安排，全部改革举措将于2015年至2017年内出台具体的政策和措施。这些措施具体来说分为三个方面：一是涉及保证公正司法、提高司法公信力的方案，共有48项；二是在增强全民法治观念、推进法治社会建设方面，共有18项；三是在加强法治工作队伍建设方面，共有18项。其中第一大类的重点便包括了推进以审判为中心的诉讼制度改革，改革法院案件受理制度，探索建立检察机关提起公益诉讼制度，实行办案质量终身负责制和错案责任倒查问责制，完善人民陪审员和人民监督员制度等。
③ 参见沈德咏《刑事司法程序改革发展的基本方向》，《人民法院报》2014年10月24日第002版。

的实施主体所开展的诉讼活动要服从于审判活动,以审判为中心①,但仍然可以明确有关审判中心主义的核心要义。"以审判为中心"的组织构造内核是庭审的实质化,即在审判组织内部,组织目标和组织管理都应当围绕着审判工作而展开,而在与公检法的外部组织关系中,弱化现有三机关之间的配合关系,强化三机关的相互制约和监督作用。"即将审判阶段作为整个诉讼程序的核心来对待,侦查、起诉等审判前的程序则均被视为审判程序开启的准备阶段,只有在审判阶段才能充分地维护和保障诉讼参与人的合法权益,被告人的刑事责任才能得到最终的、权威的确定。"②

综上所述,我国司法改革的一个重要目标应当是促使法院组织体制的合理配置,而组织体制自身才是解决问题的对象,而不是在既有的组织体制中寻找办法和对策。即当结构本身已经出现了问题,结构建构以外的对策建构将于事无补。正是在这个意义上,司法改革既不应当是对某一问题的策略性调整,也不应是对法院组织结构内部某一部门的增减,而是应在审判这一法院组织的核心目标下,对其静态结构和运行逻辑的调整。因此,未来我国法院组织体制的改革路径是首先应当回归法院作为我国国家审判机关的本源——审判。"审判型"组织体制以审判为中心,审判是超越中西方文化传统、社会背景与政治制度之上的共通价值,现代各国的法院组织无论采用何种结构,都是围绕着审判这一核心目标而建构的。"以审判为中心"并不是二元对立的留权或去权,也不是彻底取消对法院的行政管理,而是在对现有组织结构进行解构和分离的基础上,司法权和行政管理权各司其职的分工并存,即"主体分工但不分家"。司法行政管理的目的是审判,其应当起到的是一种辅助性的服务和保障,而非压倒性的主导作用。

四 改革的主要举措及其推进

思想是行动的先导,具有正确的思想才会有正确的行动。但是正确的

---

① 相关论述可参见孙长永《审判中心主义及其对刑事程序的影响》,《现代法学》1999年第4期;樊崇义:《解读"以审判为中心"的诉讼制度改革》,《中国司法》2015年第2期;顾永忠:《"庭审中心主义"之我见》,《法制资讯》2014年第6期。
② 盖贝宁:《论"审判中心主义"下刑侦理念之变革》,《辽宁警察学院学报》2016年第1期。

思想和理念也只有变成实现的制度安排并有效运作才能对社会产生实质性的影响和作用，所以一旦我们在学理上弄懂了各项是非，那么接下来的重要任务就是进行制度设计，推动法律的立改废，把正确的思想和观念融入制度安排和实践中去。

2013年11月，党的十八届三中全会审议通过的《中共中央关于全面深化改革若干重大问题的决定》，对深化司法体制改革作了全面部署。中央全面深化改革领导小组第二次会议审议通过了《关于深化司法体制和社会体制改革的意见及贯彻实施分工方案》，明确了深化司法体制改革的目标、原则，制定了各项改革任务的路线图和时间表。中央全面深化改革领导小组第三次会议审议通过的《关于司法体制改革试点若干问题的框架意见》和《上海市司法改革试点工作方案》，对若干重点难点问题确定了政策导向。根据中央关于重大改革事项先行试点的要求，考虑到各地经济社会发展不平衡，中央决定在东、中、西部选择上海、广东、吉林、湖北、海南、青海6个省市先行试点，为全面推进司法改革积累经验。改革试点的目标和原则是：坚持党的领导，坚持中国特色社会主义方向，坚持遵循司法规律和从中国国情出发相结合，按照可复制、可推广的要求，推动制度创新，着力解决影响司法公正、制约司法能力的深层次问题，完善和发展中国特色社会主义司法制度。新一轮的司法改革正式轰轰烈烈地拉开了序幕。

改革的内容主要涉及两大方面。一是改革司法体制，改革的主要目标就是去地方化，防止地方法院变成地方的法院，排除对法院依法独立审判的各类干扰，为法院独立办案争取到有利的外部环境，具体来说改革的内容包括：推动省以下地方法院人财物统一管理，设立最高人民法院巡回法庭以及跨行政区划的人民法院。二是按照司法自身的特点和规律着手司法人事管理改革，改革的主要目标是去行政化，通过理顺法院内部关系，明确法官的主体地位，加强其职务保障，使法官对自身的裁判负责，从而保障司法公正的实现。下面我们就此两方面做简要的介绍和评论。

（一）改革司法体制以保障法院独立司法

我国宪法明文规定"人民法院依照法律规定独立行使审判权，不受行政机关、社会团体和个人的干涉"，但是长期以来，司法地方保护主义盛行，司法外相关党政领导干部不当干预和插手司法事务，人民法院独立司法存在诸多现实困难是众所周知的事实，故如何改善法院司法的环境，确保人民法院能够独立地进行司法，就是中国的司法改革必须实现的改革目标。对此，中国的司法改革者近几年进行了如下几个方面的改革尝试。

1. 推动省以下地方法院人财物统一管理。地方法院之所以变成了"地方的法院"，就是由于地方法院的人财物都实际受到了地方政府掌管和控制，所以要克服司法的地方保护主义，唯一的出路就是要改变和打破地方法院人财物受地方政府控制的局面。但要将全国法院的全部人财物都收归中央来管理，目前还存在现实困难，所以中央采取了一个折中的办法，就是省以下地方法院人财物由省统一管理。十八届三中全会决定首次明确提出了"改革司法管理体制，推动省以下地方法院、地方检察院人财物统一管理"的改革目标，党的十八届四中全会又提出要进一步改革司法机关人财物管理体制。2014 年 6 月，中央深改小组会议审议通过的《关于司法体制改革试点若干问题的框架意见》明确将省以下地方法院人财物统一管理列为四项基础性改革举措之一，确立了地方法院的人事由"省级统一提名，地方分级任免"的方案，地方法院人事提名权收归省里，任免权依照法律的规定，依然在各级地方人大及其常委会行使。而省以下地方法院经费也改由省级政府财政部门统一管理实施，省以下地方党政对地方人事和财物上的支配性地位在制度上将不复存在，改革如果落地，地方法院的独立自主性地位将获得了极大地提升。但该项改革涉及面广，存在较多困难，目前仍处于摸索阶段，改革也还没有最终完成，以 Y 省为例，其第一批试点法院人财物已上划省级统管，而第二、第三批试点法院人财物上划工作还正在进行之中。而且对于这一改革方案，我们更愿意将其看作一个过渡性的方案，在未来条件成熟时，全国各级法院的人财物划归中央管理，是更加理想的选择。

2. 设立最高人民法院巡回法庭以及跨行政区划的人民法院。避免司法区和行政区的完全重合，是克服司法地方保护主义的又一基本策略，也为当今世界上许多法治发达国家所遵循。为了最终彻底解决司法的地方保护主义问题，近年中国的司法改革者们在此方面也进行了积极的大胆探索。一是设立了最高人民法院巡回法庭，在方便民众打官司的同时，以加强对地方法院司法的监督。2014 年 12 月 2 日，中央深改小组会议审议通过了《最高人民法院设立巡回法庭试点方案》，同意最高人民法院设立两个巡回法庭。2016 年 11 月经最高人民法院的请示，中央又同意把巡回法庭增加到四个。根据 2015 年 2 月 1 日起施行的《关于巡回法庭审理案件若干问题的规定》的规定，最高人民法院巡回法庭被定性为最高人民法院派出的常设审判机构。

二是在探索跨行政区划的人民法院方面进行了大胆的尝试。2014 年 12 月 28 日，依托上海铁路运输中级法院的设立的上海市第三中级人民法院宣告成立，它是探索审理跨地区行政诉讼案件、重大民商事案件、重大环境资源保护案件、重大食品药品安全案件和跨行政区划检察机关提起公诉的案件的新型人民法院，也是我国首家专门审理跨行政区划案件的人民法院。① 两天后，依托北京铁路运输中级法院设立的北京市第四中级人民法院也宣告成立，其主要负责审理北京市各类跨地区的第一审案件，包括以北京市各区、县人民政府为被告的有关跨地区行政诉讼案件，各类跨地区的金融借款合同和保险纠纷案件、涉外及涉港澳台商事案件；还包括跨地区的重大环境资源保护案件、重大食品药品安全案件以及跨行政区划人民检察院提起公诉的案件等。② 跨行政区划的人民法院其最大特点就是管辖范围首次突破了行政区划，其办理跨地区重大刑事、民事、行政案件，解决当事人争管辖和诉讼"主客场"问题。未来应当在总结北京和上海改革试点的基础之上，在全国更多的省市设立跨行政区划的人民法院，避免司法区与行政区划的重合，为克服司法的地方保护主义提供更加广阔的制度保障。

（二）改革法院内部管理以保障法官独立审判

人是社会实践的主体，在所有社会实践中人是第一位的，案件管理应着眼于对人的管理。要改革法院案件管理，建立科学合理的法院组织系统，就必须进行法院组织人事管理制度的改革，因为案件管理归根结底是人对案件的管理，制度的效益要通过人的作用才能表现出来。为此，中国的司法改革者在法院组织人事管理方面进行了一系列大胆而有益的探索。

1. 司法人员分类管理。在改革开放之前，中国处于计划经济时代，

---

① 卫建萍、严剑漪：《我国首家跨行政区划人民法院诞生》，《人民法院报》2014 年 12 月 29 日第 4 版。

② 罗书臻：《北京市设第四中级人民法院探索集中审理跨行政区划案件》，《人民法院报》2014 年 12 月 31 日第 1 版。

党和国家主要依靠政策来进行社会治理，社会上的纠纷相对较少，而且绝大多数民事纠纷都通过人民公社和单位组织自身就解决了，很少有纠纷需要上法院来解决，与此相应，法学教育也十分落后，法官与国家其他普通干部没有任何区别，只要思想政治过硬，具备一定政策水平就可做法官，其是"一个不具备产生职业化法官的时代，也是一个不需要职业化法官的时代，更不可能建立一套体现司法职业特殊性的法院人事管理制度"①。国家对法官的管理与对普通行政人员的管理没有任何区别。对法官没有职业化的需求，当然就不存在司法人员进行分类管理的问题。

改革开放后，中国结束了计划经济体制，把建立市场经济体制作为改革的基本目标，而市场经济是法制经济，法制的重要性日益凸显，与此相应的法院建设也提上了议事日程，诉讼纠纷数量和类型的日益增多，也对审判人员素质提出了更高的要求，这极大地推动了法院的人事制度改革，早在 21 世纪初法官职业化、精英化的问题就被学者们正式提了出来。②而要实现法官的职业化和精英化，那么就必须把法官与法官助理、书记员、执行员、司法行政人员区分开来，所以要实现法官的职业化和精英化就必然要对审判人员进行分类管理。对此，中国的司法高层已有清醒的认识，1999 年颁布发行的《人民法院五年改革纲要》已经贯彻和体现了这一思想，其提出高级人民法院法官可配法官助理，同时提出要建立单独序列的书记员制度。2004 年 11 月，时任最高人民法院副院长的苏泽林在当年由最高人民法院主办的"法官辅助人员管理研讨会"上强调指出要对法官、法官助理、书记员、执行员、司法行政人员进行分类管理，肯定分类管理是推进法官职业化建设的突破口。③

根据中央司法体制改革领导小组办公室负责人的解释，所谓司法人员分类管理，"就是把法院、检察院的工作人员分为法官、检察官，司法辅助人员，司法行政人员，对法官、检察官实行有别于普通公务员的管理制

---

① 江必新主编：《审判人员职能配置与分类管理研究》，中国法制出版社 2016 年版，第 181 页。
② 参见李春林《论法官职业化专业化的司法价值》，《人大研究》2000 年第 6 期；夏克勤：《中国法官职业化的必由之路》，《法学杂志》2001 年第 4 期；谭兵、王志胜：《论法官现代化：专业化、职业化和同质化——兼谈中国法官队伍的现代化问题》，《中国法学》2001 年第 3 期；王晨光：《法官的职业化精英化及其局限》，《法学》2002 年第 6 期；等等。
③ 娄银生、卢凝一：《分类管理是法官职业化突破口》，《人民法院报》2004 年 11 月 26 日第 6 版。

度"①。就法院而言，司法人员分类管理是近十多年来一直坚持的改革主题，司法人员分类管理最核心的当然就是法官员额制，因为其十分重要，故对此我们将在下文集中介绍，在此只对书记员和法官助理的改革作一简单回顾和评析。

第一，书记员单独序列制。根据《人民法院五年改革纲要》的规定，在21世纪初，部分地方法院开始了书记员单独序列制的改革，开始将法官与书记员实行分类管理。例如，2000年武汉东西湖区法院就开始实行书记员单独管理。② 同年，北京市西城区法院根据《人民法院五年改革纲要》的要求，也在实行书记员单独序列管理方面进行了大胆的尝试，制定了《书记员工作职责和考核办法》，规定书记员的工作职责主要为：案件登记和卷宗管理；笔录制作和法律文书校对；上诉案件移送和卷宗归档；其他工作及纪律等五个方面。③ 随后各地法院都结合自身的实际情况推行了此项改革，书记员单独序列获得了社会各界的普遍认同。

为了建立一支专业化的人民法院书记员队伍，实现对书记员的科学管理，在总结各地实践经验的基础上，根据《法院组织法》和《法官法》等有关法律，2003年10月最高人民法院制定发布了《人民法院书记员管理办法（试行）》，要求对书记员择优聘任、保障公务员身份、实行单独序列管理。书记员成为享受公务员待遇的职业书记员，可以按规定正常晋升职级，最高职级可以是正处级。这就打破原来法院新进人员进入法院先当几年书记员，然后考审判资格成为法官的职业规划惯例。对此，最高法院要求，对目前在书记员岗位工作的人员，区别情况，按照规定的程序和条件，做好留任和转任工作。对新招书记员实行聘任制。为了配合此文件的执行，最高人民法院制作了《人民法院书记员聘任合同（示范文本）》供各级法院使用。各地法院开始根据自身的情况推进此项改革，深圳市南山法院在2004年对法官和书记员实行了分类化管理，改变了书记员以往通过晋升成长为法官的传统模式，书记员有三条路可以选择：一是担任法官助理，协助法官工作；二是作为事务官的助手，协助事务官工作；三是

---

① 李林、郝丽婷：《做官，还是做法官？》，《中国青年报》2014年7月4日第3版。
② 陈学勤、易志坚、吴汉：《首开书记员单独管理先例》，《湖北日报》2000年7月13日第C02版。
③ 郑洪清：《西城单独管理考核书记员》，《人民法院报》2000年10月31日第2版。

转为速录员,专职担任法庭记录工作。① 而法院新招书记员一律实行聘任制成为全国各地法院的通行做法,法院系统公开招录聘任制书记员的广告常见之于报端,法官与书记员的界线终于划分清楚了,书记员岗位不再是向法官过渡的"跳板"。

虽然这项改革没有按照《人民法院五年改革纲要》所规定的时间表来完成,拖延了几年,但总算是最后完成了。不过,目前我国书记员仍然存在诸如领导重视不够,大多数书记员并非公务员而是公益性岗位人员和临时聘用社会人员,工作任务繁重,福利待遇不高,队伍不稳、人员流动过于频繁等问题②,如何使书记员从一个"临时跳板"转变为成"热门职业"仍然是值得探索的课题。③

第二,法官助理制度。法官助理是指法院内协助法官从事审判业务的辅助人员。要造就高素质职业化的法官队伍,就必须给法官配备足够的辅助人员,以便法官能集中精力于审判活动。为法官设置助理也是法治国家比较通行的做法。虽然《人民法院五年改革纲要》只规定了"高级人民法院可以对法官配备法官助理",但是根据现实需要一些基层和中级人民法院也开始纷纷为法官设置助理,以便法官从烦琐的行政性事务中摆脱出来,专心于案件的审判。例如,浙江省岱山县人民法院自1999年开始,即实施了以独任法官即审判长为核心、助理法官为辅助的审判运行体制,开始为法官配置助理。④ 而北京房山区法院在2000年年初探索实行"三二一审判机制"(即以合议庭三名法官为中心,法官专司审判,法官助理辅助法官审判,书记员专职法庭记录),开始试行法官助理制度。⑤ 为了加快法官队伍职业化建设,2002年7月,最高人民法院制定颁布了《关于加强法官队伍职业化建设的若干意见》,其明确提出试行法官助理制度,确定法官员额后,一些不能继续担任法官但符合法官助理条件的人员可以担任法官助理。并且要求对法官、法官助理、书记员以及其他工作人员实行分类管理,建立科学的管理制度,提高法院干部人事管理法制化、科学化水平。2005年10月,最高人民法院制定发布了《人民法院第二个

---

① 王纳、唐敏红:《法官书记员分类管理》,《广州日报》2004年5月24日第4版。
② 万毅:《回归书记员角色的法律定位》,《人民法院报》2017年4月12日第8版。
③ 张宽明、郑卫平:《从"临时跳板"到"热门职业"》,《人民法院报》2018年3月25日第4版。
④ 洪国伦:《岱山法院法官助理作用大》,《人民法院报》2001年1月15日第1版。
⑤ 马艳佳:《房山"三二一"审判机制结硕果》,《人民法院报》2002年7月3日第5版。

五年改革纲要（2004—2008）》，其在改革和完善司法人事管理制度部分明确提出要"在总结试点经验的基础上，逐步建立法官助理制度"。2009年3月，最高人民法院发布了其制定的《人民法院第三个五年改革纲要（2009—2013）》，再次提出要完善法官及其辅助人员分类管理的制度，要建立健全以案件审判质量和效率考核为主要内容的审判质量效率监督控制体系，以法官、法官助理、书记员和其他行政人员的绩效和分类管理为主要内容的岗位目标考核管理体系，以综合服务部门保障的能力和水平为主要内容的司法政务保障体系。2015年2月，为贯彻党的十八大和十八届三中、四中全会精神，进一步深化人民法院各项改革，最高人民法院制定了《关于全面深化人民法院改革的意见》，并将其作为《人民法院第四个五年改革纲要（2014—2018）》的内容贯彻实施，再次强调要推动法院人员分类管理制度改革，健全法官助理、书记员、执行员等审判辅助人员管理制度；科学确定法官与审判辅助人员的数量比例，建立审判辅助人员的正常增补机制，切实减轻法官事务性工作负担；拓宽审判辅助人员的来源渠道，探索以购买社会化服务的方式，优化审判辅助人员结构。随着改革的推进，我国的法官助理制度实现了从无到有，并且逐步完善和健全，现在条件好的人民法庭的法官都配备了助理。当然对于法官助理现实中还存在缺乏稳定性、职责定位不清（将其与书记员混同，将其与助理审判员混同）、考核机制不完善等诸多问题[①]，需要研究和解决。

由于对法院人员实现分类管理是中国朝野的共识，获得最高当局的首肯，而且最高人民法院也始终在不遗余力地推行，许多地方法院早在十多年前就基本完成了法院工作人员的分类分工。例如，河北泊头法院早在2005年就将该院全院人员分为了法官、法官助理、书记员、执行人员、司法警察、司法行政人员六大类，明确了各自的岗位职责。[②] 泊头法院绝不是特例，目前国内绝大多数法院均已基本上实现了对审判人员的分类管理。2017年11月，最高人民法院院长周强在第十二届全国人民代表大会常务委员会第三十次会议上的报告中称"司法人员分类管理改革基本到位"，法院已普遍将工作人员分为法官、司法辅助人员（法官助理和书记

[①] 马奉南、邓菲：《新时代法官助理的依法定位》，《江苏法制报》2018年6月19日第C版；高静：《法官助理制度面临的问题》，《江苏经济报》2017年3月1日第B03版；万毅：《法官助理，何去何从?》，《四川法制报》2017年3月30日第5版。

[②] 曹书鑫：《泊头法院实行人员分类管理》，《人民法院报》2005年1月10日第7版。

员）和司法行政人员三类。对审判人员的分类管理改革必须以相关人员的职能权责界定为基础，需要认真研究审判辅助人员的职能、权限和责任的定位，及其与员额制法官之间的职能权责界分标准①，否则改革就可能出现偏差，达不到预期的目标，对此，中国的司法改革者还有许多具体细致的问题需要进一步研究和解决。

2. 法官员额制。要实现法官职业化和精英化就必须对审判人员实行分类管理，而法官员额制正是对审判人员分类管理的核心内容和重要组成部分，建立法官员额制是中国法官职业化的必由之路，但 1995 年制定的《法官法》并没有确立法官员额制度②，直到 2001 年《法官法》修订时才增设了法官员额制度，其规定"最高人民法院根据审判工作需要，会同有关部门制定各级人民法院的法官在人员编制内员额比例的办法"，但在此前基本上还没有任何实践，立法走在了司法改革的前面。

由于有了法律依据，最高人民法院即着手谋划改革的相关事宜，进行了多方面的舆论动员，2002 年 7 月即有媒体宣称最高人民法院将综合考虑我国国情、审判工作量、辖区面积和人口、经济发展状况等因素，按照法官职业化的要求，在现有编制内对全国各级法院合理确定法官员额，③让人误以为法官员额制在中国的实现将指日可待，但实际上与书记员单独序列和法官助理制度改革相比，法官员额制改革要复杂得多，因为其实际要求在法官内部进行权利与利益的再分配，进行重新洗牌，员额制改革涉及面广，牵涉到许多法院工作人员的切身利益，所以除在少数法院进行试点外，相关的改革并没有在全国法院中普遍推行，对此有论者曾发文议论说：

法官员额制度是 2001 年修改法官法时增加的新内容。该法的那次修改有三项重大变化：一是法官学历由专科改为本科；二是建立全国统一的司法考试制度；三是建立法官员额比例制度。该修正案实施后，最高人民法院立即要求非本科学历的法官们限期"达标"，否则职位难保。全国统一的司法考试委员会很快建立，第二年便组织了全国的首次考试。唯有法官员额制，在法官法修改 5 年之后仍在调研、

---

① 傅郁林：《以职能权责界定为基础的审判人员分类改革》，《现代法学》2015 年第 4 期。

② 但该法已使用了"员额"这一术语，该法第 38 条规定"因审判机构调整或者缩减编制员额需要调整工作，本人拒绝合理安排的"可以予以辞退。

③ 王炽：《我国将实行法官员额制度》，《人民法院报》2002 年 7 月 8 日第 6 版。

试点阶段。

何以至此呢？有关人士谈起原因，一个字：难！实际上一个法院每年要承担多少任务、办理多少案件，院长心里有数，由此计算出法官数量应占编制内的多大比例并不难，难就难在如果按照职务分类、配备法官助理、专职速录员的改革方向，在法院编制不会大量增加的情况下，势必有一批现任法官转任其他非法官职务。这种状况与法律是否矛盾？如何处理？那些不直接审理案件但又必须具备法律能力的职位需要多少法官去充任，这些法官应否包括在员额之内？当然，实行法官员额制还有许多与法院外部更难、更复杂的协调工作要做。[①]法官员额是实现中国法官职业化、司法现代化的必然选择，而且既然法律已经作了规定，就要贯彻和执行，没有轻易放弃的道理，所以2005年10月最高人民法院制定发布的《人民法院第二个五年改革纲要（2004—2008）》对法官员额制再次作了安排，其明确规定要"根据人民法院的管辖级别、管辖地域、案件数量、保障条件等因素，研究制定各级人民法院的法官员额比例方案，并逐步落实"。2009年3月发布的《人民法院第三个五年改革纲要（2009—2013）》也再次重申要"配合有关部门制定与人民法院工作性质和地区特点相适应的政法专项编制标准，研究建立适应性更强的编制制度，逐步实施法官员额制度"。2014年7月，最高人民法院发布了《人民法院第四个五年改革纲要（2014—2018）》，再次将建立法官员额制度作为推进法院人员的正规化、专业化、职业化建设的重要内容提出来。中国的司法改革者从没有忘记实现法官员额制这一梦想，而且在新的社会情景里，建立法官员额制除了实现法官职业化的需要这一考量，还增加了落实司法责任制的基础和前提这一新的动力。由于中央坚强有力的领导，社会各界的高度认同，以及各项条件的具备（特别是法官助理和书记员改革的成功进行），第四个五年计划期间建立法官员额制的时机终于成熟了，根据中央统一部署，最高人民法院按照"试点先行、分步推进、系统集成"的思路，在全国法院积极稳妥有序开展员额制改革。2014年改革拉开了序幕，首先在上海、吉林、湖北、广东、海南、贵州、青海七个地区的法院开始试点，一场轰轰烈烈的改革随即在全国展开。而在整个法官员额制改革过程中，始终伴随着诸多的困难和争

---

① 蒋惠岭：《法官员额制之难与易》，《人民法院报》2006年7月20日第7版。

议①，具体来说，改革需要回应的主要问题包括如下几个方面：

一是法官员额的比例。多少法官才算够，才是科学合理的，这是实行法官员额制面临的首要问题和核心问题之一。虽然对此从道理上讲并不复杂，同时各类文件也明确规定了确定比例的依据，但是要把理念转化为可操作的数字仍然有一定难度。关于员额比例，学者们对此十分关心，一些学者积极表达了他们的意见，有学者认为应当依照审判的核心工作量来确定法官员额，我们要构建一个动态的法官员额数编制和调整机制，我们还有很远的路要走。②也有学者认为，我国目前推行的员额制改革将法官的员额比例确定为不得超过中央政法专项编制的39%，但从实施状况来看，这一比例过低，导致法官流失迅速加剧，办案压力大幅上升，并可能导致以审判为中心的司法改革目标异化。因此，我国有必要适当提高法官员额制改革的比例；区分不同地区、类型、级别的法院，确定不同的员额比例。③也有学者指出，为了提高法官员额配置的有效性和准确性，我们应借鉴计量经济学与统计学的建模方法，通过多重共线性检验将法官工作量作为确定法官员额的唯一解释变量，而后建立以案件类型、工作任务、任务频数、任务复杂性为核心的法官工作负荷模型，尝试通过计算法官工作量测算法官员额。④中央在改革之初即划定了法官员额比例控制红线，即中央政法专项编制的39%。同时，中央要求不要每个法官搞一刀切，实行员额比例省内统一调配、动态调整，员额的统筹调配坚持"以案定额"原则，要根据法院审级、案件类型数量、法官办案量、工作饱和度等因素来具体确定员额比例，注重向基层和一线倾斜、向办案任务重的地区倾斜。像北京、江苏、浙江、广东、四川等一些案件量大、办案任务重的法院法官员额比例配备超过了50%，而一些案件量相对较少的法院法官员额比例就要相对低一些，例如目前上海市入额法官就只占法院人员编制的31.05%⑤，但各地法官员额设置是否合理仍然需要实践检验。

---

① 李学尧、王静：《厘清法官员额制改革中的认识误区》，《中国社会科学报》2014年10月8日第B01版。
② 王静、李学尧、夏志阳：《如何编制法官员额——基于民事案件工作量的分类与测量》，《法制与社会发展》2015年第2期。
③ 陈永生、白冰：《法官、检察官员额制改革的限度》，《比较法研究》2016年第2期。
④ 屈向东：《以案定编与法官员额的模型测算》，《现代法学》2016年第3期。
⑤ 崔亚东：《上海市高级人民法院工作报告——2018年1月25日在上海市第十五届人民代表大会第一次会议上》，《解放日报》2018年2月2日第7版。

二是关于员额法官的选拔标准和程序设计。我国长期沿用选拔公务员的模式来选任法官，轻视法官的职业化和专业化，实行员额制的最终目的是实现我国法官的职业化和精英化，同时也为落实司法责任制创造条件，所以入额的法官原则上不但要政治上过硬，而且业务上也要真正是一把好手，即要按照德才兼备的原则来选拔法官。首先，法官要有过硬的政治素质。这具体由组织人事、纪检监察部门从政治素养、廉洁自律等方面考察把关。其次，法官在业务上要是真正的专家。在具体选拔法官的过程中，人们最担心的问题就是法院行政领导挤占了名额，选拔时简单论资排辈，使业务上真正优秀的法官不能入额。为了保证入额法官的专业能力，中央要求，在省一级设立法官遴选委员会，从专业角度提出法官人选。遴选委员会的组成，应当具有广泛代表性，既有经验丰富的法官和检察官代表，又有律师和法学学者等社会人士代表。建立逐级遴选制度，上级法院的法官原则上从下一级法院择优遴选，既为优秀的基层法官提供晋升通道，又保证上级法院的法官具有较丰富的司法经验和较强的司法能力。同时要求入额的院、庭长也必须亲自办案，不能挂名办案，更不能不办案。为此，2015年9月，最高人民法院发布的《关于完善人民法院司法责任制的若干意见》规定"进入法官员额的院长、副院长、审判委员会专职委员、庭长、副庭长应当办理案件"。2017年4月，最高人民法院制定颁布了《关于加强各级人民法院院庭长办理案件工作的意见（试行）》，规定各级人民法院院庭长办案绩效应当纳入对其工作的考评和监督范围。院、庭长年度办案绩效达不到考核标准的，应当退出员额。院、庭长因承担重要专项工作、协调督办重大敏感案件等原因，需要酌情核减年度办案任务的，应当报上一级人民法院审批备案。2017年，全国法院院、庭长办理案件780.3万件，同比增长77.2%，占全国法院结案总数的33.9%，院、庭长人均办案数177.89件，同比增长77.28%，案件办理数量、比例均创历史新高。① 院、庭长办案已经常态化，今后需要做的，一要防止办案走形式、走过场以及委托办案、挂名办案等现象②，二要完善重大、疑难、复杂案件由院庭长直接审理机制。

---

① 李阳：《奔着问题去 迎着困难上——从全面深化司法体制改革推进会看司法体制综合配套改革着力点》，《人民法院报》2018年7月25日第1版。

② 龙宗智、孙海龙、张琼：《落实院庭长办案制度》，《四川大学学报》（社会科学版）2018年第4期。

三是未入额人员的分流问题。由于法官员额有限，这就必然导致有相当一部分审判员和助理审判员最终不能入额，他们将不能再做法官，而必须从法官的岗位上离开，去从事司法辅助工作或者是司法行政管理工作，员额制改革首当其冲的难题就是如何按照所确定的员额比例对现有人员进行合理分流，这个问题解决不好，就影响法院系统安定团结的大局。从实践的情况来看，基本上各个法院都分流出了部分原来的法官，他们有的调动到了法院的行政管理岗位，有的做了法官助理或是书记员，有的调离了法院，有的提前退休了，还有的甚至辞职转行去干了其他的事情。① 其间有些是必然的、合理的，有些则是改革的措施和策略失误，偏离了"让优秀法官受惠"的逻辑目标所致，不合理不公平的选拔使部分优秀的法律人才离开了法院。②

四是入额法官的保障和激励问题。对此问题我们将在法官的职务保障部分再来讨论。

五是法官数量减少使"案多人少"的矛盾进一步凸显。③ 改革开放后，由于诉讼案件的逐年增加，"案多人少"问题一直困扰着各级法院，实行员额制后，法官总体上基本减少了一半，使"案多人少"问题更加严重（当然也有有利的一面，就是法官员额制改革后由于入额的院、庭长要亲自办案，实际一线真正办案的法官较从前有所增多），解决这个问题需要从多个方面下功夫：一要进一步完善多元化纠纷解决机制；二要深化诉讼制度改革，繁简分流，提高诉讼效率；三要加强审判辅助人员力量配备（可采取公开招考、社会化服务采购、在校大学生和研究生实习等不同方式产生法官助理，避免单纯采取增加各类编制解决司法人员分类管理需要，防止因为财政负担遽然增加而影响整体司法改革措施的真正落实和效果），组建审判团队，将法官从事务性工作中解脱出来，集中精力从事案件的审理和判决；四要深化审判权力运行机制改革，探索推行扁平化管理，促进审判效率的提高。五要加快智慧法院建设，凭借智能办案辅助系统、裁判文书智能校对系统、法官知识库支持系统等司法人工智能系统，实现数据分析、多元检索、类案关联、同案智推等功能，让信息化更好地

---

① 李浩：《法官离职问题研究》，《法治现代化研究》2018 年第 3 期。
② 刘斌：《从法官"离职"现象看法官员额制改革的制度逻辑》，《法学》2015 年第 10 期。
③ 胡道才：《员额制后，法官该如何选任？》，《光明日报》2014 年 9 月 4 日第 11 版；张太洲：《法官员额制的隐忧与出路》，《人民法院报》2014 年 12 月 15 日第 2 版。

给法官办案带来便利,向信息化要战斗力。六是建立常态化的员额进退机制。对入额的法官也要加强监督和管理,建立科学合理的绩效考核体系对其进行考核。当然对法官的考评应重点关注其能力素质,不要把重心放在案件本身上面,审判上的错误可通过上诉和再审来解决;对法官的工作量也不要作硬性要求。权责要对等,法官不是一入额就万事大吉,必须建立员额法官的退出机制,对于能力不胜任、办案不达标的员额法官,要及时按程序使其退出员额,形成法官职业良性发展机制。北京法院已有85名法官因审判质效未达标等原因而退出员额。上海也建立了法官日常工作考核和员额退出机制,已有3名法官经考核不合格被退出员额。① 这些局部地区的实践,需要总结和提炼后向全国推广,最后形成常规化的制度。

总体上讲,法官员额制改革还是较成功的,到2017年年底时,全国范围内的改革已基本上完成。2017年11月1日,最高人民法院院长周强在第十二届全国人民代表大会常务委员会第三十次会议上所作的报告中自豪地说:"全国法院按照以案定额、按岗定员、总量控制、省级统筹的原则,经过严格考试考核、遴选委员会专业把关、人大依法任命等程序,从原来的211990名法官中遴选产生120138名员额法官。"而且最高人民法院本身也坚持"从严掌握、宁缺毋滥"的选人导向,遴选产生367名员额法官,只占中央政法专项编制的27.8%,低于全国的平均水平。

3. 法官单独职务序列。长期以来,我国对法官的管理一直采用的是与行政机关公务员相同的管理模式,参照公务员系列确定法官级别待遇,未能体现法官职业特点,忽视了法官职业的特殊性。在实现法官员额制的基础上,实行法官单独职务序列被提上议事日程。如果说法官员额制主要解决的是如何确定法官职数和选拔法官的问题,那么法官单独职务序列则主要解决的是如何管理法官的问题,二者是紧密联系、互相补充的,没有法官员额制就谈不上法官单独职务序列,而没有法官单独职务序列,则法官员额制最终也将只是空有其名。

对我国应当借鉴域外法治发达国家实行法官单独职务序列,国内法学界和实务界基本上没有什么争议②,对此大家有充分的共识。

首先,实行法官独断职务序列有法律依据。我国《公务员法》第三

---

① 崔亚东:《上海市高级人民法院工作报告——2018年1月25日在上海市第十五届人民代表大会第一次会议上》,《解放日报》2018年2月2日第7版。
② 王守安:《司法官职务序列改革的体制突破与司法价值》,《当代法学》2014年第1期。

条规定，法官、检察官等的义务、权利和管理另有规定的，从其规定，同时该法第十四条规定，国务院根据本法，对于具有职位特殊性，需要单独管理的，可以增设其他职位类别。各职位类别的适用范围由国家另行规定。这为实行法官单独职务序列提供了法律依据和空间。

其次，法官具有职位特殊性，需要单独管理。一是审判权具有不同于行政权的内在属性，行政权从本质上讲是管理权，而审判权从本质上讲是判断权，审判权与行政权运行存在重大差别，就要求对法官实行不同的管理模式。二是法官具有不同于其他公务员的职业特点，法官有资历的差别，但在审判案件时不是等级越高权力就越大，就具体案件审理来说，等级不同的法官组成合议庭，彼此权力是平等的、共同担责，不存在"谁级别高，谁就审批把关"的问题。因此，建立法官单独职务序列，是尊重法官职位特殊性的必然要求。

实行法官单独职务序列一直是中国的司法改革者的梦想。2011 年 7 月，中组部、最高人民法院联合印发了法官职务序列设置暂行规定及两个附件，明确了法官单独职务序列，确定了法官等级 12 个职务层次，分别与综合管理类公务员的 10 个职务层次相对应，作为实施法官管理和确定其待遇的依据。但是由于面临着一系列现实障碍[①]，历经两年多时间，该项改革迟迟未推动，相关配套措施迟迟未出台，规定无法落地。2014 年全国两会上有人大代表提交了一份"关于加快建立与法官职业特点相适应的法官职务单独序列"的建议[②]，相关话题再次引起人们的关注。次年 2 月出台的《人民法院第四个五年改革纲要（2014—2018）》明确规定，要建立符合职业特点的法官单独职务序列，要研究建立与法官单独职务序列配套的工资制度，法官单独职务序列被正式认定为改革的目标。

目前全国法院首批员额法官选任工作已经完成，当然这项改革要实现既定的改革意图，还需要许多相关的配套制度和措施，目前仍然还有一些后续的问题需要解决。例如，法官单独职务序列实施后，原来与行政职级挂钩的干部待遇政策无法适用，而新的政策又没有制定出来，法官的相关待遇面临着"青黄不接"的问题。为此，2017 年以来，在中央相关部门

---

① 陈建华：《实行法官职务序列单独管理的困境与选择》，《上海政法学院学报》2015 年第 3 期。

② 张宽明：《建立符合职业特点的司法人员管理制度》，《人民法院报》2014 年 3 月 9 日第 6 版。

的大力支持配合下，法官交流、退休年龄、医疗、差旅等待遇适用政策相继明确，这为法官专心履职办案解除了后顾之忧。下一步，还需要继续积极协调相关部委，尽快明确法官公车补贴、住房补贴、退休养老等相关配套待遇政策。同时，还要继续推动工资制度改革全面落实到位，进一步释放改革红利。

4. 完善司法责任制。司法责任制，是指司法者在司法活动中由于故意违反法律规定，或者因重大过失导致裁判错误并造成严重后果所应承担的惩戒性后果的相关制度。司法责任是立法机关为司法设置的非遵守不可的权力和自由的边界，是对司法者进行监督和制约的基本方法和途径，其是以国家强制力为保障的。历史表明单纯依靠司法者的觉悟和修养并不能完全杜绝司法者的胡作非为，孟德斯鸠说过："一切有权力的人都容易滥用权力，这是万古不易的一条经验。有权力的人使用权力一直到遇有界限的地方才休止。"① "绝对的权力，绝对的腐败；相对的权力，相对的腐败"，任何时候权力不受约束都是危险的。用权力制衡权力，有权必有责任，权责必须对应和均衡，这是现代宪政和法治的基本要义。司法权力虽然具有自身的独特性，但是司法者也必须接受法律的约束，也必须对自身的违法行为承担责任，如此方能促使司法人员依法司法、公正司法，防止司法权力滥用和不当行使。②

长期以来，我国司法机关"行政化"倾向问题严重，院庭长签批案件、审委会过度介入案件的现象较为普遍，"审者不判，判者不审"的问题较为突出，严重违背了司法的客观规律，客观上带来许多负面影响，故，建构科学合理的司法责任制成为我国社会各界的广泛共识，也是中国司法改革的基本目标之一。为此，党的十八届三中全会的《决定》明确提出要完善主审法官、合议庭办案责任制，让审理者裁判，由裁判者负责。

为了贯彻中央关于深化司法体制改革的总体部署，优化审判资源配置，明确审判组织权限，完善人民法院的司法责任制，建立健全符合司法规律的审判权力运行机制，增强法官审理案件的亲历性，确保法官依法独立公正履行审判职责，根据有关法律和人民法院工作实际，2015年9月，最高人民法院制定发布了《关于完善人民法院司法责任制的若干意见》，

---

① ［法］孟德斯鸠：《论法的精神》，张雁深译，商务印书馆1961年版，第154页。
② 田成有：《法官的信仰：一切为了法治》，中国法制出版社2015年版，第269页。

对改革审判权力运行机制、明确司法人员职责和权限、审判责任的认定和追究与加强法官的履职保障等做出了明确的规定。2017年4月，为全面落实司法责任制改革，正确处理充分放权与有效监管的关系，规范人民法院院庭长审判监督管理职责，切实解决不愿放权、不敢监督、不善管理等问题，根据《最高人民法院关于完善人民法院司法责任制的若干意见》等规定，最高人民法院又制定了《最高人民法院关于落实司法责任制完善审判监督管理机制的意见（试行）》。同年7月，最高人民法院又根据《最高人民法院关于完善人民法院司法责任制的若干意见》，结合最高人民法院工作实际，制定发布了《最高人民法院司法责任制实施意见（试行）》，对最高人民法院自身如何贯彻和落实司法责任制做出了具体的规定。

长期以来，我们实现司法责任面临诸多困难：一是由于司法人员分类管理没有实现，法官员额制和法官单独职务序列缺失，法院内部的关系没有理顺，院庭长和审委会大包大揽，领导干部干预司法活动的现象较突出，法官缺失办案的主体地位，办案的法官没有权力决定对案件的判决，因为没有权力，当然也就不会承担责任。二是关于司法责任制的相关法律和制度不健全不完善，实践中面临无法（制度）可依的现实困难。现行《法官法》仅笼统规定了13种关于法官的禁止行为和6种等同于行政处分的惩戒形式，虽然《人民法院工作人员处分条例》对法官在违反政治、办案、廉政、人事、财经纪律和失职行为时6种行政处分如何具体适用作了细化，但上述规定对司法裁判中错案的具体认定标准、评价主体、追责程序、救济程序等缺乏明确系统的规定，既难以体现司法裁判错案责任的特性，也无法涵盖错案责任的内涵，且照搬行政处分种类和适用方式的做法并不符合法官职业的特点。① 通过改革，目前这两大困难都基本上得到了解决，法官们现有权独立判案了，司法责任制的相关制度已较健全了，这为我们全面推行和落实司法责任制奠定了坚实的基础。未来需要做的，一是贯彻和落实好相关法律和规定，二是在总结实践经验的基础上及时将成熟的东西用法律形式固定下来。

员额制和责任制的结合，对法院内设机构提出了新的改革要求，也催生了法院新型的办案机制。司法责任制改革确立了法官的主体性地位，案

---

① 叶青：《主审法官依法独立行使审判权的羁绊与出路》，《政治与法律》2015年第1期。

件的判决原则上由审判案件的法官说了算①，法官在其职责范围内对办案质量终身负责，那么法院内部原来充分体现行政等级精神叠床架屋式的复杂内设机构也就没有存在的必要了，扁平化管理是改革后法院管理上的基本取向，原来审判业务庭的重要地位被各类审判团队所取代。为此，2016年8月，中央机构编制委员会办公室和最高人民法院联合印发了《省以下人民法院内设机构改革试点方案》，要求科学设置审判业务机构，合理整合非审判业务机构，严格控制机构规模。2018年5月，中央机构编制委员会办公室和最高人民法院再次联合发布《关于积极推进省以下人民法院内设机构改革工作的通知》，要求法院实行扁平化管理，减少管理层级，优化工作流程，提高运行质效。对此，各地法院按照改革的精神进行了大胆探索，② 截至目前，全国法院普遍建立了"谁审理、谁裁判、谁负责"的办案机制，取消了行政化的案件审批制，确立合议庭、法官办案主体地位，灵活组建了各类审判团队。

5. 健全司法人员职业保障。重视司法人员职业保障是世界法治国家的通例，在当下中国加强司法人员职业保障具有重大的现实意义，其是强化法官职业尊荣感、防止法院人才流失的基础，是贯彻和落实司法责任制的前提和保障。对于健全司法人员职业保障，中国社会各界基本上达成了共识。党的十八届四中全会的《决定》明确提出："建立健全司法人员履行法定职责保护机制。非因法定事由，非经法定程序，不得将法官、检察官调离、辞退或者做出免职、降级等处分。"2016年3月16日，第十二届全国人民代表大会第四次会议批准的《中华人民共和国国民经济和社会发展第十三个五年规划纲要》也明确提出要强化司法人员职业保障，完善确保依法独立公正行使审判权和检察权的制度。2016年7月，中办、国办联合印发了《保护司法人员依法履行法定职责规定》，涵盖了防止干预司法活动、规范责任追究和考核考评、加强履职安全保护等多个方面。2017年2月，为落实《保护司法人员依法履行法定职责规定》，最高人民法院下发了"实施办法"，进一步细化法院工作人员依法履行法定职责的保护机制。目前，我国法官权益保障工作机制已基本形成，其内容主要包

---

① 2017年上海直接由独任法官、合议庭裁判的案件占99.9%。参见崔亚东《上海市高级人民法院工作报告——2018年1月25日在上海市第十五届人民代表大会第一次会议上》，《解放日报》2018年2月2日第7版。

② 王东、侯尚文、李忠将：《"两长"访谈》，《法制生活报》2017年7月9日第6版。

括如下几个方面：

一是防止领导干部干预司法活动。长期以来，党政领导干预法院司法活动，对法院判决施加不当影响，是导致我国司法不公的重要原因之一。为此，2015年2月27日，中共中央办公厅、国务院办公厅印发了中央深改小组第十次会议通过的《关于领导干部干预司法活动、插手具体案件处理的记录、通报和责任追究规定》，其于同年3月18日起实施，对领导干部干预司法划出了"红线"，建立起了防止领导干部干预的"防火墙"和"隔离带"，从而为法院依法独立行使审判权创造了良好的环境。而同年8月19日，最高人民法院又印发了《人民法院落实〈领导干部干预司法活动、插手具体案件处理的记录、通报和责任追究规定〉的实施办法》及《司法机关内部人员过问案件的记录和责任追究规定》两个文件，依照其规定，对司法机关负有领导职责的机关因履职需要，可以依照工作程序了解案件情况，组织研究司法政策，统筹协调依法处理工作，督促司法机关依法履行职责，但是不得对在审案件的证据采信、事实认定、司法裁判等做出具体决定。为了实现对领导干部干预司法的行为全程留痕、有据可查，其要求司法人员对领导干预司法活动、插手具体案件的情况进行如实记录，否则将视情况对其予以警告、通报批评、纪律处分。从司法实践来看，"批条子""打招呼"等违法干预办案情形现在明显减少，法官依法履职有了"防火墙"。当然要彻底防止领导干部干预司法活动仅有这些措施还远远不够，只要法官的命运还掌握在领导干部的手里，要完全排除其对司法的干预就是不可能的。

二是不得安排法院工作人员从事超出法定职责范围的事务。《保护司法人员依法履行法定职责规定》明确将招商引资、行政执法、治安巡逻、交通疏导、卫生整治、行风评议等界定为"超出法定职责范围的事务"，要求各级法院不仅应当拒绝任何单位、个人安排法官从事上述事务的要求，自身也不得以任何名义安排法官从事上述活动。同时，《保护司法人员依法履行法定职责规定》还严禁人民法院工作人员参与地方招商、联合执法，严禁提前介入土地征收、房屋拆迁等具体行政管理活动，杜绝参加地方牵头组织的各类"拆迁领导小组""项目指挥部"等临时机构。

第三，非因法定事由、非经法定程序，不得对法官追究责任。《保护司法人员依法履行法定职责规定》和最高法院的实施办法均规定，法官履行法定职责的行为，非经法官惩戒委员会听证和审议，不受错案责任追究。法官对涉及本人的惩戒意见不服的，可以及时提出异议；对处理、处分决定不服的，还有权向上一级人民法院申诉。如果对法官做出错误处理、处分的，在错误被纠正后，当事法官所在法院应当及时恢复其职务、岗位、等级和薪酬待遇，同时为其恢复名誉、消除不良影响，还要给予适当赔偿或补偿。完善了法官受到非法处理、处分时的救济渠道和救济方式。

第四，强化了对法官及其近亲属人身权益的保护措施。法官权益屡遭侵害但维权乏力[①]，是长期以来我们的一个基本现实，故强化对一线法官及其近亲属人身权益的保护是现实的要求。为此，具体的做法包括：一是要求各级法院设立法官权益保障委员会，组织领导、统筹协调与法官履职保障相关的事务。2016年3月3日，全国首个法官权益保障自治组织——江苏省法官协会法官权益保障委员会成立[②]，2017年2月，中国法官协会法官权益保障委员会也正式成立。[③] 各级法院是保障法官权益的第一责任主体，院长是第一责任人，要把法官权益保障委员会建成广大法官的"娘家"，为法官依法履职"撑腰鼓劲"。二是加强履职安全保障设施建设。要求各级法院的立案信访、诉讼服务、审判区域应当与法官办公区域相对隔离，以保障法官的人身权益不受非法侵害。三是严惩违反法庭规则、扰乱法院办公秩序的行为。四是规定对于法官因依法履行法定职责，本人或者其近亲属遭遇恐吓威胁、跟踪尾随，或者人身、财产、住所受到侵害、毁损的，可以要求所在法院及时采取保护措施，并商请公安机关依法处理。

第五，切实保障法官在公正考核、薪酬保障、教育培训、心理疏导、医疗保障和休息休假等方面的合法权利。各级人民法院应当健全完善法官考评委员会工作机制。对法官审判绩效的考核、评价，应当由法官考评委员会做出，考核结果应当公示。法官对考核结果如有异议，允许申请复议。应当按时足额发放法官的基本工资、津贴补贴。法官绩效考核奖金的发放不得与法官等级、行政职级挂钩，其应向一线人员倾斜。应当为法官提供心理咨询和疏导服务，建立和认真落实法官年度体检制度，配合有关

---

① 朱宁宁：《法官权益屡遭侵害维权乏力》，《法制日报》2015年3月7日第5版。
② 丁国锋：《江苏设全国首个法官权益保障委员会》，《法制日报》2016年6月4日第3版。
③ 杨奕：《中国法官协会法官权益保障委员会正式成立》，《人民法院报》2017年2月8日第1版。

部门完善法官的医疗保障制度和抚恤优待办法。每名法官每年有权至少参加一次脱产业务培训。应当依法保障法官的休息权和休假权，认真落实年度休假等制度，切实保障法官必要的休假时间，并将法官休假落实情况纳入各部门绩效考评范围，不得以任何方式变相阻碍法官休假，不得强制要求法官在法定工作日之外加班。

我国目前法官的工资收入水平和福利待遇与世界法治发达国家相比，仍然相对较低，法官还是一个高风险的职业，同时也没有实行法官任职终身制，所以从整体上讲，我国的司法人员职业保障水平还有较大的提升空间，这还需要我们以后继续努力。

第二章

法院案件质量管理的基础、环节及建构

案件质量管理是法院审判管理机制中最为重要的一环。从根本上看，审判管理本身并非改革之目标，通过审判管理实现案件质量之提升方为其努力的最终方向。自最高人民法院不断加强审判管理以来，如何确保并科学评估案件质量便成为审判管理机制改革的首要议题。而关于案件质量管理在审判管理中的核心地位，2012 年最高人民法院工作报告有着更为直接的体现。报告提出要"深化审判管理改革，加强案件质量评查，完善司法过错责任追究机制，推动各级法院建立健全科学有效的审判管理体系，促进审判质量稳步提升"。

然而与官方表达的高度重视相比较，学界对案件质量管理并未给予应有的重视，其多被置于审判管理的整体性研究中予以论述，专门性研究则较为少见。① 鉴于此，本章拟从案件质量管理组织与程序、评价指标体系、案件质量评查制度以及案件质量管理的实践运作四个层面对案件质量管理予以系统研究，并据此对我国案件质量管理效果进行评估，进而提出进一步完善的思路。

一 法院案件质量管理：概念、标准和意义

（一）案件质量管理的概念

案件质量管理作为审判管理的一个重要内容，是伴随着审判管理制度

---

① 这方面较为典型的研究成果有施鹏鹏、王晨辰：《论司法质量的优化与评估》，《法制与社会发展》2015 年第 1 期；孙启福、吴美来：《案件质量精细化管理的局限及其克服》，《法律适用》2012 年第 6 期；等等。

改革的逐步开展而提出来的。作为一个专门性的术语，虽屡屡见诸各类官方表达和学术文献中，但是其概念和内涵甚少为人所关注。然而正如霍布斯所言："对于任何一心追求真实知识的人来说，检查以前作者的定义是怎样有必要了；如果定义是随随便便定的，就要加以修正或自己重定。因为定义的错误在计算进行时会自行增殖，并且会引导着人们得出荒谬的结论；这些他们最后会看出来，但要是不从荒谬结论的根源所在的开始之处起重新算过，他们就不能免于荒谬。"① 显见清晰的术语和概念，是进行理性探讨和沟通的前提。

由于强烈的实践指向性，在对案件质量管理予以正式界定之前，有必要对其发展演变作一简单梳理。自20世纪70年代末全国各级法院恢复重建以来，审判质量问题一直备受最高人民法院关注。如郑天翔院长在1984年最高人民法院工作报告中强调各级人民法院必须"坚持实事求是，依法办案，保证办案质量"②。为了提高审判质量和效率，1999年最高人民法院工作报告提出要在全国法院系统中开展"审判质量年活动"。③ 同年3月，最高人民法院发布了《关于开展"审判质量年"活动的通知》，将案件质量细化为实体裁判公正、办案程序合法和裁判文书规范三项指标，并采取自查、评查、抽查等形式予以考评。此后，在最高人民法院的规范性文件中，提高审判质量开始与审判质量评估体系逐渐联系起来。2004年《关于进一步加强人民法院基层建设的决定》以及2005年颁布的《人民法院第二个五年改革纲要（2004—2008）》均提出要探索建立科学统一的审判质量评估体系。④ 2008年《关于开展案件质量评估工作的指导意见（试行）》标志着案件质量评估指标体系以及组织机构的初步形成。经历近三年的试点改革，最高人民法院于2011年发布了正式的《关于开展案件质量评估工作的指导意见》，并在全国法院推行案件质量评估工作。⑤ 自此，案件质量管理开始成为审判管理的重心。这一趋势在人民法

---

① ［英］霍布斯：《利维坦》，黎思复、黎廷弼译，商务印书馆1986年版，第22—23页。
② 郑天翔：《郑天翔司法文存》，人民法院出版社2012年版，第5页。
③ 肖扬：《最高人民法院工作报告》，1999年3月15日第九届全国人民代表大会第二次会议通过。
④ 最高人民法院办公厅：《最高人民法院重要司法文献选编》，人民法院出版社2010年版，第91页。
⑤ 陈忠、吴美来：《案件质量评估与审判绩效考核衔接机制研究》，《法律适用》2014年第3期。

院第三、第四个五年改革纲要中均有显著体现。所不同者，在于"四五"改革纲要开始对审判质量评估体系予以反思性重构。

通过对审判质量管理发展脉络的简单梳理，我们可以发现，最高人民法院的规范性文件中并未对这一频频使用的概念予以正面界定。其内涵几乎等同于案件质量评估指标体系以及案件质量的事后评估和评查。对此，王胜俊院长于 2010 年 8 月 10 日在江西井冈山举行的全国大法官审判管理专题研讨班上的讲话体现得尤为显著。在谈到"创新和加强审判管理"时，他强调要重点抓好五项工作，其一便是"创新和加强审判质量管理。包括宏观层面的审判质量评估，微观层面的案件质量评查，以及建立常态化的案件质量评查机制"。同年 12 月印发的《关于基层人民法院审判质量管理工作的指导意见》（以下简称《审判质量管理指导意见》）对讲话中所涉及的审判质量管理在基层法院的实施作了进一步的细化。各地高级人民法院制定的审判管理规范性文件中，案件质量管理部分实际均以前述"讲话"和《审判质量管理指导意见》为基础。鉴于此，我国案件质量管理可以被界定为，上级人民法院对下级人民法院以及各级人民法院内部，为了确保案件审判质量，对已审（执）结的各类案件依据一定的标准进行评估和检查的专门性活动及相应的制度安排。其中，案件质量指标体系、宏观审判质量评估与微观案件质量评查及其组织机制是其核心。

（二）案件质量管理之标准

审判质量管理标准系指人民法院对审判质量进行监测、评估过程中所依循的，能够对审判质量之优劣予以客观呈现的各类指标和依据。关于审判质量管理的标准，目前虽无直接和统一之规定，但从最高人民法院有关规范性文件上看，其在宏观上大致包含案件审理的实体、程序和诉讼文书三个层面的指标。最高人民法院 2009 年《关于开展"审判质量年"活动的通知》对此有较为完整的规定。提出"必须紧紧围绕司法公正这条主线，认真执行宪法和法律，坚持以事实为根据，以法律为准绳，进一步提高办案质量，做到实体裁判公正，办案程序合法，裁判文书规范"。2010 年发布的《审判质量管理指导意见》对前述指标又作了进一步的强调和拓展。各级人民法院制定的审判质量管理规范性文件基本上遵循了最高人民法院的标准界定。例如 Y 省高级法院制定的案件质量评查标准中，将案件审判质量等次分设为一类案件、二类案件、三类案件。其中一类案件的基本要求是：审理程序合法；证据采信恰当，认定事实清楚；案件定性准确，适用法律正确；裁判结论正确；文书制作规范；审判效率较高；社会效果较好。①

1. 实体裁判公正。实体裁判公正即案件的裁判结果公正，其包括事实认定准确、据以定案的证据确实充分、适用法律正确等三大要点。事实认定准确即法院裁判所最终认定的事实应符合客观实际。这就要求法官必须"严把事实关，通过开庭审理查清案件事实，对案件事实的认定应当具体、明确，既不扩大，也不缩小"②。证据确实充分则是对法官采信证据所作之规范，一方面案件事实的认定须有相应的证据予以支撑，另一方面据以定案的证据必须经过当庭举证、质证和辩论予以查证属实。法律适用方面，要求法院裁判结果对案件法律性质之界定、当事人双方权利义务之分配以及法律责任之承担等必须符合法律的预先规定。

2. 办案程序合法。遵守法定诉讼程序，是程序正义的基本内涵。作为案件质量的一项重要指标，办案程序合法系指审判案件必须做到"全面执行程序法，严格遵守案件管辖规定；切实执行公开审判、回避、辩护、辩论等诉讼原则和制度；不折不扣地执行审判期限的规定；在民事调解中坚持自愿、合法的原则。通过认真执行程序法，保证正确适用实体法，切实保障诉讼当事人的合法权益"③。对办案程序的管理，重在"加强庭审观摩，对庭审礼仪、庭审程序、庭审驾驭能力等方面进行监督"④。

3. 裁判文书以及诉讼案卷归档规范。裁判文书作为人民法院于诉讼终结后向当事人及社会公众输出的最终的司法产品，具有极为重要的意义。⑤ 鉴于此，最高人民法院第一个五年改革纲要不仅提出要"加快裁判文书的改革步伐，提高裁判文书的质量"，而且将其重要性提到"司法公正形象的载体"和"法制教育的生动教材"的高度。对裁判文书的质量控制，要求"严格按照法院诉讼文书样式制作裁判文书，裁判文书应当具有严密的逻辑性、严肃的法律性和严谨的科学性，做到叙述事实清楚，

---

① 《Y省高级人民法院质量评查标准（试行）》，材料来自课题组2015年的实证调研。
② 最高人民法院：《关于开展"审判质量年"活动的通知》，2009年3月10日发布。
③ 最高人民法院：《关于开展"审判质量年"活动的通知》，2009年3月10日发布。
④ 最高人民法院：《关于基层人民法院审判质量管理工作的指导意见》，2010年12月9日发布。
⑤ 对裁判文书尤其是判决书的一般意义分析，参见黄金兰、周赟《判决书的意义》，《法律科学》2008年第2期。

列举证据具体充分，论证说理透彻有力，引用法律条款准确。同时，还应当做到层次清楚，用词恰当，语言精练"①。同时，由于我国司法和法律的大陆法系传统，科层式的司法模式决定了案件卷宗在诉讼中的核心地位。② 案卷材料在一定程度上不仅构成裁判的基础，更是本院以及上级法院对案件进行监督和复查的依据。因此案件卷宗内容的完整性和形式的规范性便尤为关键，地方各级法院几乎均将其纳入案件质量管理的重要一环。

此外，无论最高人民法院抑或地方各级法院发布的有关规范性文件，司法的社会效果都受到自上而下的普遍关注和强调。一般来讲，司法的社会效果指法院整个司法过程以及裁判结果为当事人和社会公众的接受程度。但从官方正式的界定看，其内涵无疑更为丰富。最高人民法院提出，"要从党和国家工作的大局出发，站在政治的高度，处理好每一件案件，使裁判结果获得好的社会评价，将保障改革、促进发展、维护稳定所发挥的作用作为评判审判工作的标准"③。可见，作为衡量案件质量的社会效果实质具有超越当事人和社会公众层面的更为广阔的政治意涵。亦即司法的社会效果不仅追求良好的社会评价，更强调人民法院要通过司法为党和国家中心工作服务，维护社会稳定。较之于案件实体真实、法律适用准确以及程序公正等技术性指标，司法的社会效果由于评价主体和标准带有较大程度的多元性和主观性，因而难以提供一套稳定的可操作性指标，勉强推行的结果反而有削弱前述技术性指标并违反司法规律之虞。④

（三）案件质量管理的意义

如前所述，案件质量管理是最高人民法院长期以来基于对案件质量的持续关注而逐渐形成的常态性制度安排。在我国目前司法腐败与司法不公的问题仍然较为严重，司法的公信力较低的司法现实下⑤，建立系统的案件质量管理机制对于提升案件质量、维护司法公正具有显著的现实意义。

1. 确保法院裁判的实体正义。裁判结果的正义是整个司法公正的基

---

① 最高人民法院：《关于开展"审判质量年"活动的通知》，2009年3月10日发布。
② [美]米尔伊安·R. 达玛什卡：《司法和国家权力的多种面孔——比较视野中的法律程序》，郑戈译，中国政法大学出版社2004年版，第86页。
③ 最高人民法院：《关于开展"审判质量年"活动的通知》，2009年3月10日发布。
④ 有关社会效果数字指标化的局限及其风险将在后文中进一步予以阐释。
⑤ 龙宗智：《审判管理：功效、局限及界限把握》，《法学研究》2011年第4期。

石。虽然囿于特定阶段的认识水平、取证能力以及诉讼程序本身对探求真相所施加的必要限制,要求司法机关无休止地去查明真相并无可能。因此,司法活动中的所谓真实更多地具有相对意义,即一种法律上的"真实"。① 但这并不能否定实体真实在诉讼中的重要性。如果案件结果过分地偏离实体正义,司法制度最终将失去其存在的合法性。案件质量管理将实体裁判公正列为衡量案件质量的核心标准,并通过案件质量评查指标体系设置若干次级指标对其予以进一步细化。一方面为法院和法官就案件实体公正提供了外在的可操作性标准,对司法活动发挥着有效的引导作用;另一方面,严密的数字化指标协同法院内部的绩效考评机制增强了对法官司法行为的约束力度,促使法官在运用证据认定案件事实以及适用法律时采取更为审慎的态度。

2. 增进司法的程序公正。程序公正被誉为"法律的心脏"。② 程序公正能够加强有关个人对法律和司法决定的服从,因为它提供了一种冲突双方都可以更容易接受最终结果的方式③;而且程序公正还具有实现实体正义的内在潜质。正如有学者所言,"不遵循公正的程序原则很难期望达至公正的结果,诉讼结果的公正性在很大程度上依赖于诉讼过程的公正性"④。办案程序合法是我国案件质量管理的一项重要标准,对于法院和法官严格遵循诉讼程序,保障当事人及有关诉讼参与人的程序性权益无疑具有显著的督促效果。

3. 提升司法公信力。司法公信力是司法与公众之间的动态、均衡的信任交往与相互评价。⑤ 司法机关公信力的大小直接决定着法律实施和裁判被遵守、执行的效果。因为"任何社会只有当法律得到'自愿地'(willingly)和'自发地'(spontaneously)遵守才能有效运作"⑥。如果司法裁判只有通过威胁或者使用强力才能迫使人们遵守的话,巨大的社会资源耗费将成为国家无法承受之重。而司法公信力的维持和提升,则不仅仰

---

① 顾培东:《诉讼制度的哲学思考》,载柴发邦编《体制改革与完善诉讼制度》,中国人民公安大学出版社 1991 年版,第 67 页。
② 宋冰编:《程序、正义与现代化》,中国政法大学出版社 1998 年版,第 363 页。
③ 宋冰编:《程序、正义与现代化》,第 376 页。
④ 谢佑平:《刑事司法程序的一般理论》,复旦大学出版社 2003 年版,第 68 页。
⑤ 关玫:《司法公信力初论》,《法制与社会发展》2005 年第 4 期。
⑥ [英]马林诺夫斯基:《原始社会的犯罪与习俗》,原江译,法律出版社 2007 年版,第 6 页。

赖于案件实体结果的正确性，还取决于司法程序的正当性。在实践中，人们不仅仅关注结果的公正性，过程的公正性对人们的认识和看法甚至会产生更为重要的影响。① 由于我国长期以来受"重实体轻程序"的传统诉讼理念的影响，将注意力过分集中在实体结果的正确性上，而对程序公正缺乏足够重视。此次案件质量管理将实体和程序公正全面纳入评查范围，并注重社会效果，在我国现行司法环境下对于提升司法公信力而言极具价值。

二　法院案件质量管理的组织机构及其运行程序

任何管理活动的有效开展，须得有具体的机构负责管理举措之实施、监督和考核，以及诸机构之间和机构内部相应的组织、协调之程序。由于我国案件质量管理既包含最高人民法院自上而下的推动、规划和引导，亦有地方各级法院自下而上的实践探索，因此，案件质量管理的组织机构和程序亦包含纵向和横向两个维度。纵向维度系指科层式法院体系自上而下的案件质量管理机构及其内在协调程序；横向维度则意指地方各级人民法院内部专司案件质量管理之机构及程序。

（一）案件质量管理之组织机构

案件质量管理的组织机构，即案件质量管理活动的具体实施和承担机构。最高人民法院《关于开展案件质量评估工作的指导意见》规定，"上级人民法院负责组织、指导下级人民法院的评估工作，可以对本院及本辖区法院的案件质量进行评估"。可见，同我国法院系统等级森严的科层化结构安排相适应，案件质量管理组织机构在纵向上亦呈现出明显的等级化特征。其中最高人民法院处于科层化组织机构的顶端，总览全局，制定案件质量指标体系，对案件质量进行宏观管控；各地高级人民法院形成案件质量管理组织机构的第二层级，对中基层法院案件质量进行考核管理②；中级人民法院则是案件质量管理自上而下推进的第三层级科层式管控力

---

① 参见［美］汤姆·R. 泰勒《人们为什么遵守法律》，黄永译，中国法制出版社2015年版，第187—188页。
② 参见孙启福、吴美来《案件质量精细化管理的局限及其克服》，《法律适用》2012年第6期。

量,负责对基层法院案件质量予以监管。基层法院由此成为整个案件质量管理纵向组织机构的底座。由于处于科层式司法权力金字塔的底端,带有强烈行政属性的监督管理权自最高人民法院经由省高院和中级人民法院层层传递强化,最终汇聚成强大的行政压力指向作为司法权力末梢的基层人民法院。

从法院系统内部,即横向层面看,案件质量管理的具体组织机构各地以及不同层级的人民法院做法不一,但总体上看主要有审监庭主导型和审管办主导型两种组织形式。①

其一,以审判监督庭为主导的案件质量管理机制。在此种模式下,审判监督庭是案件质量内部管理的职能部门。审判监督庭内设案件质量监督检查组或者案件质量监督员,负责具体对案件质量实施监督和评查。评查结果或者在评查中发现有案件质量问题的,审判监督庭负有向法院院长和审判委员会报告之责。如有违法、违纪行为的,则报送本院纪检监察部门。② 除了这种较为集中的管理类型,部分法院采取了更为分散的管理模式。虽然总体上仍由审判监督庭承担案件质量的监督和管理,但其职权更为分散。日常案件质量管理工作由各业务庭长、分管副庭长、处长会同各部门内部案件质量监督评查员协作进行。案件质量监督评查员则由庭、处内具有较高政治和业务素养的法官担任。作为整体性监督职责具体实施主体的监督评查小组则由审监庭负责人召集各部门案件质量监督评查员构成。③ 因其往往因时因事而设,故呈现出较强的临时性和非稳定性。

其二,以审判管理办公室为主导的案件质量管理机制。由于审判管理办公室在全国各地方法院基本上已经建立起来,因此以审管办为核心的案件管理机制相对更为普遍。较之于以审监庭为主导的案件质量管理机制而言,此种模式下的组织化和科层化程度更高,法院内部上下层级设置亦更为严密。以Y省S市中级人民法院为例。该院开展案件质量评估的内部

---

① 实践中的这两种组织模式在很大程度上系由最高人民法院自上而下规划推动的结果。最高人民法院《审判质量管理指导意见》第1条明确规定,基层人民法院未单独成立审判管理机构的,审判质量管理工作由审判监督庭承担,应当选派公道正派、具有丰富审判经验的法官从事审判质量管理工作。审判委员会应当加强对审判质量管理工作的监督和指导,并及时讨论决定重大事项。
② 参见《Y省高级人民法院案件质量内部监督检查实施细则》第3条至第6条,材料来自课题组2015年的实证调研。
③ 《Y省高级人民法院案件质量监督评查办法(试行)》,材料来自课题组2015年的实证调研。

规范第四条规定：法院设立案件质量评查委员会（以下简称"质评委"）。质评委在审判委员会领导下工作，负责组织开展本院和全市法院的案件质量评查工作。质评委主任由院长担任，副主任由副院长担任，审判委员会专委协助副院长开展质量评查工作，委员由庭室负责人等组成。质评委下设案件质量评查办公室（以下简称"质评办"）和若干评查小组。质评办是质评委的办事机构，设在审判管理办公室，由审管办负责人担任办公室主任。案件质量评查工作由审判委员会专委具体组织评查小组进行。该条实际确立了法院内部案件质量管理的宏观组织架构。[①] 从权力金字塔的顶端依次往下，法院内部质量管理组织机构分别为审判委员会、案件质量评查委员会（质评委）、案件质量评查办公室（质评办）以及评查小组。其中审判委员会、质评委系法院内部案件质量管理的领导、决策机构，主要由法院院长、副院长、审判委员会专职委员以及各业务庭、处负责人构成；质评办则以审管办为依托，实质是两块牌子一套人马，是案件质量管理的组织、协调机构；评查小组则是案件质量评查的具体实施机构，其成员由本院各审判业务部门审判经验丰富的资深法官或具有专门知识的法官组成，由各审判业务部门推荐产生。[②]

（二）案件质量管理之运行程序

由于案件质量管理是由院、庭长凭借法院内部有关职能部门所实施的对案件质量予以全面监督和系统管理的一系列复杂活动，因此对于其具体之运作程序势必难以一一予以列举介绍。然而在法院案件质量管理活动中，案件质量评查制度因其程序的完备性和在整体监管机制中的重要性而具有较强的代表性。所以，下文有关案件质量管理运行程序之研究，主要以案件质量评查制度为范例。

从实证调研的情况来看，法院案件质量评查多采常规评查、重点评查、专项评查和自查四种方式。其中常规评查是指人民法院根据各类生效案件结案数和法官个人结案情况，确定一定比例进行随机抽查的案件质量评查；重点评查和专项评查系指人民法院针对不同时期的工作重点和阶段目标，对本院或本辖区审结案件开展重点评查和专项评查，尤其是对上诉、发改、申诉及申请再审、再审、举报投诉、重点涉诉信访案件和社会

[①] 《S市中级法院案件质量评查规定（试行）》，材料来自课题组2015年的实证调研。
[②] 《S市中级法院案件质量评查规定（试行）》，材料来自课题组2015年的实证调研。

公众关注等案件进行重点评查；自查则是各审判业务部门或各基层法院对本部门或本院已结案件的自我监督评查。这四种方式中，由于自查程序在本质上属于部门内部的自我监督和管理，其程序因此相对简化。在评查方式上，多由各审判业务部门和各基层法院自行决定，实践中有合议庭间的相互评查模式，也有各审判业务部门自行组成专门评查小组进行评查的做法。但无论业务部门内部具体采何种形式，自查的结果一般均须依照法院内部科层等级层层予以审查备案。首先，各审判业务部门通过自查形成自查报告；其次，将自查报告提请部门领导审核后报分管副院长审批；最后，经副院长批准的自查报告再上报至审判委员会予以确认，并将获得认可的自查报告交质评委备案。较之于自查，常规评查、重点评查和专项评查因其超出了部门乃至单一法院的界限而同时进入纵向（上、下级法院）和横向（同级法院内部）的复合式等级权力结构之中，所以在程序上亦更为复杂。

1. 评查机制之启动。如前所述，质评委乃案件质量评查的组织领导机构。因此，案件质量评查程序之启动权自然亦归其掌握。除了一年开展两次（即隔半年开展一次）常规评查①，质评委还可以根据人民法院案件处理情况以及上级法院的要求启动重点评查和专项评查程序。通常的做法是，质评委按一定比例随机抽取案件。相关审判业务部门应当在接到通知一周内，将抽查的案件卷宗移送质评委或评查人员。②

2. 评查意见之提出与最终形成。各业务庭的案卷材料收集齐以后，交由评查小组依据法院内部评查标准一一进行评查。评查过程中，质评委、评查小组和评查人员认为需要时，可以向相关审判业务部门或承办法官、书记员了解案件审理的有关情况。案件质量监督评查小组实行集体评议、少数服从多数原则，以多数人意见为小组意见。不能形成多数人意见的，由案件质量监督评查小组报主管副院长决定。主管院长难以决定时，提交审判委员会讨论决定。在此基础上，形成质评小组初步意见，并向质评委汇报，由质评委向相关审判业务部门反馈评查意见。在此，根据各业务庭是否提出异议，初步评查意见又分化出两种不同的发展方向。一是业务庭认可初步评查意见的，由质评委直接将其报给审判委员会后生效；二是审判业务部门对评查意见提出异议时，则由质评委将书面异议向评查小

---

① 《S市中级法院案件质量评查规定（试行）》，材料来自课题组2015年的实证调研。
② 《S市中级法院案件质量评查规定（试行）》，材料来自课题组2015年的实证调研。

组进行反馈，评查小组对案件进行复核并将复核结果提交质评委讨论评定，如涉及需要向审判委员会汇报的，报审判委员会讨论决定。由此形成的评查意见经质评委分析、汇总后提交给审判委员会。两种处理程序下的评查结果均要通报全院。[①] 其流程如图 2-1 所示：

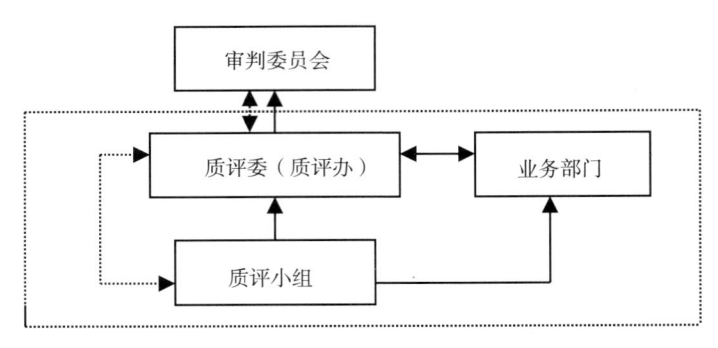

图 2-1 评查流程

其中，实线箭头显示的是质评小组对业务部门进行评查并提出初步意见，经质评委向业务部门反馈无异议后报审判委员会形成最终评查报告的基本流程；虚线箭头则标示的是业务部门对质评委的反馈提出异议后，质评小组复核质评意见并层层上报核查的程序。

3. 评查意见的异议与救济渠道。案件质量管理过程中的异议和救济渠道主要借助内部反馈、意见听取机制实现。即以质评委作为连接质评小组和业务部门的中介、协调和沟通机构，审核并传达质评小组的初步评查意见，同时收集被评查部门的异议。仍然以某基层法院为例，其具体的异议表达和救济方式为：案件质量监督评查小组初步认定案件存在差错责任后，填写《差错责任反馈表》（一案一表）交责任人及其所在业务庭、处。责任人或业务庭、处对案件质量监督评查小组的认定有异议的，应在 5 个工作日内以口头或书面方式提出意见。对责任人或业务庭、处的异议，案件质量监督评查小组应进行审查。审查后认为异议成立的，变更对该异议部分的认定。如案件仍有其他差错的，责任人或业务庭、处应提交整改方案；认为异议不成立的，属于合格案件或基本合格案件的，由案件质量监督评查小组评定，并告知责任人或业务庭、处 5 个工作日内提交整改方案；属于不合格案件的，由案件质量监督评查小组报主管院长决定。

---

① 参见《S 市中级法院案件质量评查规定（试行）》《Y 省高级人民法院案件质量监督评查办法（试行）》，材料来自课题组 2015 年的实证调研。

主管院长难以决定或认为属于不合格案件的，报审判委员会讨论评定。①

很明显，案件质量管理过程中的异议和救济机制所采行的是一种行政式的复核程序，质评小组在某种程度上既是初步意见的提出者，亦是异议处理与救济机构。虽然质评小组的复核还要经受质评委、分管副院长及审委会的监督和复查，但是处于科层制的上级由于远离初始事实而往往只能以作为被监督对象的质评小组形成的书面材料为基础，加之上级成员构成多为法院领导阶层，案件质量管理仅仅是其日常管理及业务活动中的一个部分，甚至不是最主要的部分②，因此极易演变成官僚体制下例行公事的形式化的监督。

4. 案件质量评查报告之效力。案件质量评查意见经内部审核程序通过以后，质评委（质评办）要对其予以汇总并形成质评报告上报给审判委员会。从实证材料看，各法院普遍实行案件质量监督评查通报制度，包括法院内部的通报和上、下级法院之间的通报。法院内部通报即案件质量评查部门须按月（季）汇总本院质评数据，按季度进行质评通报，重大事项随时通报。此外，案件质量监督评查部门每半年还要出一期案件质量专题报告，并于次年一季度提交年度质评工作报告。专项检查实行专项报告。③ 上、下级法院之间的通报要求各法院每季度应向上级法院及高级法院审判监督庭报告本院案件质量内部监督检查工作开展情况和检查结果。上级法院审判监督庭还可以对下级法院案件质量内部监督检查工作的情况进行抽查，并公布抽查结果。④

案件质量评估报告根据情况可以做出一系列的处理措施。如某中级人民法院案件质量管理内部规范即明确规定了包含奖励和惩罚在内的一整套具体举措：一是评查中发现优秀案件的，由质评委向本院精品案例暨优秀裁判文书评审委员会推荐参评。优秀案件由评查人员提出意见，经评查小组多数意见同意报质评委讨论，由质评委全体委员超过二分之一以上多数

---

① 《Y省高级人民法院案件质量监督评查办法（试行）》，材料来自课题组2015年的实证调研。
② 一项针对法院院长的实证研究显示，我国法院院长具有多元角色。总体上看，其首要角色是管理家与政治家，法律家角色则处于相对次要地位。因此，案件质量管理在法院院长的整体角色体系中所占权重显然是十分有限的。参见左卫民《中国法院院长角色的实证研究》，《中国法学》2014年第1期。
③ 《Y省高级人民法院案件质量监督评查办法（试行）》，材料来自课题组2015年的实证调研。
④ 《S市中级法院案件质量内部监督检查实施细则》，材料来自课题组2015年的实证调研。

意见通过后进行推荐；二是对评查中发现的审判、执行工作中的瑕疵问题，相关审判业务部门应及时整改，认真总结经验教训，提高办案质量，并将整改结果向质评委反馈；三是对评查中发现的裁判错误的案件，由质评委报审判委员会讨论决定后，由相关审判业务部门将案件移交立案庭依照审判监督程序处理，办理的情况由立案庭在一个月内向审判委员会反馈；四是评查中发现违法违纪需追究责任的，经审判委员会讨论决定后，交由监察处依照《人民法院工作人员处分条例》和《人民法院审判人员违法审判责任追究办法》的相关规定处理；五是经审判委员会讨论通过的案件质量评查报告，移交审管办、监察处、政治部等部门处理或备案，作为审判业务部门年终目标考核和干部考核的依据，评查结果纳入年度绩效考核。①

承上所述，案件质量评查结果之效力，即其对被评查的部门和个人所产生的利害关系，主要通过通报、奖励和惩罚三种方式所形成的激励与惩戒功能予以维持。事实上，通报本身既含有奖励的意味，亦暗含惩罚的威慑。因为对于获得好评的部门和法官而言，通报即属于一种鼓励，其背后除了荣誉还包括更多的晋升机会；而在评查中受到负面评价者被通报自然与前者形成直接的对比和反差，在我国的制度和文化背景下，其批评意义是显而易见的。与此相应，相关主体的职务晋升、声誉和物质受益均会因此受到不利影响。

三 法院案件质量评定体系

（一）法院案件质量评定体系之形成

案件质量指标体系是法院在案件质量管理过程中由以对案件质量予以量化评价的各项具体标准和指数。我国法院案件质量指标体系是在最高人民法院直接推动并结合地方试点的基础上逐渐形成和全面推广的。其形成大致经历了以下两个阶段：

一是试点阶段。20世纪90年代初期，随着司法改革的不断深入和最高人民法院对案件质量的持续关注，传统的案件质量监督和评查方式已经

---

① 《S市中级法院案件质量评查规定（试行）》，材料来自课题组2015年的实证调研。

难以满足法院案件质量管理之需要，因此亟须建立一套完备统一的案件质量评定体系。2002年，四川省高院受最高人民法院委托，开始对案件质量评定体系进行前期探索；2003年1月上海市高院发布了对全市法院2002年进行质效评估后的19项评估指标和8项调研指标数据，从同年一季度开始以这27项指标按季度对全市三级法院进行评查并排序公布；与此同时，江苏、北京、浙江、湖南、西安等省市各级法院亦结合各自审判实际，积极探索案件质量评定指标体系。①

二是全面推行阶段。在各地法院试点的基础上，最高人民法院于2004年启动了《人民法院审判质量与效率评估体系》的研究和制定工作，同年发布的《关于进一步加强人民法院基层建设的决定》以及2005年出台的《人民法院第二个五年改革纲要（2004—2008）》均强调要探索建立统一的审判质量评价体系。② 经过几年的摸索，最高人民法院于2008年下发了《关于开展案件质量评估工作的指导意见（试行）》，规定了审判公正、审判效率和审判效果3个二级指标，33项三级指标。该试行意见为地方各级法院建立案件质量指标体系的试点改革提供了一套较为统一的模板。在此基础上，最高人民法院于2011年发布了正式的《关于开展案件质量评估工作的指导意见》，并在全国法院系统予以推行。2013年，《人民法院案件质量评估指数编制办法（试行）》的颁行，标志着我国法院案件质量评定体系的最终形成。

(二) 案件质量评定体系的基本内容和结构

如前所述，法院案件质量管理是自上而下推动和自下而上试点相结合的产物。"由于高踞司法系统的最高位阶，最高法院自身的改革对整个司法改革会发生引导效应。"③ 因此，在案件质量评定体系方面，最高人民法院印发的有关规范性文件对地方各级法院无疑具有重要的规范和指导意义。

最高人民法院2013年下发的《关于开展案件质量评估工作的指导意见》基本上吸纳了《关于开展案件质量评估工作的指导意见（试行）》

---

① 参见市第二中级人民法院课题组《审判质效考核体系的考察与反思》，《法律适用》2011年第2期。
② 最高人民法院办公厅：《最高人民法院重要司法文献选编》，人民法院出版社2010年版，第91页。
③ 左卫民：《最高法院若干问题比较研究》，《法学》2003年第11期。

中的评定指标。其指标体系仍分为审判公正、审判效率、审判效果 3 个二级指标；二级指标则变更为由 31 个三级指标组成。其中审判公正指标 11 个，由立案变更率，一审案件陪审率，一审判决案件改判发回重审率（错误），二审改判发回重审率（错误），二审开庭审理率，对下级法院生效案件提起再审率，生效案件改判发回重审率，对下级法院生效案件再审改判发回重审率，再审审查询问（听证）率，司法赔偿率，裁判文书评分组成；审判效率指标 10 个，由法定期限内立案率，一审简易程序适用率，当庭裁判率，法定（正常）审限内结案率，平均审理时间指数，平均执行时间指数，延长审限未结比，结案均衡度，法院年人均结案数，法官年人均结案数组成；审判效果指标 10 个，由一审服判息诉率，调解率，撤诉率，实际执行率，执行标的到位率，裁判自动履行率，调解案件申请执行率，再审审查率，信访投诉率，公众满意度组成。最高人民法院根据评估目的和指标的重要性程度、可能产生的负面影响，以及数据来源的可靠性等因素合理确定评估指标的权数。① 其具体指标及权数分布如表 2-1 所示②：

表 2-1　　　　　　　　人民法院案件质量评估指标体系

一级指标	二级指标	三级指标		
		名称	方向	权重
案件质量综合指数（100%）	公正指标（40%）	立案变更率	−	8%
		一审陪审率	+	7%
		一审案件改判发回重审率（错误）	−	19%
		二审改判发回重审率（错误）	+	5%
		二审开庭审判率	+	5%
		对下级法院生效案件提起再审率	+	6%
		生效案件改判发回重审率	−	21%
		对下级法院生效案件再审改判发回重审率	+	5%
		再审审查询问（听证）率	+	4%
		司法赔率	−	10%
		裁判文书评分	+	10%

---

① 最高人民法院《关于开展案件质量评估工作的指导意见》，2011 年 3 月 10 日发布。
② 数据来源于王晨编：《审判管理体制机制创新研究》，知识产权出版社 2013 年版，第 7—8 页。

续表

一级指标	二级指标	三级指标		
		名称	方向	权重
案件质量综合指数（100%）	效率指标（30%）	法定期限内立案率	+	9%
		一审简易程序适用率	+	10%
		当庭裁判率	+	5%
		法定（正常）审限内结案率	+	15%
		平均审理时间指数	+	9%
		平均执行时间指数	+	9%
		延长审限未结比	−	9%
		结案均衡度	+	12%
		法院年人均结案数	+	11%
		法官年人均结案数	+	11%
	效果指标（30%）	一审服判息诉率	+	9%
		调解率	+	10%
		撤诉率	+	6%
		实际执行率	+	15%
		执行标的到位率	+	12%
		裁判自动履行率	+	11%
		调解案件申请执行率	−	7%
		再审审查率	−	10%
		信访投诉率	−	10%
		公众满意度	+	12%

根据《关于开展案件质量评估工作的指导意见》及《人民法院案件质量评估指数编制办法（试行）》之规定，各级人民法院可以根据实际情况增加或者减少指标，调整评估指标的权数。这实际是授权地方各级法院可以按照本院实践状况以及工作重心予以适当调适。尽管如此，从各地方法院制定的案件质量评定指标体系来看，总体上几乎均以此为蓝本，调整和修改幅度十分有限。如 Y 省高级法院制定的《Y 省人民法院关于建立全省法院审判质量效率评估指标体系的实施意见（试行）》[以下简称《实施意见（试行）》]亦将案件审判质量效率评估指标体系划分为公正、效率、效果 3 个二级指标，不同之处在于对三级指标及其权重作了调整。其三级指标由 16 项基础指标构成（见表 2-2），另再设立 11 项分析指标。基础指标是体现审判质量和效率的关键性数据，也是各中级人民法

院被考评的数据。分析指标是作为分析预测审判工作运行态势的参考数据。

表2-2　　　　Y省高级人民法院案件质量评估指标体系

一级指标	二级指标	三级指标		
		名称	方向	权重
案件质量综合指数（100%）	公正指标（40%）	一审判决案件改判发回重审率（错误）	−	13%
		二审改判发回重审率（错误）	+	4%
		对下级法院生效案件提起再审率	+	4%
		生效案件改判发回重审率		14%
		司法赔率	−	5%
	效率指标（30%）	法定（正常）审限内结案率	+	6%
		平均审理时间指数	+	5%
		平均执行时间指数	+	5%
		12个月以上未结案件数	−	3%
		结案均衡度	+	6%
		院审判人员平均结案数	+	5%
	效果指标（30%）	一审服判息诉率	+	5%
		调解率	+	5%
		实际执行率	+	9%
		执行标的到位率	+	7%
		调解案件申请执行率	−	4%

上表所列之三级指标仅为16项基础指标，另11项分析指标由于并不直接作为考评依据而只具备参考价值，因此未在表中予以显示。依据《实施意见（试行）》的规定，这11项分析性指标依次为：裁判自动履行率，撤诉率，院人均结案数，上诉（抗诉）案件平均移送天数，执结率，案件平均审理天数，延长审限未结比，同期结收案比，执行案件收、结和未结案件数，一审、二审、再审收、结和未结案数，再审查询问（听证）率。可见，《实施意见（试行）》中的基础指标均以最高人民法院案件质量评估指标体系三级指标为基础，仅就指标权数作了调整；而分析性指标既有最高人民法院案件质量评估指标体系中的三级指标类别，亦包含地方法院新列指标类别。为了便于比较，表2-3是G省高级人民法院对全省法院以及业务部门进行考核的指标体系及相应的权数。

表 2-3　　　　　　G 省全省人民法院案件质效评估指标体系

一级指标	二级指标	三级指标		
		名称	方向	权重
案件质量综合指数（100%）	公正指标（35%）	立案变更率	−	8%
		一审陪审率	+	12%
		一审判决案件改判率	−	6%
		一审判决案件发回重审率	−	15%
		二审开庭审判率	+	5%
		生效案件改判率	−	8%
		生效案件发回重审率	−	15%
		执行中止结案率	−	12%
		再审审查询问（听证）率	+	5%
		司法赔率	−	14%
	效率指标（35%）	法定（正常）审限内结案率	+	11%
		一审简易程序适用率	+	9%
		当庭裁判率	+	9%
		结案率	+	4%
		平均审理时间指数	+	15%
		平均执行时间指数	+	15%
		法定（正常）审限内执结率	+	11%
		结案均衡度	+	12%
		法官人均结案数	+	14%
	效果指标（30%）	一审服判息诉率	+	6%
		调解率	+	12%
		撤诉率	+	12%
		实际执行率	+	23%
		执行标的到位率	+	12%
		再审审查率	−	12%
		信访投诉率	−	23%

同表 2-2 相比，表 2-3 更接近最高人民法院设置的案件质量评估指标体系。但在三级指标类别及权重方面仍作了一定幅度的调整。可见，最高人民法院确立的案件质量指标体系在地方各级法院基本得以遵循，其基本结构和内容对地方法院发挥着重要的引导作用。但囿于地方各级法院之间存在的地域、审级、法院内部情况甚至院领导的风格等方面的诸多差异，各地实际执行的案件质量评估指标体系又呈现出较大的地区和层级

差异。

(三) 案件质量评定体系的特点

从最高人民法院及地方各级人民法院案件质量评估指标体系的结构和内容来看，其具有以下特征：

1. 案件质量指标类别及权数分配带有一定的主观性。为了全面评估案件质量，最高人民法院为地方各级人民法院制定了覆盖立案、审判以及执行等整个诉讼环节的综合性案件质量指标体系。而这些指标类别及权重的分布，主要参考各地试点结果。最高人民法院《关于开展案件质量评估工作的指导意见》声称其主要根据审判工作管理的需要，评估目的和指标的重要性程度、可能产生的负面影响，以及数据来源的可靠性等因素予以确定。但这些作为确定指标及其权重的根据本身是高度模糊和不确定的。试图将原本作为一个整体而存在的诉讼案件分割成若干关键指标，并通过赋予其不同的权重（即区分其重要性）而用以衡量案件处理的质量，尽管有试点法院若干经验材料的支撑，但无论是分割指标还是赋值的过程均难以排除主观因素的干扰而达到纯粹数字化管理所要求的精确化、客观化和科学化。此外，最高人民法院还为各项三级指标确立了由满意值和不满意值构成的满意区间。根据最高人民法院《人民法院案件质量评估指数编制办法（试行）》之规定，满意区间的设定主要考虑以下方面：①以各地法院3年来指标实际值的中位数为主要参考，综合参考一定时期内指标的平均值、最大值、最小值等情况；②80%以上法院的指标实际值位于满意区间之内；③结合审判工作实际合理确定。可以看出最高人民法院试图以此来增强满意区间设置的客观性和操作性。但上述三点在实践中面临着巨大的技术障碍，它至少需要综合计算机应用、数理统计、法律规范与审判实际三方面的知识。而且由于诉讼过程的复杂性，单纯依据统计学意义上的中位数、平均值、最大值、最小值等确立统一的满意区间、警示值乃至溢出值等考评指标，亦带有较强的主观色彩。

2. 案件质量指标体系呈现出数量化和精细化的特征。从最高人民法院及地方各级人民法院制定的案件质量评估指标体系来看，均呈现出显著的数量化和精细化特征。即以各项复杂的评估指数作为衡量法院和法官工作质量的标尺，业务庭和法官繁杂的日常司法活动最终被精密地量化成一项项得分和名次（见表 2-4）。①

表 2-4　Y 省高级人民法院 2013 年度审判部门评估数据情况（部分）

对象名称		立案二庭	刑一庭	刑二庭	刑三庭	刑四庭	刑五庭
部门结案数	指标值	909	376	475	405	363	595
	指标指数	100	67.04	71.93	68.4	66.46	78.72
院审判人员平均结案数	指标值	43.29	15.67	22.62	19.29	18.15	61.37
	指标指数	100	60	65.78	62.33	29.75	75.57
同期结收案比	指标值	115.32	110.98	143.07	133.44	114.15	143.72
	指标指数	67.3	63.9	99.1	86.5	66.4	100
结案均衡度	指标值	0.35	0.23	0.47	0.4	0.16	0.02
	指标指数	83.67	72.57	96.54	88.84	67.13	60
法定正常审限内结案率	指标值	94.29	43.05	42.11	50.12	37.74	21.68
	指标指数	100	67.22	66.78	70.77	64.84	60
调解率	指标值	8.78	0	0	0	0	0
	指标指数	66.11	—	—	—	—	—
平均审理时间指数	指标值	0.62	0.57	0.56	0.52	0.56	0.59
	指标指数	84.97	69.46	66.92	60	66.92	75.16
12 个月以上未结案件数	指标值	0	0	0	0	0	1
	指标指数	100	100	100	100	100	91

然而这些分数和名次并不能充分反映案件质量，甚至与案件质量关系甚微。如"院审判人员平均结案数"，该指标只不过较为粗略地反映了法院的工作量，与案件质量本身并无必然之联系。甚至审判人员人均结案数的高低亦不能据此推断出该院审判效率之高低。因为结案的效率受制于一系列因素的综合影响，如案件的种类、性质、双方当事人的基本状况等，其中任一要素发生变化，即使是相同类别的案件，在处理过程中所需的时间亦将明显不同。而这些要素的差异，是难以通过"院审判人员平均结案数"这一指标所能涵盖的。

---

① 尽管最高人民法院 2014 年决定取消对全国各高级人民法院考核排名，但仍有不少地方法院保留着排名的做法。在调查过程中，不少法官认为即使在名义上不再排名，但年终绩效和考核以后法院、部门以及法官之间在得分上的差异是实实在在的，所以在客观上名次依然至为重要。当然也有部分法官认为排名上的压力较之以前少了许多，其影响更为间接。

3. 案件质量评估指标类别缺乏内在统一性。案件质量评估指标体系是案件质量管理的核心环节，因此其指标体系的设置亦应围绕案件质量管理之目标，即确保案件实体真实和程序公正。然而，我国现行案件质量评估指标体系中的三级指标间却存在着负相关关系[①]，抵消了指标体系所形成的管理效果。以"结案均衡率""法定审限内结案率"和"平均审理时间指数"为例，根据Y省高级人民法院《Y省人民法院关于建立全省法院审判质量效率评估指标体系的实施意见（试行）》，"结案均衡率"反映法院审判工作良序运转状况，明确人民法院不仅应当在法律规定的期限内办结案件，也应当保持办案的逐月均衡。主要目的是防止结案的大起大落，前松后紧，年终突击结案等现象发生。"法定审限内结案率"反映审判执行效率，防止积压案件和超法定审限，避免损害当事人的诉讼权益。此处法定审限指法律规定的案件审理期限（不含批准延长审限，但包括扣除、中止、中断审限）。"平均审理时间指数"则反映案件审理效率，鼓励人民法院应当在法律规定办案期限内尽量缩短案件审理时间。从上述指标的目的和功能表述中不难发现，"结案均衡率"同"法定审限内结案率"和"平均审理时间指数"之间存在着显著的矛盾和冲突。"法定审限内结案率"和"平均审理时间指数"要求法官尽可能快速地处理案件，缩短案件的处理周期，而"结案均衡率"又要求审判部门结案要做到逐月均衡，完全忽视了法院案件受理的季节性差异。

四　法院案件质量评查制度

（一）案件质量评查之意涵及其功能定位

案件质量管理的根本目的在于提升案件的质量和效率。因此，如何做好案件质量评查是各级法院案件质量管理面临的重要议题。案件质量评查制度是指上级法院对下级法院，各级法院对本院所审（执）结的各类案件的实体、程序、法律文书、案卷归档等情况进行的内部检查、评价。[②]其包含法院系统自上而下的纵向评查和各级法院内部组织的横向层面的评

[①] 陈璐、乐巍：《案件质量评估中的功利主义倾向及其规制》，载钱锋编《审判管理的理论与实践》，法律出版社2012年版，第163页。

[②] 胡夏冰：《审判管理制度改革：回顾与展望》，《法律适用》2008年第10期。

查。从各地方法院的内部规范看,案件质量评查均以提高案件质量、效率和效果为目标,以期通过评查活动将"定纷止争,案结事了"的基本要求落实到案件审、执、办全过程。意在促使各级法院及各审判职能部门做到认定事实清楚,采信证据恰当,案件定性准确,适用法律正确,诉讼程序合法,裁判结果公正,审、执、办理效率高,社会效果好,裁判文书及诉讼档案规范。围绕上述目标,地方各级法院制定了相应的评查标准。其预设功能如下:

1. 正面激励和引导功能。案件质量评查系依法院内部制定的案件质量评查标准进行。而评查标准又主要围绕案件的实体真实、程序公正、法律适用准确、诉讼文书及归档规范等方面予以制定。官方对由此评价出来的优秀结果往往会给以积极的正面评价,并辅之以绩效鼓励。如 Y 省高级人民法院案件质量评查内部规范即明确指出,对评查中发现的优秀案件应当进行表扬、推广和表彰,经过审判委员会讨论通过的评查报告,作为审判业务部门年终目标考核的依据,评查结果纳入年度绩效考核。这些举措必然对法官的司法活动发挥积极的引导作用,激励法官按照案件质量评查标准所欲求的方式行事。

2. 惩戒和监督功能。各级法院案件质量评查标准中均含有不合格等次及其要件。例如 Y 省高级人民法院《案件质量监督评查办法(试行)》即明确规定,案件质量监督评查要尊重司法规律,正确处理好与审判、执行工作的关系,坚持严格依法、实事求是、客观公正、科学规范、奖优罚劣、分级负责、过错与责任相适应、查错与纠错相结合等原则。在评查过程中,对于明显违反法律、司法解释的规定,严重损害当事人合法权益的案件,直接评定为不合格等次,不再评分。由于案件质量监督评查结果均要列入法官、执行员和书记员个人司法档案,作为当年年终考核及奖惩、晋级、晋职的依据。因此,案件质量评查一旦被认定为不合格,对被评查人来说无异于一种严厉的惩罚。与此同时,评查规范中还规定了发现违法违纪线索的转处措施,对法官和其他有关人员的日常司法活动形成了较为有力的监督效应。

3. 救济功能。此处所谓救济功能是指在案件质量评查过程中,如发现已审(执)结的案件存在违反法定诉讼程序,可能严重影响案件公正处理的,以及裁判认定的案件事实或者证据运用存在重大失实情形的,人民法院要依法启动审判监督程序予以再审,由此在客观上所形成的对当事人诉讼权利及其他合法权益之救济。为了更好地为案件利害关系人提供权利救济，不少法院还专门规定了重点评查的案件，如当事人多次上访、申诉的案件（立案信访部门负责汇总提供）；上级法院改判、发回重审的案件；本院再审改判的案件；党委、政府和上级法院交办的案件；纪检监察部门接受反映的案件（由纪检监察部门提供）；等等。部分法院甚至将案件质量评查传统的事后监督改革为事中监督与事后监督相结合的方式。对于案件质评员发现审判工作中的不规范行为、错误审判行为，可即时纠正。①

4. 考核功能。案件质量评查标准往往根据案件办理情况设置不同层次的评价结果。实践中呈现出较为多样化的做法，如有法院将案件质量等次分设为一类案件、二类案件和三类案件②；亦有法院将案件质量等次分为优秀、合格、基本合格和不合格四个等次③；还有法院将案件质量等级分为优秀、合格、瑕疵和重大瑕疵四个等级。④但无论采取何种等次设置，各法院均制定了与之相应的绩效考核措施，考评结果将作为年终法官绩效、晋级和奖惩依据。

（二）案件质量评查制度的内容和体系

由于最高人民法院关于案件质量评查制度的内容和体系的规定分散于各规范性文件中，而且较为抽象，因此案件质量评查的具体内容和体系在地方各级法院表现出多样化的特征。在各自制定的规范性文件中，关于案件质量评查的方式、等次、内容及责任承担等均存在一定的差异。鉴于此，下文关于案件质量评查制度的内容和体系之介绍，主要以实证调查所获取的经验材料为基础展开，以期呈现出案件质量评查制度的一种典型模式。当然，地方各级法院在案件质量评查上的这种差异性亦并非如鸿沟般不可逾越。事实上，不少差异性主要是形式上的，制度主体内容仍具有相当的共通性。

1. 评查方式。案件质量的评查方式，即法院开展案件质量评查所采行的方法和形式。在实践中，各地所采取的形式不一。但较为通行的做法

---

① 徐昊：《案件质量监督评查制度改革与探索》，《人民司法》2011年第1期。
② 《H省高级人民法院质量评查标准（试行）》，材料来自课题组2015年的实证调研。
③ 《Y省全省法院案件质量评定标准》，材料来自课题组2015年的实证调研。
④ 《A人民法院案件质量评查规定》，材料来自课题组2015年的实证调研。

是将案件质量评查分为自查、常规评查、重点评查和专项评查四种形式。

第一，自查。自查是指各审判部门依照法院内部评查规定和评查标准对本部门已结案的监督评查。评查方式由各审判业务部门自行决定，可由各合议庭间相互评查，也可由各庭组成专门评查小组进行评查，自查报告经庭领导审核并报经分管院领导同意后报质评办备案。关于自查的频率及案件数量，各法院略有不同。如有法院规定自查每半年进行一次，自查案件数按本部门实际在岗人员每人不少于 1 件确定。① 而另一法院则要求各庭、处对一、二审生效案件的自查比例不低于本庭审结案件数的 50%，其他案件自查比例不低于本庭所结案件数的 20%。②

第二，常规评查。常规评查在部分法院内部规范性文件中亦称定期抽查，系指法院内部质评委评查组抽取一定数量的审、执、办结案件进行定期评查。评查的案件从审判流程系统中已审、执、办结的案件中随机抽取。常规评查的时间频率及案件范围则根据法院审判工作情况而定。有法院每年进行一次，原则上每年抽查案件不少于 100 件。③ 亦有法院规定对一、二审案件的评查比例不得少于每名法官当年审结并生效案件数的 5%，年审结案件数不足 10 件的，年评查案件数不低于 1 件；其他案件的评查比例根据实际情况确定。④

第三，重点评查。重点评查是指院质评委评查组对审判工作中可能存在质量问题的个案进行评查。综合各法院案件质量评查内部规范，需要重点评查的案件一般包括：当事人多次上访、申诉的案件（立案信访部门负责汇总提供）；上级法院改判、发回重审的案件；本院再审改判的案件；党委、政府和上级法院交办的案件；纪检监察部门接受反映的案件（由纪检监察部门提供）；人民检察院抗诉的案件以及其他需要评查的案件。

第四，专项评查。专项评查是指根据审、执工作的实际，对已审、执、办结的特定类别的案件进行的专门性评查。专项评查不定期进行，由质评委根据上级法院、审判委员会的要求或视情况组织安排。进入专项评

---

① 《A 人民法院案件质量评查规定》，材料来自课题组 2015 年的实证调研。
② 《Y 省高级人民法院案件质量监督评查办法（试行）》，材料来自课题组 2015 年的实证调研。
③ 《A 人民法院案件质量评查规定》，材料来自课题组 2015 年的实证调研。
④ 《Y 省高级人民法院案件质量监督评查办法（试行）》，材料来自课题组 2015 年的实证调研。

查的案件主要是可能影响社会稳定的案件；在辖区内有重大影响的案件；执法尺度不统一产生不良影响的案件；新型案件以及上级法院或本院审判委员会要求专项评查的其他案件。

2. 评查等次。评查等次是指法院对案件质量进行评查后，根据结果所设定的不同层次的等级。在评查结果的等次设置上，地方各级法院采取了不同的划分形式。较为常见的等次设置是将案件级别分为优秀、合格、基本合格和不合格四个等次。其中优秀案件标准较为明确，即指认定事实清楚，诉讼程序合法，法律适用正确，文书制作规范且说理透彻、卷宗装订规范，法律效果、社会效果良好的案件。后面三个等次的标准设置主要有两种形式：

其一，差错列举模式。以列举的方式将案件从受理至执行的整个诉讼阶段分解出若干基本要素，然后根据法官在这些关键要素环节的违法程度及危害后果，将其划分为一般差错和重大差错。等次的判定则根据法官在案件中一般过错和重大过错的数量而定。例如某法院规定，合格案件要求认定事实清楚，诉讼程序合法，法律适用正确，但存在 5 个以下一般差错。基本合格案件仍要求认定事实清楚，诉讼程序合法，法律适用正确，但有 6 个以上一般差错。如有 1 个以上重大差错，则直接认定为不合格。[①]

其二，分值列举模式。相较于差错列举模式对法官单纯从消极的差错方面所进行的评价，分值列举模式则转向了积极的加分项和消极减分项相结合的评价方式。其具体操作是以百分制为基础，将整个诉讼环节分解为加分项和减分项，根据案件质量情况扣分或加分。各类案件的基准分为 100 分，案件审查、审理或处理方面占 75 分，裁判文书 20 分，卷宗装订和归档 5 分。裁判文书、卷宗装订和归档出现加重扣分情形的，可计负分，但案件总分不计负分。得分在 95 分以上，并经评查认为案件处理取得较好法律效果和社会效果的，可以评定为优秀案件；得分在 80 分以上的，可评定为合格案件；得分在 60 分以上不足 80 分的，评定为基本合格案件；得分不足 60 分的，评定为不合格案件。此外，对明显违反法律、司法解释的规定，严重损害当事人合法权益的案件，直接评定为不合格等

[①] 《Y省高级人民法院案件质量监督评查办法（试行）》，材料来自课题组 2015 年的实证调研。

次，不再评分。①

3. 评查内容。案件质量评查的内容即法院开展案件质量评查所具体审核的范围和事项。与前述方式、等次等不同，在案件质量评查的内容上，除了表述及形式上的差异，各法院表现出了较高的一致性，均主要围绕立案、审判、实体裁判、执行、法律文书及诉讼档案归档等方面进行评查。

第一，立案审查。立案审查是诉讼程序的开端，案件质量评查主要针对如下事项进行审核：一是案件受理是否合法。重点审查是否存在应当受理的案件未予受理或者不应当受理的案件予以受理的情形；二是是否存在违反法定的指定管辖的情形；三是诉讼主体资格是否适合；四是是否在立案期限内立案。可见，立案环节的审查标准基本上以立案的实体要见及程序规范为据。

第二，审判程序。审判程序是诉讼的核心和基础，对其进行评查主要依据诉讼程序要件展开。在审判程序评查中需要重点予以关注的瑕疵如下：一是案件审理超审限但未办理延期审批手续的；二是违反诉讼法中关于公开审理之规定的，含依法应当公开审理而未公开审理或者依法不应当公开审理而公开审理的；三是应当采取证据保全措施而未采取，导致重要证据灭失的；四是遗漏必要的共同诉讼当事人或者应当通知当事人的法定代理人或者委托代理人参加诉讼而未通知的；五是未依法执行回避、辩护、辩论、质证、提审讯问、复核等诉讼原则和制度的；六是违反自愿合法原则进行调解的；七是违法采取诉讼保全措施或者违法行使诉讼强制措施的；八是应当委托而未委托审计、评估、鉴定或者委托审计、评估、鉴定等手续违反法律及本院有关规定的；九是诉讼文书没有依法送达或者漏送当事人的。

第三，实体裁判。对实体裁判的评查主要审查以下事项：一是认定案件主要事实的证据是否充分；二是事实认定过程中对证据的质证和审查是否充分、严谨；三是应当依职权调查核实、收集证据的事项法官是否善尽其调查核实、收集责任；四是对当事人诉讼主体资格、案件法律性质、法律责任的认定等是否符合法律规定；五是是否存在漏判诉讼请求的情形；六是对法律、法规及司法解释的理解和运用是否适当。

第四，执行。在执行程序中，案件质量评查的重点包括：一是办理执

---

① 《Y省全省法院案件质量评定标准》，材料来自课题组2015年的实证调研。

行案件超过办案期限是否存在正当理由；二是是否存在未按规定合议和履行报批程序的情形；三是执行案件最终处理意见明显不当是否因未严格核查主要案件事实所致；四是对于复议申诉人的请求，是否认真核查；五是是否存在违反自愿、合法原则迫使当事人之间达成执行和解的情形；六是是否违反民事诉讼法关于暂缓执行之规定。包括应当暂缓执行而未暂缓执行或者暂缓执行不当造成当事人财产损失的。

第五，法律文书及诉讼档案归档。首先，关于法律文书方面的瑕疵或者差错主要表现如下：一是法律文书中不能反映主要诉讼过程的；二是叙述案件事实不清楚、不完整的；三是认证不明确、理由不充分的；四是未阐明裁判依据或者裁判意见的；五是引用法律条款不正确，表述不准确、不完整的；六是裁判主文或者处理结论不明确易产生异议的，或者与查明的事实、裁判理由相矛盾的。其次，诉讼档案归档方面主要审查以下事实：一是卷宗装订是否规范，包括页码及目录编写、装订顺序等是否规范，材料是否完整；二是正附卷材料是否分开，尤其要防止正附卷混装造成的审判秘密泄露；三是是否按期归档。

4. 案件质量差错的认定及责任承担。案件质量差错是指在案件办理过程中存在的程序、实体、法律文书等方面的错误。差错责任是指责任人员对于案件办理过程中存在的程序、实体、法律文书等方面的差错应承担的相应责任。

第一，案件质量差错之评定标准。案件质量差错依性质、过错程度、后果分为一般差错和重大差错。表2-5是Y省高级人民法院制定的《案件质量差错的分类及认定标准（修订）》中对一般差错和重大差错所做的划分及其具体标准（为防过于冗长，表中对具体标准作了合并和删减处理）。

第二，案件质量差错责任之承担。与案件质量差错相应，差错责任根据差错的性质、责任人员的过失程度及造成的后果分为一般差错责任和重大差错责任，二者的责任认定及承担方式亦有所不同。一般差错责任，由审判监督庭直接认定；重大差错责任，由审判监督庭与被检者所在部门协商认定，意见不一的，必要时，由本院审判委员会讨论认定。按照差错的类型，具体责任之认定及其承担主要有以下几种方式:[①]

[①] 参见《S市中级法院案件质量内部监督检查实施细则》，材料来自课题组2015年的实证调研；《Y省高级人民法院案件质量监督评查办法（试行）》，材料来自课题组2015年的实证调研。

表 2-5　　Y 省高级人民法院案件质量差错的分类及认定标准

类别	一般差错	重大差错
认定标准	未在法定期限内立案，无正当理由	违反法律规定受理案件及适用简易程序
	立案案号有误或字头、年号等出错	未在法定期限内立案造成严重后果
	案由明显不当	缺席判决违法及定案证据未按规定质证
	未按规定收取诉讼费用	缺少合议庭评议笔录及违反公开审理原则
	简易程序转普通程序手续不全	委托审计、评估、鉴定等程序及资质违法
	身份或证据材料未与原件核对一致	代理人的代理资格、权限审查不当
	对当事人及律师身份未予核实	当事人主体资格不当及追加、变更违法
	笔录不规范或笔录缺乏当事人签名	财产保全措施或强制措施违反法律规定
	合议庭评议笔录无结论性归纳意见	案件未在法定期限内审结未办理延长手续
	宣判笔录缺少必要内容的	调解、和解违反合法、自愿原则
	送达诉讼文书违法，尚未造成严重后果	合议庭组成不合法及审理时遗漏诉讼请求
	执行程序违法，尚未造成严重后果	送达判决书及执行程序违法造成严重后果
	诉讼卷宗封面、目录、归档等不规范	缺少或遗漏应当归档的重要诉讼材料
	适用法规错误，尚未影响案件正确处理	适用法规错误，影响案件正确处理
	认定证据不当，未影响案件正确处理	审核认定证据不当，影响案件正确处理
	认定事实有误，尚未影响案件正确处理	认定事实有误，影响案件正确处理
	裁判文书形式、文字、表述、逻辑错误	漏判诉讼请求，或裁判超出诉讼请求范围
	证据采信与否，未表述或未说明理由	调解书主文与当事人达成的协议内容不一致
	未阐明裁判依据和裁判意见的	裁判与合议庭评议或审委会讨论决定不一致
	漏写、误算诉讼费用的	使用法律文书不当或误用其他法律文书

一是程序差错的责任承担。如若系独任审理的案件，由独任审判员承担全部责任；若为合议庭审理的案件，一般差错由承办法官承担主要责任，重大差错，由审判长承担主要责任，其他合议庭成员承担次要责任；经过审判委员会讨论决定的案件，发生相关程序方面差错的，合议庭或独任审判员不承担责任，但合议庭或独任审判员遗漏主要事实、重要证据，导致审判委员会做出错误决定的，由合议庭或独任审判员承担责任。

二是实体差错的责任承担。如为独任审理的案件，由独任审判员承担全部责任；合议庭审理的案件，可视合议庭成员的评议意见及案件的实际情况酌情分担责任；经过审判委员会讨论决定的案件，发生相关实体方面差错的，合议庭或独任审判员不承担责任，但合议庭或独任审判员遗漏主要事实、重要证据，导致审判委员会做出错误决定的，由合议庭或独任审判员承担责任。

三是法律文书、执行及卷宗归档差错的责任承担。文字、语法等方面的差错，由承办法官负主要责任，书记员承担次要责任；校对、排版等方面的差错，书记员承担主要责任，承办法官承担次要责任；审判长对造成法律文书方面的差错有过错的，由审判长承担责任。执行差错根据执行人员、庭长、处长过错情况承担相应责任；卷宗装订方面的差错，由书记员、审核人承担责任。

五　法院案件质量管理之困境及其破解

新制度主义理论认为，由于制度的复杂性，人为的局部改革可能会产生未曾预期的或令人迷惑的结果。同步发生的、表面上看起来充满智慧的有意变迁，可能会综合导致并非任何人蓄意为之的共同结果，并直接损害激励个人行为的利益。[1] 案件质量管理作为最高人民法院自上而下所推动的审判管理机制改革中的重要一环，因其所涉领域的复杂性以及据以决策的信息和资源的有限性极易造成自主性制度改革的意外后果。无论是在案件管理组织机制方面，抑或案件质量评估指标体系之设置，如若不加检视地任其在实践中予以适用，将会致使最高人民法院乃至地方各级人民法院意图通过案件质量管理"规范司法行为，提高审判工作的质量和效率，实现司法公正、廉洁、为民"[2] 的良善愿望落空，甚至催生与所欲求之目标的反向转化，扭曲司法实践。因此，有必要对案件质量管理机制进一步予以检讨，分析其存在的局限及其成因，并提出可能的改良方案。

（一）法院案件质量管理之困境

通过对我国法院案件质量管理机制的梳理，不难发现，其在整体上呈现出组织机构科层化、管理方式的唯数字化以及案件质量评估指标体系分类及权重设置的细密化和主观性等特征。这些特征一方面固然强化了管理机器对作为被管理者的一线办案人员的控制，另一方面却又催生出规避管制的一系列非正式规范即潜规则，在很大程度上削弱了管理的效果。加之

---

[1] ［美］詹姆斯·G. 马奇、［挪］约翰·P. 奥尔森：《重新发现制度：政治的组织基础》，张伟译，生活·读书·新知三联书店2011年版，第56页。

[2] 最高人民法院印发《关于加强人民法院审判管理工作的若干意见》的通知法发〔2011〕2号。

案件质量管理结果的绩效化，进一步扭曲了法官在司法活动中的行动策略及其方式。

1. 案件质量管理组织机构科层化强化法院内部行政化。达玛什卡将科层化权力结构的基本特征概括为职业化、自上而下的官员等级序列及对技术性决策的严格要求等三个方面。① 若以此为标准，我国案件质量管理组织机构的科层化体现得尤为明显。科层化的发展虽然在很大程度上有益于案件质量管理的实际效果，但其同时亦带来一系列的潜在风险和弊端。

首先，案件质量管理组织机构及其成员专门化和职业化导致决策的一般化。为了开展案件质量管理，地方各级人民法院在审判委员会、审监庭等传统案件质量监督机构的基础上，又建立了质评委、质评小组等专门性机构。而其成员构成，不仅包括院庭长、审判委员会专职委员等法院领导阶层，还吸纳了部分资深法官。尤为重要的是，专职性审判管理岗位（包括审管办主任及其辅助性行政人员）的设立，极大地增强了案件质量管理活动的专门化和例行化。案件质量管理因专门化而逐渐脱离具体的司法场景，其决策过程更多地从抽象的一般视角予以展开，而对审判活动中面临的特殊性和复杂性缺乏必要的体察。调查过程中，法官对审管办多有微词，原因亦在于此。

其次，案件质量管理组织机构的等级化致使决策标准的简略化与要素化。在组织机构方面，一方面，上级法院通过审级监督、干部任用、培训、内部请示汇报、沟通协调等正式的和非正式的微观权力技术成功地将上下级关系由监督关系转变成了事实上的领导关系。最高人民法院及地方各级人民法院颁布的一系列有关案件质量管理的规范性文件则更进一步强化了此种领导关系。如最高人民法院《关于基层人民法院审判质量管理工作的指导意见》第九条规定："上级人民法院承担审判管理职能的部门应当加强对基层人民法院审判质量管理工作的指导。上、下级法院可以联动进行专项监督检查，发现问题及时解决。"所谓"上有所好，下必甚焉"。在最高人民法院的直接授权下，地方各级法院纷纷效仿，上级法院对下级法院的控制力度愈显强烈。某省高院《关于在全省法院开展庭审评查和裁判文书评查活动的实施方案》即规定"全省中、基层法院要按照我院的实施方案，组成负责此次活动的领导小组，统筹兼顾，周密部

---

① ［美］米尔伊安·R. 达玛什卡：《司法和国家权力的多种面孔》，郑戈译，中国政法大学出版社 2004 年版，第 27—35 页。

署,制定切实可行的工作方案,进一步明确任务、强化责任意识,一级抓一级,逐级抓落实,组织落实好此项活动"。另一方面,法院内部形成了以审判委员会及院庭长为顶端、质评小组及资深法官为基座,等级严密、层次分明的案件质量管理权力金字塔。法官们由此被彻底地组织到不同的权力梯队之中:权力来自最上方,沿着权力的等级序列缓缓向下流动。①在这种多层级管理体制下,上级机构为了避免管理失灵,往往青睐将复杂的审判工作分解为有限的且易于验证的若干要素进行审查。但正如学者所言,"概括的分类必然会失去或忽略那些可能相关的特征"②。对案件质量的要素化评价不仅难以兼顾司法的特殊性和复杂性,甚至有扭曲司法活动之虞。

最后,决策过程的严格技术性导致对技术标准的僵化适用。案件质量管理的决策过程须遵循案件质量评估指标体系及案件质量评查标准和程序等严格的技术标准,并通过层层审核、监督方能形成最终的报告。此种技术性的决策方式发挥积极效果的前提是据以做出决策的标准本身是科学的。然而,正如前文所述,在我国法院案件质量管理的标准和指标体系自身仍存在诸多局限的情况下,机械地据此予以决策并通过绩效化与职能部门及法官的核心利益关联势必产生消极引导效应。

法院案件质量管理的上述科层化特征所形成的纵向和横向权力结构交织成一张细密的权力网络,理应具有独立地位及自主判断权的法官于是被整合进一个个权力的网格之中,深陷重重监督和考核。随着考评和绩效的压力层层加码,原本以重拾司法规律、凸显裁判权威以及克服法院内部行政化之名而进行之审判管理改革,最后竟以强行政化而告终。结果是,立意良好的案件质量管理在异化的科层化和强行政化的实践中与改革初衷日渐疏离,成为法院自我"造权"牵制审判权的自我消损行为,进而陷审判权于更为不利和不力之境况。③

2. 通过数据的治理导致法院内部呈现出功利化倾向。由前文关于案件质量评估指标体系及案件质量评查制度之阐述可以发现,我国法院案件

---

① [美] 米尔伊安·R. 达玛什卡:《司法和国家权力的多种面孔》,郑戈译,中国政法大学出版社2004年版,第29页。
② [美] 詹姆斯·C. 斯科特:《国家的视角:那些试图改善人类状况的项目是如何失败的》,王晓毅译,社会科学文献出版社2011年版,第99页。
③ 黄淳:《返璞归真:审判管理定位的理性分析》,载钱锋编《审判管理的理论与实践》,法律出版社2012年版,第81页。

质量管理主要依赖精细分割的数字指标展开。案件质量管理组织机构根据预先设定的具体指标、系数和权重，对各类审（执）结案件进行比照评估和评查，经过复杂的计算后得出的综合分数及其排名即成为考核业务部门及法官的重要依据。审判业务部门及法官所办理案件的质量由此被外化为一项简单的数值和名次，案件质量管理亦因此约化为通过数据的治理。按照我国法院现行管理模式，这些数据不仅仅关乎庭、室及法官个人的名次高低、职业威望和荣誉，其直接决定着部门及个人绩效收入、奖惩及潜在的晋升机会。这些直接的利害关系形成了相关业务部门及法官行动的外在结构性制约因素。在绩效、奖惩、晋升等利益和非利益的激励抑或重压之下，单纯的数字化治理极易诱导法院职能部门及法官采取功利主义的行动策略，即为了获得较高的分值及名次，在司法活动中置案件质量管理的实质目的于不顾而单方面追求数据上的"完美"，以实现部门和个人利益的最大化。实践中针对案件质量指标的所谓"重做处理""变通处理"和"虚化处理"等数据投机潜规则盛行多由此造成。[①] 于是案件质量管理的公共利益考量在实践中往往为部门及个人的私人利益权衡所取代。

3. 案件质量评估指标类别及其权重设置违背司法规律。承上所述，单纯通过数据进行的案件质量管理易将业务部门和法官导向功利化的行为方式。然而如若借以做出管理决策的指标和标准自身存在瑕疵，则会进一步误导司法活动，违背司法规律。法院案件质量评定指标体系以及评查标准等技术指标是在对复杂的司法活动予以简化分割的基础上制定出来的。通过将复杂和多变的司法活动分割成若干可控的要素并运用数理统计等方法赋予其权重和分值，案件质量管理组织获得了对案件质量从外部进行权衡和监控的必要技术手段和途径。并且现代数学、统计学、计算机科学的运用，亦的确在很大程度上确保了决策的精确性和科学性。然而有研究表明，"只有在寻求的目标很简单、有清晰的定义和可以测量的情况下，效率公式、生产函数和理性行动才能被具体指明"[②]。审判是一种高度复杂的人类活动，案件质量管理追求的是多元价值目标的实现。对某些人为设定的关键变量的监测并不能真正反映审判活动的全部内容，监测范围过

[①] 陈璐、乐巍：《案件质量评估中的功利主义倾向及其规制》，载钱锋编《审判管理的理论与实践》，法律出版社2012年版，第158—160页。
[②] ［美］詹姆斯·C. 斯科特：《国家的视角：那些试图改善人类状况的项目是如何失败的》，王晓毅译，社会科学文献出版社2011年版，第413—414页。

窄、指标不适用以及隐藏变量的干扰、指标间内在冲突等均制约着评价的效度。

(二) 我国法院案件质量管理制度之完善

案件质量管理是最高人民法院及地方各级人民法院针对我国司法实践中较为突出的案件质量偏差以及司法公信力日益降低等现实问题所作的回应。在我国现行司法环境和司法体制下，仍有存续的必要。但同时亦应该注意到，由于我国目前的案件管理机制存在种种局限和困境，实践中的案件质量管理正逐渐偏离其预设目标而成为扭曲司法活动、背离司法规律的制约性制度安排。因此亟须对其予以进一步调整和完善，将其负面引导效应降至最低限度。

1. 合理确定法院案件质量的根本标准和依据。案件质量标准是法院案件质量管理的前提和基础。如若案件质量标准出现问题，则无论案件质量管理机制多么完善，其必然出现适得其反的效果。然而我国司法实践中的功利主义倾向，各类数据投机潜规则大行其道，并非缺乏案件质量评定标准抑或标准本身存在重大瑕疵，而是过于宏观的整体标准在管理实践中被细化为具体标准时二者间出现了较大的偏差。鉴于此，欲走出前述案件质量管理之困境，须重拾案件质量的核心精神，并据此确定衡量案件质量的根本标准，最大限度地削减宏观标准和微观指标间的差距。从最高人民法院规范性文件看，主要从案件处理的实体、程序、诉讼文书及案卷材料归档等方面予以衡量。[①] 即诉讼法上关于案件审理的基本要求：事实清楚、证据确实充分、适用法律正确以及诉讼程序规范。这些标准本身直接源于诉讼法律规范，是对诉讼规律的直观体现。然而由于我国法院内部管理行政化的强烈倾向，行政管控的思维惯性致使原本合理的案件质量标准在具体化及日常操作的过程中，异化为强化层级控制的抓手。因此要重新确立以三大诉讼法为基础的案件质量根本标准，防止其在实践中发生异化，须转变偏重于行政控制的管理理念。

一是由控制转向服务。案件质量管理作为审判管理的重要内容，其目的在于提高案件处理的质量。而案件质量之提升，又仰赖于法院能否真正做到依法独立行使审判职权。从域外法治国家的审判管理实践看，对案件

[①] 最高人民法院：《关于开展"审判质量年"活动的通知》，2009年3月10日发布。

的管理活动须以司法独立为界限。任何可能干涉司法权行使的行为都是严令禁止的。① 因此，从预设目标看，案件质量管理不应成为凌驾于审判权之上的内部行政控制权；相反，其只能是审判活动的自然延伸，理应从属并服务于审判活动。

二是由考核转向预警提示。根据我国《公务员法》的规定，法官和检察官同属公务员序列。因此行政部门针对一般公务员所施行的"三级目标考核责任制"，对于法官队伍的考核依然适用。其目的在于维持并实现自上而下的层级管理和控制。伴随着审判管理尤其是案件质量管理的兴起，因其指标化和数字化的管理方式高度契合于科层式行政管控所偏好的管道式视野，② 致使案件质量管理逐渐成为法院内部绩效考核的直接依据。且不论案件质量指标体系及评查标准是否存在不足和缺陷，单就绩效化本身即足以造成案件质量管理之异化。正是基于此种顾虑，国外有关国家在采取类似的案件质量管理举措时，一般只是将其作为一种预警和监督机制，并无绩效和考核效果。例如为促使法官按时结案，避免诉讼过分拖延，奥地利法院利用司法系统的信息数据定期向公众发布报告显示法院各项活动，社会公众能够查询和追踪法院所处理的案件。同时，司法系统每年还会公布一个标准报告，那些在程序上过分拖延仍未结案的案件数目会被记录在其中。在报告出台前一个月，法院会先发布一个预警清单，列出可能计入报告的迟延案件。公布案件的效果是这些案件的承办法官有义务报告迟延原因并采取补救措施。德国也有类似的做法，所采取的监督措施仅限于让法官知道自己的不当行为，并鼓励其采取补救手段。③ 虽然我国有着独特的司法制度和司法环境，国外的做法不一定能够完全照搬，但鉴于我国法院案件质量管理绩效化所带来的一系列负面效应已经危及管理活动之目的，在兼顾国情抑或特殊性的前提下，对域外成熟的管理经验予以适当借鉴，尤其具有现实必要性和正当性。因此，在对我国案件质量管理进行完善时，有必要由考核功能转向警示功能。或者，至少应实行法院内部绩效考核标准的多元化，削弱案件质量管理在其中的比重。

---

① 安德里亚·沃尔：《奥地利与德国：国别报告》，刘晓燕译，载傅郁林、[荷] 兰姆寇·凡瑞编《中欧民事审判管理比较研究》，法律出版社 2015 年版，第 4 页。
② [美] 詹姆斯·C. 斯科特：《国家的视角：那些试图改善人类状况的项目是如何失败的》，王晓毅译，社会科学文献出版社 2011 年版，第 3 页。
③ 安德里亚·沃尔：《奥地利与德国：国别报告》，刘晓燕译，载傅郁林、[荷] 兰姆寇·凡瑞编《中欧民事审判管理比较研究》，法律出版社 2015 年版，第 5 页。

三是由形式转向实质。前文业已表明，我国现行案件质量管理是一种行政化的内部控制。层级管控所需要的概括性视野以及对简化的书面材料的依赖在案件质量管理中则呈现出所谓"数目字"化的管理。案件质量管理在实践中往往略化为"自上而下地要数字，自下而上地报数字，一层层地平衡数字，再自上而下地检查数字"的形式化管控机制。① 这种唯数字论的管理方式容易在司法活动中催生出一种法律"还原主义"的倾向，② 即容易导致法院和法官普遍追求数据层面的尽善尽美，反而忽视了案件质量的实质。因此，在案件质量管理中，有必要从形式化的数字管理转向针对案件质量的实质化管理。亦即从案件质量的根本标准出发，将管理的重心由单纯的数字指标转向案件质量本身。

2. 依循司法规律调整法院案件质量评价体系。以诉讼法为基础的案件质量标准由于具有一定程度的概括性和分散性，因此有效的案件质量管理需要进一步对其加以条理化和细化。虽然作为复杂事物的审判活动从根本上看，很难以若干数量指标予以精确权衡。而且任何指标化和要素化均难以彻底避免所谓潜在变量的干预。然而，在我国现行司法权威不彰，司法腐败频仍以及司法队伍庞杂的背景下，通过具体的质量指标对司法活动予以监督和管理仍具有相对的合理性。鉴于我国案件质量管理指标体系存在的主观性、弱相关性乃至负相关性等问题，至少可以从以下几方面对其予以补正：

第一，合理设置和分配案件质量指标类别及其权重。在最高人民法院颁布的案件质量评估指导体系基础上，地方各级人民法院根据本院实际情况相继制定了各自的评估指标体系。最高人民法院授权地方法院可以依据本院审判实际做出调整，一方面固然便于照顾地区和层级差异，防止过于僵化；另一方面却也在一定程度上增加了指标类别及其权重的主观性。从最高人民法院及各地以及公开的指标体系看，不少指标及其权重的设置往往同法院的工作重点相关。而工作重点的确定，又主要取决于地方政法部门以及法院主要领导的态度，亦即由相关部门及个人的"政绩观"所直接影响，从而造成指标体系中部分指标现实指导意义不大甚或基本难以实现，三级指标同二级指标相关性低以及指标权重畸高等问题。因此，欲走

---

① 王晨编：《审判管理体制机制创新研究》，知识产权出版社2013年版，第87页。
② 参见［日］棚濑孝雄《纠纷的解决与审判制度》，王亚新译，中国政法大学出版社2002年版，第138—139页。

出此种主观化的泥淖,从长远看固然首先要求政法部门及法院领导树立符合司法规律的"政绩观",但从技术层面仍可对其予以一定程度的改善。概括而言,案件质量指标类别及其权重的设置应从案件质量的根本标准出发,而非灵活多变的所谓"工作重心",更不能根据运动式的内部整治活动动辄随意增减。在对指标体系进行系统分析和清理的基础上,取消那些同案件质量相关度不高、实践中又难以实现的指标类别如陪审率等;降低可能扭曲司法活动的指标权重,如结案均衡度、调撤率等。

第二,依据案件质量根本标准检视并梳理案件质量指标类别,实现各项指标的内在协调性和统一性。案件质量指标体系中的各类指标应形成内在协调和统一的整体,方能发挥案件质量权衡与引导法官行为的效果。如若各类指标间相互冲突,自相矛盾,则会误导法庭及法官的司法行为,强势推行还会诱发审判业务部门及法官的策略化行动。因此,完善案件质量指标体系需要对各指标类别一一进行甄别和筛选,并进行综合评判,消除指标间的抵牾。

第三,针对案件质量指标体系过于封闭性的特征,适当引入案件质量的外部评价指标。纵观最高人民法院及地方各级法院制定的案件质量评估指标体系可以发现,我国目前主要采行的是一种内部案件质量评价,各类指标具有显著的封闭性。除了在效果指标中含有公众满意度,社会公众尤其是当事人对司法活动的看法和态度未引入指标之中。司法是一种面向社会的公共服务,其功能在于平息社会争端,输出法律正义。衡量个案处理的质量如何,尤其是是否公正,案件当事人既是司法活动的亲历者和见证者,亦是实体结果的直接承受者,理应最具发言权。而社会公众作为潜在的法律客户,他们对司法的认知与法院的公信力密切相关。正如卡多佐在论及法官依据理性和正义宣告法律的义务时指出,"他(法官)所要实施的是正常男人和女人的习惯性道德"[①],而非他本人的信念、信仰和追求。可见,司法活动不能脱离其同时代普通民众的法律情感和道德风气。同理,案件管理及其质量指标设置不能仅靠法院内部的自我评价,而应引入当事人及社会公众等外部评价标准。如可以在公正指标中增加当事人评价指标,并建立相应的配套机制。同时在机制上完善效果指标中的"公众满意度",增强其可操作性。

---

① [美]本杰明·卡多佐:《司法过程的性质》,苏力译,商务印书馆2000年版,第65页。

3. 弱化法院案件质量管理组织机制的强行政化。原本为推进审判权正常运转，提升司法质量的案件质量管理改革在实践中却意外地强化了法院内部的行政化，审判权的自主性非但没有得到改善，反而受到进一步挤压。为了真正实现案件质量管理之初衷，还需对其组织机制予以必要的调整，弱化其行政化倾向。

首先，厘清案件质量管理中上、下级法院关系。根据宪法及《人民法院组织法》的相关规定，我国上、下级法院之间属于监督关系，区别于人民检察院及其他行政部门上下级间的领导关系。但在实践操作中，监督关系与行政领导关系的界限并不十分明晰，因此上、下级法院之间往往形成一种事实上的领导关系。在上级法院对下级法院施加影响和控制的过程中，案件质量管理成为强化上级法院行政控制权的重要权力资源。因此厘清案件质量管理中上、下级法院之关系，关键在于依据宪法和组织法的立法精神重新划分各自的权限和职能。在案件质量管理中，管理活动的组织者应为各级人民法院，上级法院仅负有监督和指导职责。而且质量监督的方式一般只限于审级监督，对于案件质量指标体系的确立以及案件质量评查，上级法院可以对下级法院进行指导，但其制定的标准对下级法院仅具有参考作用而不应赋予其强制考核功能。

其次，凸显案件质量管理实施机构人员构成的专业性，削弱其行政属性。我国案件质量管理除了少数法院由审监庭主导，大多数法院采行以审管办为主导的组织模式。因案件质量评估主要由审监庭或者审管办利用法院管理信息系统自动生成，其组织和运行相对简单。所以这里仍以案件质量评查为主要讨论对象。从整体上看，院、庭长等法院领导层构成了案件质量评查机构的主体成员。为了降低其行政色彩，可以对案件质量评查机构及其成员做出相应的调整。在科层式的管理体制下，决策的中间层级越多，决策对象受到的权力控制越烈。因此弱化案件质量管理的行政化首先要减少案件质量评查的层级设置，将行政化的案件质量评查委员会改造为中立性的专业评查委员会，成员由各业务部门业务能力强、理论功底扎实、作风正派的资深法官构成。同时建立常态化的案件质量评查规范，中立性的案件质量评查委员会依据规范对案件进行常规评查。审判委员会、院庭长和审管办原则上不直接介入案件质量评查活动，仅发挥监督及辅助性职能。

最后，明确审判委员会及院、庭长的辅助和监督职能及其界限。承上所述，取消中间层级后，审判委员会及院、庭长在案件质量管理中将由管理和规制职能转向服务性的辅助和监督职能。为防止此种监督和辅助职能在实践中再次异化为行政管控性的权力，损害司法自主权，有必要明确其权力界限。

其一，审委会及院、庭长的辅助职能及其界限。有关案件质量的评价必须由中立而专业的质评委员会做出，如承办法官及相关部门不服质评决定，可以申请复议一次。质评委的决定为最终决定。对于质评委为完成质评工作所采取之必要行动及所需之必要材料，审判委员会及院、庭长负有配合、协助之责。质评委除做出质评决定以外不采取任何行动。质评决定供审委会及院、庭长制定司法政策、开展司法行政管理及责任追究之参考。

其二，审委会及院、庭长的监督权及其边界。为了确保质评委的中立性和自主性，审委会及院、庭长的监督权应属于一种消极权能。即审委会和院、庭长对质评委的监督并非一种常态式的介入性监管，而是应质评决策利害关系人或者部门之申请被动进行监督和审查。监督和审查的事由包括利害关系人或者有关部门对质评委成员身份提出异议，针对特定案件提出回避申请，以及对质评委成员的违规乃至违法行为进行弹劾等。

以上是针对案件质量管理所存在之局限而提出的初步改良方案。这些措施与其说是针对病症的最优方案，毋宁是在各种制约性条件下的无奈之举。在我国法院内部行政化早已成为既成事实的背景下，上述举措能否真正缓解案件质量管理所带来的负面影响又不造成新的不良"意外后果"，尚有待实践和理论的进一步检验。或许正如埃利希所说，从长远看，"除了法官的人格外，没有任何其他东西可以保证实现正义"[①]。法院案件质量从根本上看，终须仰赖裁判者自身的人格、学识和职业素养。但这属于我国法律和司法所必须追寻的发展方向，在目前尚处于起步阶段的法治环境、司法体制及法官整体结构下，通过外部监督确保案件质量和司法正义仍不失为一种相对合理的制度安排。

[①] 转引自［美］本杰明·卡多佐《司法过程的性质》，苏力译，商务印书馆2000年版，第6页。

第三章

法院案件效率管理的现状与制度完善

一 我国法院案件效率管理的基本问题

(一) 案件审判效率的基本认识

1. 什么是案件审判效率。公正和效率是司法所追求的目标,但是,对于公正与效率的追求是有先后之分的。一般来说,公正是司法追求的首要目标,然而,西方也有法谚云:迟来的正义是非正义。所以,效率在某些时候可能还不一定劣于公正,因而,司法中的审判效率是一个需要认真对待的问题。我国法院系统已经把公正与效率定为21世纪的工作主题,可见法院已经把效率提到与公正同等的高度来认识。在整个人类社会,效率都是一项重要的价值目标。无疑追求一种符合人类利益好的结果,并且尽可能以最少的资源消耗,在最短的时间内,以最佳的方式取得这种好的结果,是人类社会长期以来孜孜以求的奋斗目标。[①] 效率是一个经济学上的概念,其基本意义为从一个给定的投入量中获得最大的产出,即以最少的资源消耗取得最大的效果,或以同样的资源取得最大的效果。[②] 参照效率的定义,案件审判效率就是法院在消耗一定的司法资源情况下,处理更多的案件。在世界任何地方,司法都是一种宝贵的资源,在我国,司法还是一种比较紧缺的资源。一方面,案多人少是制约我国司法效率提高的客观因素;另一方面,法院内部的体制、机制也是影响我国司法效率提高的重要因素。纠纷解决对司法的需求与国家对司法的供给存在巨大差距,在司法资源有限的情况下,在保证审判质量的前提之下,如何提高审判效率

---

① 李文健:《刑事诉讼效率论》,中国政法大学出版社1999年版,第28页。
② 张文显编:《法理学》,高等教育出版社、北京大学出版社2007年版,第325页。

是各级法院的不懈追求和努力。

就提高案件审判效率来说，分为两种情况：一种是简化诉讼程序，构建快捷处理通道。对于那些简单、明确、争议不大的案件，通过简化诉讼程序，快速处理案件。如《民事诉讼法》规定了简易程序，最近一次修改更是增加了小额诉讼的规定，《刑事诉讼法》也规定有简易程序，全国人大常委会2014年通过了《全国人民代表大会常务委员会关于授权最高人民法院、最高人民检察院在部分地区开展刑事案件速裁程序试点工作的决定》，规定了适用刑事速裁程序的条件以及具体的简化程序。这些法律规定的目的就是法院能省略或简化某些诉讼程序，使案件能够得到迅速处理，提高案件的审判效率。另一种是法院内部深挖潜力，通过各种方式激发审判人员的动力与活力，使法院能够处理更多的案件。从我国的实际情况来看，法院受案的数量逐年增多，而且随着经济的稳定增长，这种趋势还会持续下去。法院应通过"两手抓"来提高审判效率：在适用简易程序方面，应在保障当事人诉讼权利的前提下，让更多符合条件的案件通过简易程序处理，提高法院的审判效率；在法院以加强自身管理的方式来提高案件处理能力方面，各级法院通过成立案件管理部门，创新和加强审判管理，一方面保证案件质量，另一方面提高处理案件的效率。审判效率成为法院工作的重心之一。我国法院系统自提出加强审判管理以来，一直把审判效率放在重要位置，在法院系统内，有一整套关于审判效率的评价指标体系和具体做法。

2. 认定案件审判效率的基本依据和标准。应当说，审判效率是法院在单位时间内审判案件的数量多少，这是认定审判效率的依据和标准。但在司法实践中，对审判效率的衡量指标并非完全如此。最高人民法院发布的审判质量效率评估指标体系中关于审判效率的指标有六项之多，其中平均审理时间指数、平均执行时间指数、12个月以上未结案件数、审判人员平均结案数四个指标都是审判效率本来意思的体现。但是，有一项指标是评价审限内的结案率，这表明最高人民法院认为审限也是审判效率的一种体现。受最高人民法院这个评估指标体系的影响，地方各级人民法院都把审限作为案件效率的指标之一，表述基本上是"法定（正常）审限内执结率"。因此，我国法院系统对案件效率的基本依据和标准并非仅仅考虑单位时间内处理案件的多少，同时还把审限与之结合起来考察法院和审判人员的办案效率，是对通常意义上审判效率含义的延伸。限期断狱，始于唐朝①,此后各朝代都有关于刑事案件审限的规定,而且法律还规定了违反审限的处罚措施。我国现在虽然没有在法律中规定违反审限的处罚措施,但对于办案人员违反审限的情况法院内部还是有一定的惩戒机制。

3. 案件效率与案件质量的关系。案件质量是对案件处理的基本要求,但就法院系统对案件质量的衡量来看,是以公正指标来反映的,所以,案件效率与案件质量的关系实际上就是案件效率与案件公正的关系。公正是案件处理的首要要求,但是,案件效率问题也不容忽视。现代社会,人们的规则意识越来越强,法律作为一种规则之治逐渐被人们接受。在法治建设的背景下,人们的法治意识普遍增强,通过法律处理人们的矛盾或纠纷变得越来越普遍,矛盾或纠纷提交到法院解决受到当事人的青睐,案件大量涌入法院,使法院面临非常大的案件处理压力。在经济发达地区,法院待处理的案件堆积如山,案件处理的周期越拖越长;在一般的地区,法院的案件处理量也增长迅速,案件不能得到及时处理也成为一个问题。当事人逐渐对冗长的案件处理周期失去耐心,进而对法院的公正性产生负面印象,"迟来的正义是非正义"正是这种情况的真实写照。那些坚持追求"天塌了,也要实现正义"者,不过是些坚信追求正义不会导致天塌下来的人。② 早在贝卡里亚时代,人们就认识到效率与公正的内在联系,所以贝卡里亚说:惩罚犯罪的刑罚越是迅速和及时,就越是公正和有益。③ 德国有观点认为,自1972年联邦宪法视"刑事司法机关的办案效率"亦为法治国家的评断因素后,实体法的贯彻需要有效率的司法机关的配合,如果司法机关缺乏效率,就不能算是一个法治国家。④ 案件效率问题已经成为衡量法治国家的一种重要标准。但案件效率与案件公正的关系既具有契合的一面,也具有抵牾的一面,处于对立统一的关系之中。

就案件效率与案件公正的契合关系来看。法经济学的研究表明,在某些情形下,两者之间有着令人惊异的关联,具有高度的一致性,而远不是

---

① 陈光中、沈国峰:《中国古代司法制度》,群众出版社1984年版,第124页。
② 参见[美]大卫·D. 弗里德曼《经济学语境下的法律规则》,杨欣欣译,法律出版社2004年版,第20页。
③ 参见[意]贝卡里亚《论犯罪与刑罚》,黄风译,中国法制出版社2005年版,第69页。
④ 参见[德]克劳斯·罗科信《刑事诉讼法》,吴丽琪译,法律出版社2003年版,第6页。

对立的。① 在一般情况下，案件处理公正也符合有效率的原则：

第一，公正为效率设定了底线。在现代社会，由于法院需要处理的案件非常多，需要特别注意效率或提高效率来应对，但是法院对案件效率的追求不能损害公正，案件公正是自然公正在诉讼中的体现。近代以降，自然公正通常表现出纷争的一般原则和最低限度的公正标准，即"诉讼程序中的公正"②。一般认为，自然公正有两项基本的要求：任何人不能自己审理自己或与自己有利害关系的案件；任何一方的意见都应当被听取。③ 在英国刑事司法中，根据第一项要求，任何人都不得在与自己有关的案件中担任法官。如果负有司法职责的人与审判程序的结果有利害关系，那么他必然被认为有偏袒一方的嫌疑。根据第二项要求，必须给予诉讼当事人各方充分的机会来陈述本方的理由。④ 美国学者戈尔丁将自然公正的两项原则扩展为九项：①与自身有关的人不应该是法官；②结果中不应包含纠纷解决者个人利益；③纠纷解决者不应有支持或者反对某一方的偏见；④对各方当事人的意见均应给予公平的关注；⑤纠纷解决者应听取双方的论据和证据；⑥纠纷解决者应在一方在场的情况下听取另一方的意见；⑦各方当事人都应得到公平的机会来对另一方提出的论据和证据做出反应；⑧解决的诸项条件应以理性推演为依据；⑨推理应论及提出的所有论据和证据。⑤ 我国学者陈瑞华认为，刑事审判程序的最低公正标准包括六项内容：受刑事裁判直接影响的人应充分而富有意义地参与裁判制作过程，简称为程序参与原则；裁判者应在控辩双方之间保持中立，简称为中立原则；控辩双方应受到平等地对待，简称为程序对等原则；审判程序的运作应符合理性的要求，简称为程序理性原则；法官的裁判应从法庭审判过程中形成，简称为程序自治原则；程序应当及时地产生裁判结果，并使被告人的刑事责任得到最终的确定，简称为程序及时和终结原则。⑥ 这些公正的要求为追求效率划定了底线，如果失去了公正的底线，效率也就不

---

① ［美］乌戈·马太：《比较法律经济学》，沈宗灵译，北京大学出版社 2005 年版，第 2 页。

② 肖建国：《程序公正的理念及其实现》，载《法学研究》1999 年第 3 期。

③ ［英］戴维·M. 沃克：《牛津法律大辞典》，光明日报出版社 1988 年版，第 628 页。

④ 参见［英］彼得·斯坦、约翰·香德《西方社会的法律价值》，王献平译，中国人民公安大学出版社 1990 年版，第 97 页。

⑤ ［美］戈尔丁：《法律哲学》，齐海滨译，生活·读书·新知三联书店 1987 年版，第 240—241 页。

⑥ 陈瑞华：《刑事审判原理论》，北京大学出版社 1997 年版，第 60—61 页。

复存在。

第二，效率与公正结合，最大限度实现诉讼目标。提高案件审判效率要求改革审判方式，加强审判管理，减少不必要的环节，缩短审理周期，降低诉讼成本，合理配置司法资源。但法律不可能穷尽司法实践中所有的问题，法官的自由裁量权成为必要，法官在进行自由裁量时，公正目标不可逾越，但也应当以效率为目的，以实现法官自由裁量的合理化。诉讼制度的构建应当兼顾公正与效率两大价值目标，并且以公正统领效率，以效率促进公正。①

第三，公正与效率的平衡是司法审判的衡量标准。当事人在把纠纷提交到法院之前，对法院的案件审理有一个基本的判断，无论这个判断的基础是来自新闻媒体，来自经历过诉讼程序的人，还是自身以前诉讼的经历，这个基本判断就是法院处理案件的公正性与效率性。如果法院处理案件的公正性普遍受到公众质疑，当事人就不会把他们的纠纷提交到法院，他们会寻求其他的纠纷解决方式。同时，如果法院处理案件经常拖延，不仅耗费法院的时间，也耗费当事人的时间，增加当事人的诉讼成本，当事人也会考虑以其他方式解决争议，而放弃司法途径解决纠纷。所以，对于公正与效率因素的综合考虑是衡量司法审判的标准。

第四，效率是衡量公正的指标。首先，公正的裁判是最有效率的裁判。裁判的公正性获得社会大众和当事人的认同，就会省略上诉程序或纠错程序，节约法院的司法资源。如果裁判不公正，当事人上诉甚至上访增多，法院需分流一定的司法资源（特别是抽出一部分人员）来应对当事人的上诉、上访，当事人和法院都会牵扯更大的精力、时间、成本，也拖累法院对其他案件的审判，法院审判案件的整体效率明显降低。其次，公正的裁判要求尽量减少拖延，体现诉讼的及时性。即使案件处理结果是公正的，但在案件处理过程中，当事人要持续投入大量的精力、时间，其身心长期处于焦虑状态，法院耗费的精力和时间更多，案件长期悬而未决，公正性难以体现。因而案件及时终结充分体现了公正性，也是效率的要求。最后，公正的裁判也要求尽量降低诉讼成本。诉讼成本既包括当事人的成本，也包括法院的成本。案件处理需要负担一定的诉讼成本是必要的，但不能不计成本，不计成本是不考虑效率的做法。

---

① 姚莉：《司法效率：理论分析与制度构建》，《法商研究》2006年第3期。

就案件效率与案件公正的紧张关系来看。第一，体现在排序上，公正是第一位的，效率属于第二位的。通过诉讼解决纠纷是社会正义的最后一道防线，当事人把纠纷提交法院处理是迫不得已的选择，当事人一旦选择诉讼的方式解决纠纷，就意味着对公正更高的期待，相对于非诉讼纠纷解决机制，也就意味着对诉讼低效率一定程度的忍受。所以，法院对案件的处理程序公正性是第一位的，而实现案件处理的公正性同时，需要付出牺牲一定诉讼效率的代价。当然，法院诉讼程序的设置和安排，在考虑公正的要求，满足公正的前提下，需要兼顾诉讼效率的需要。

第二，评价的标准不同。对公正的评价是一种主观性很强的评价过程，不同的评价主体有不同的标准，评价主体所受教育程度、所处的阶层、看待问题的角度、受舆论的影响程度、与案件的关联程度等因素都会影响评价主体对案件公正的看法。但是，案件效率的评价则是一种相对客观的评价，其标准往往比较客观、可量度、易把握，不会因为评价主体的立场、受教育程度、受舆论影响程度、与案件的关联程度等因素的不同而不同。如何在公正与效率的评价标准上找到一个平衡点，让公正与效率的评价标准更加客观，较少受到评价主体的主观意志影响是诉讼过程和案件管理的一个难题。

第三，实现方式存在冲突。诉讼过程是一个当事双方平等对抗，法院客观、中立裁判的过程，在此过程中，保障诉讼双方的法律地位平等，充分辩论、质证，方能实现最大限度的公正。但以保障公正为前提的对抗牺牲了有效率的协作，充分的协作有利于案件的快速解决。所以，在诉讼中，追求公正与倡导效率存在固有冲突，公正与效率的实现存在现实的甚至是不可调和的矛盾。

第四，当事人对公正和效率的不同看法。法院纠纷解决意味着当事人更看重公正，但这不是说当事人就不重视效率。这里所说的当事人较少重视效率，更看重公平是相对于其他纠纷解决方式而言。社会控制体系分为第一方控制（行动者本人）、第二方控制（对方当事人）、第三方控制（社会力量、非政府组织、政府、法院），[①] 而法院解决纠纷属于第三方社会控制体系，在这个体系中，如何行动以及什么时候行动都由法院掌控。梅丽在论述美国社会底层人的法律意识时说，对于诉讼案件的原被告来

---

① 参见徐昕《论私力救济》，中国政法大学出版社 2005 年版，第 63 页。

说，一旦问题成为法院的案件，事态的发展就不在他们的掌控之内了。①当事人自己对程序和行为的掌控如果是自由的、自主的，最能体现高效率，而程序和行为被对方当事人或法院安排和掌控，显然，在绝大多数情况下会违背当事人的意志，就难以形成有效率的局面。所以，把案件提交到法院解决也就意味着当事人较少关注效率，而更看重法院处理案件的公正性。比较第一方控制和第二方控制，法院的第三方控制能让当事人最大限度实现公正，如果还能同时提高效率那是最好的结果，但不是当事人的初衷，因为当事人在把案件提交到法院时就预料到了比其他纠纷处理方式更低的效率。

(二) 案件效率管理问题的提出

1. 提出案件效率管理问题的背景。从人民法院的发展历程来看，从中华人民共和国成立到改革开放之前，大致经历了两个阶段。一是从中华人民共和国成立到"文革"前，整个司法体制另起炉灶，与国民政府的司法体制划清界限，借鉴苏联的模式建立起各级法院。但那时法院的政治意识非常浓厚，是"刀把子""专政工具"，法院主要是作为一个政治组织而存在。中华人民共和国成立初期的审判工作主要是为政治服务，镇压反革命、保卫红色政权、惩罚犯罪是法院的主要功能，调处人民内部矛盾是次要功能，而且，其他政府机关也有调处人民内部矛盾的功能，所以，法院的工作重心是政治功能，司法活动完全政治化和行政化，审判制度和程序都不健全。1957年后，审判工作也搞"大跃进"，"公检法联合办案""一长代三长"等做法，审判活动制度化建设受到严重干扰。二是"文革"阶段。1966年"文革"爆发，法院的审判工作陷入停顿状态，最后法院难逃被撤销的命运。改革开放后，人民法院的司法改革经历了三个阶段，呈现一条由司法规范重建—审判方式改革—司法体制改革的基本走向。②

第一阶段是从改革开放到20世纪90年代初，是谓"传统审判管理时期"或"粗放审判管理时期"。首先是消除法律虚无主义对中国的影响，恢复法院建制；其次是逐步重建司法规范，这一时期是审判制度与诉讼程

---

① [美] 萨利·安格尔·梅丽：《诉讼的话语——生活在美国社会底层人的法律意识》，郭星华等译，北京大学出版社2007年版，第87页。
② 夏锦文：《当代中国的司法改革：成就、问题与出路》，《中国法学》2010年第1期。

序的重建和初步形成期，各级法院建立法官培训体系，改进合议庭的工作方式，强调当事人的举证责任，提高审判效率，加强法院的标准化、规范化、程序化建设。在这段时间里，人民法院的审判工作重新恢复，随着民主与法制建设的不断加强，法院的审判工作也逐步向法制化、规范化方向发展。但是，改革开放后的一段时期，人民法院强调为经济建设保驾护航，其应有的功能和作用没有得到充分发挥，而是实行与政府部门相同的管理模式，法院长期被当作政府的一个部门对待，如法院同政府部门一样被分派计划生育、招商引资任务等。对法院的管理尚且如此，法院司法审判的管理也与一般政府部门的业务管理没有多大的差别，因此，无论对法院的管理还是对法院案件的管理都是一套行政化的模式，案件效率管理也没有单列出来。

第二阶段是以审判方式改革为主的阶段，即从1992年党的十四大提出建立社会主义市场经济体制到2002年党的十六大召开。由于普法宣传教育的持续开展，公民的法律意识逐渐高涨，权利意识越来越强，又由于经济的快速发展，民事、经济纠纷也快速增长，法院受理的案件出现大幅度增长，审判人员与待审理案件数量之间的矛盾越来越突出，审判方式越来越不能适应社会形势发展的需要，我国在民事和刑事审判领域全面推行审判方式改革。1997年中国共产党第十五次全国代表大会确定了"依法治国"的治国方略，并提出了推进司法改革的任务；以后，九届全国人大二次会议又把"依法治国"的方略写入宪法。依法治国和司法改革都离不开法院的参与，而人民法院的各项改革是司法改革的重头戏。时任最高人民法院院长的肖扬更是指出："一个时代需要一个主题，人民法院在21世纪的主题就是公正与效率。"① 为了更好地推进司法改革，最高人民法院于1999年出台了《人民法院第一个五年改革纲要（1999—2003）》，要求各级法院以公正与效率为主题，在改革审判管理行政方式的基础上，加强法院办公现代化建设，提高审判工作效率和管理水平的目标。"一五改革纲要"把审判效率作为法院改革的一个重要方面，而且与法院办公现代化相结合，以办公自动化建设为抓手来提高审判效率和管理水平，实现了审判管理从自发发展到自觉发展的转变。

第三阶段是从2003年到现在，其标志是2003年中央司法体制改革领

---

① 肖扬：《公正与效率：新世纪人民法院的主题》，《人民司法》2001年第1期。

导小组成立。为了推动司法改革的深入进行,在"一五"改革取得成绩的基础上,最高人民法院及时颁布了《人民法院第二个五年改革纲要（2004—2008）》,继续把审判质量和审判效率作为重点工作来抓,建立科学、统一的审判质量和效率评估体系成为各级法院的奋斗目标。从最高人民法院到高级人民法院,再到中级人民法院,最后到基层人民法院,各地法院都在努力探索建立一套适合本院的案件质量效率管理体系,并把效率作为审判管理的重要内容,实现了从静态管理到动态管理的转变。"二五"改革取得很大成绩的基础上,最高人民法院又继续推出了《人民法院第三个五年改革纲要（2009—2013）》,为解决人民群众日益增长的司法需求与人民法院司法能力不足之间的矛盾,需要建立公正、高效、权威的社会主义司法体制,其中需要建立健全以案件审判质量和效率考核为主要内容的审判质量效率监督控制体系。在巩固以前改革成果的基础上,最高人民法院又推出了《人民法院第四个五年改革纲要（2014—2018）》,其规定了完善案件质量评估体系的措施：要建立科学合理的案件质量评估体系。废止违反司法规律的考评指标和措施,取消任何形式的排名排序做法。强化法定期限内立案和正常审限内结案,建立长期未结案通报机制,坚决停止人为控制收结案的错误做法。依托审判流程公开、裁判文书公开和执行信息公开三大平台,发挥案件质量评估体系对人民法院公正司法的服务、研判和导向作用。自从建立审判管理体制以来,法院系统一直把案件效率作为工作主要内容和主要考核指标。

2. 案件效率管理在案件管理中的地位和作用。第一,在法院的案件管理体系中,案件效率管理毫无疑问占据重要地位。这不仅仅是案件效率在法院的评估体系中占据重要位置,还包括在诉讼案件急剧增加的大背景下如何快速、有效地处理案件,不让案件在法院出现不必要的延迟。首先,诉讼案件急剧增多情况下的应对。"诉讼爆炸"是用来形容和说明诉讼案件急剧增加情形的。"诉讼爆炸"首先是由美国学者巴顿（Barton）在 1975 年提出的,此后,这一问题从美国向全世界蔓延,也成为学者们广泛关注和热烈讨论的对象。"诉讼爆炸"包括两层含义：一是诉讼案件的数量非常大；二是案件数量的快速增长。[①] 尽管在我国有极少数法院"案多人少"的矛盾并不突出,效率问题还不是一个主要问题,但是在中

[①] 参见冉井富《当代中国民事诉讼率变迁研究——一个比较法社会学的视角》,中国人民大学出版社 2005 年版,第 314 页。

国的绝大多数法院中，案件效率成为一个令人揪心的话题，案件迟迟得不到解决既让当事人对法院颇有微词，也让社会大众对法院的工作产生了大大的疑问。尽管在中国关于"诉讼爆炸"是否是事实还有争议。① 但是，法院受理的案件总量逐年增加、法官需处理的案件增多、法院和法官负担加重、法院的积案越来越多是一个不争的事实。显然，加强案件效率管理有助于解决这些问题。

第二，对解决诉讼拖延的回应。正是由于法院和法官需要处理的案件增多，而法院的法官并没有相同比例增加，再加上其他因素的影响，如司法外的干扰、进入法院的案件本身就非常复杂等，让案件处理的周期变长，司法变得越来越拖延，但三大诉讼法关于案件审限的规定并没有改变，所以，当事人和社会大众就觉得法院的效率越来越低，为回应社会对法院快速处理案件的正当诉求，需要法院把案件效率管理提到核心地位。

第三，解决法院在案件管理中的现实问题。要提高法院案件处理的效率，对之进行有效的管理是必由之路，这需要对以前的做法进行相应的改革，法院系统在这方面进行了持续的探索和实践。目前，已经建立起以质量、效率、效果为指标体系的案件质量评查体系，其中案件效率管理是重要一环，这套评查体系的建立为解决案件效率问题确立了比较科学、有效和客观的评价标准，为进一步的改革和完善指明了方向。法院在案件效率管理中通过观念转变、制度建设、专门管理、绩效考核等多种手段来实现效率管理的过程化、科学化、数字化、常态化，建立了合理、科学、规范和可量度的效率管理指标，并在司法审判中严格执行这一套评价指标，最终目的是提高案件审判的效率，消除审判中不必要的延误现象，提高案件管理水平。

3. 案件效率管理的具体价值和意义。第一，提高司法的权威性。由于在国家司法体制中法院的地位不高，而且法院经常会被政府分派一些需要完成的、与司法权完全无关的任务，法院身陷在非司法事务中让大众对司法的公信力从一开始未能很好地建立起来。经过改革开放后不懈的努力，也由于法治建设的持续推进，法院的地位有了一定的提高，司法权成为一个炙手可热的权力。但是，司法权威不足和司法能力低下仍然制约着中国法院的发展，表现在：①尚未建立起现代的司法独立体制，司法权和

---

① 参见徐昕《论私力救济》，中国政法大学出版社 2005 年版，第 164—167 页；范愉《纠纷解决的理论与实践》，清华大学出版社 2007 年版，第 308—311 页。

具体司法过程难免受到各种权力的控制和干扰,并影响到司法的中立性和公正性;②法律规范体系的缺漏及法律程序的缺失或不合理、法官职业道德及专业素质偏低等多种因素,使得裁判质量饱受诟病;③司法的稳定性差,既判力和程序公正的理念难以为当事人接受,案件上诉、再审率过高;④执行难等问题始终困扰着司法机关;⑤司法腐败和司法不公的存在。① 有学者的实证调查显示,超过60%的被调查者对现行司法制度及其运作并不感到满意。② 近年来,人民法院大力进行审判质效改革,重视案件审判的质量、效率和效果,而且取得不错的成绩,但人民法院的司法公信力并未随着案件质效的不断提高而相应提升,在很多表征上还呈下降态势,司法的权威不如以往,人民群众不信任司法的情绪滋生蔓延,社会舆论质疑司法的声音充斥。③ 这应归咎于太多的司法乱象,司法公信力不高成为现阶段中国法院的一个怪象。不只是当事人和社会大众对法院工作不满,而且人大代表们也对法院有意见,在中国多个地方,连续出现法院的工作报告未被人大通过的情况,而且,从最高人民法院到地方各级人民法院,在对法院工作报告投票时都有大量的人大代表投了否决票或弃权票,这说明人大代表对法院工作的不认同。我国法院司法能力低下,影响了法院的权威,造成整个社会对法院的工作有意见或有看法,而加强案件效率管理有助于解决以上问题。

第二,克服诉讼程序固有的局限性。我国司法传统追求实质正义,实质正义对现代司法的要求在于,审判不仅要结果公正,而且要程序公正,严格按照法律规定的程序办事。我国在改革开放后,也逐步接受这种程序公正的观念,在立法上,制定了严密的程序法;在法治理念上,法科学生受到比较系统的程序公正教育,其中一部分将成为未来的法官,在职法官无论是受教育和接受培训,均受到程序公正理念的熏陶,通过法官的具体司法活动体现程序公正。现代诉讼的程序非常严格,诉讼程序的固有局限是耗时较长,相比程序粗糙的诉讼方式及非诉纠纷解决机制效率较低。复杂而严密的诉讼程序是以追求公正为首要目标,诉讼程序意味着当事人和法院都要付出成本,也要忍受一定的低效率,由于公正与效率有抵牾的一

---

① 范愉:《纠纷解决的理论与实践》,清华大学出版社2007年版,第294页。
② 毕玉谦主编:《司法公信力研究》,中国法制出版社2009年版,第406页。
③ 江西省高级人民法院课题组:《人民法院司法公信现状的实证研究》,《中国法学》2014年第2期。

面，因此，追求程序公正在某种程度上影响司法效率的提高。法院通过案件效率管理，在保证公正的前提下，尽量减少诉讼程序中不必要的延误，消除程序外各种不合理现象对审判的不当影响，使案件审判做到快速、不拖延，实现司法审判的高效率。

第三，减少诉讼成本。在讨论审判应有的作用时不能无视成本问题。无论审判的公正性能够达到何等的完美程度，如果付出的代价过于高昂，则人们往往只能放弃通过审判来实现正义的希望。① 诉讼成本由两个部分组成，一部分是当事人的诉讼成本，另一部分是法院的诉讼成本。就当事人的诉讼成本而言，包括经济成本、时间成本、精力成本等。其中经济成本是当事人主要考虑的因素，包括法院的收费、代理人/辩护人的收费、诉讼辅助费用以及其他为诉讼而花费的开支。诉讼案件不仅关涉当事人的诉讼成本，还得考虑法院的司法成本。法院的司法成本指建立并维持一套常设的司法机构，以及司法人员办案所支出的全部费用，比如法院设施与维护费用，法官及辅助人员的薪金福利，法官办案耗费的人、财、物力等。② 由于我国各地法院的司法成本由地方政府负担，而在许多地区，由于法院的地位比较弱势，法院经费常常难以满足办案的需要。如果法院处理案件是高效率的，诉讼期间必定缩短，当事人花费就少，其经济成本、时间成本和精力成本都会相应减少，同时，法院花费在一个案件上的费用也会减少。法院经费投入没有增加的情况下，审理案件数量的增加，可以节约诉讼成本。对于民事诉讼而言，法院在单位时间内审理这类案件数量的增长，不仅可以节约法官的司法成本，还可以增加诉讼费收入，能够部分改善法院经费紧张的情况，达到开源之效；对于刑事诉讼而言，在单位时间内审理案件数量的增长，法院花费在单位案件上的支出就会减少，则有节流之功。所以，有效率的审判对于减少当事人和法院的诉讼成本支出均有助益。

第四，强化监督。我国当前司法腐败与司法不公的问题较为严重，司法公信力较低，这与法官队伍的总体状况不佳及司法廉洁与公正的相关支持条件不足有关。③ 我国对法官的管理是比较严格细密的，相关的制度和

---

① ［日］棚濑孝雄：《纠纷的解决与审判制度》，王亚新译，中国政法大学出版社 2004 年版，第 267 页。
② 徐昕：《论私力救济》，中国政法大学出版社 2005 年版，第 149 页。
③ 龙宗智：《审判管理：功效、局限与界限把握》，《法学研究》2011 年第 4 期。

规范比较健全，如有院庭长、业务庭、纪检监察部门等多部门、人员对法官进行监督，但这种多部门、人员的重复监督由于职能交叉，往往流于形式。一旦出现问题，容易出现互相推诿的局面，而且，这种监督机制比较主观，看起来严密，但实际上监督并不到位。另外，对法官还不能管得太死，司法不能与行政相同对待，其他的不说，仅就法官的自由裁量权而言就很难有比较好的监督机制，这在全世界都是一个难题。对于法官处理案件的效率监督更为薄弱，监督流于形式，缺乏监督的实效性。然而，自从法院系统成立案件管理机构，建立质量效率评价指标体系后，情况发生了较大变化。现今法院系统都通过一套专门的软件来进行审判管理，案件效率管理也是这套系统的一部分，这种数字化的管理克服了以前人管人不可量化、主观性太强等弊病，使效率管理过程和结果更加客观、公正和一目了然，而且有利于法官之间的监督，通过这种过程—结果控制，法院的效率管理得到强化。案件管理系统对办理案件的整个过程实现全程监管、动态监控，不仅强化了对法官的监督，也有利于数字法院的建设。

第五，有效利用司法资源。不是所有的司法判决都能产生正义，但是每一个司法判决都会消耗资源。[1] 法院解决各种纠纷，无论复杂与否，无论是通过普通程序还是简易程序，无论是一审程序还是二审程序甚至再审程序，都或多或少消耗司法资源。当代世界各国的司法制度具有不同的程序设计和价值理念，其侧重点和功能各有不同，由此在纠纷解决的效率方面存在一定的差异。然而，即使是效率最高的司法程序，也无法完全满足社会的需求，并难以获得完全充分的司法资源供给，在这个意义上，司法的供求失衡是绝对的，在任何国家都不同程度地存在。[2] 这表明司法资源的有限性是绝对的，在有限的司法资源条件下，应尽量高效运用现有的司法资源，以求最大限度地解决社会纠纷。通过案件效率管理，可以让审判有效利用司法资源。此外，有效利用司法资源的前提是科学配置司法资源与合理设置诉讼程序和规则。科学配置司法资源包括法官的配置和其他审判资源的配置，让审判开始后更加快速和顺畅；合理设置诉讼程序和规则要求合理分配当事人在诉讼中的权利义务，让当事人来选择合适的、利益最大化的行为，法官通过主观能动性，促成当事人之间的良性互动。只有充分实现程序参与者之间的良性互动，使得诉讼过程成为理性的交往与

---

[1] 方流芳：《民事诉讼收费考》，《中国社会科学》1999年第3期。
[2] 范愉：《纠纷解决的理论与实践》，清华大学出版社2007年版，第243页。

沟通的行为。① 理性的交往与沟通行为促进了审判效率的提高，使司法资源的效益和效率最大化。

第六，实现诉讼目的。诉讼的目的是什么？民事诉讼有私法权利保护说、私法秩序维持说、纠纷解决说、程序保障说四种学说。② 刑事诉讼有一元目的观、二元目的观、多元目的观等理论。③ 但是，无论有关诉讼目的有哪些观点，诉讼都是国家建立的一套纠纷解决机制，通过国家公权力的介入，以公力救济的方式解决纠纷，这与第一方控制、第二方控制有着本质的区别，因为第一方控制与第二方控制完全没有国家公权力介入纠纷解决中。国家设立诉讼制度的原因在于，纠纷不再局限于当事人之间的利益，也关乎社会秩序，甚至危及统治秩序，有必要动用国家权力来干预。简言之，诉讼的目的就是解决纠纷。④ 如果法院的案件处理忽视诉讼效率，对当事人来说，其支付的经济成本、时间成本、精力成本等都远小于通过诉讼所得的收益，在极端情况下甚至根本没有收益，当事人的投入就会付诸东流。这时，当事人就会考虑以其他方式解决纠纷，而且会影响到以后准备把纠纷提交法院解决的潜在当事人。从法院的角度来说，法院的消极拖延和低效率可能导致社会整体纠纷解决机制的调整，法院纠纷解决机制的地位和作用面临挑战，可能流失或丧失一部分纠纷解决权，如一部分纠纷可能转向行政机关或者民间调解机构解决，从而国家会加大对行政机关或民间调解机构的投入，以保证它们解决纠纷的高效率，法院在失去一部分纠纷解决权的同时，也失去了国家对它们的资源供给。总而言之，忽视法院案件审判的效率要求可能使法院审判职能履行面临困境，也可能降低法院纠纷解决的权威性和主导性作用，甚至使公众对法院审判活动失去信心，当事人不再乐于接近法院，而选择非诉讼方式解决纠纷，第一方控制和第二方控制的解纷方式就可能形成主导之势，这无疑不符合法治建设的目标。所以，法院案件审判效率的提高有助于实现诉讼的根本目标，从而有助于维护法院司法的权威性和公信力。

---

① ［德］尤尔根·哈贝马斯：《交往行为理论：行为合理性与社会合理化》，曹卫东译，上海人民出版社 2004 年版，第 281 页。
② 章武生、吴泽勇：《论民事诉讼的目的》，《中国法学》1998 年第 6 期。
③ 陈卫东主编：《刑事诉讼法学研究》，中国人民大学出版社 2008 年版，第 4 页。
④ 民事诉讼解决的是民事纠纷，行政诉讼解决的是行政纠纷，刑事诉讼解决的是刑事纠纷。关于刑事纠纷的观点，参见何挺《现代刑事纠纷及其解决》，中国人民公安大学出版社 2011 年版。

二 我国法院案件效率管理的评价体系

(一) 最高人民法院案件效率评定体系

1. 案件效率评定体系的出台及相关文件规定。在20世纪90年代之前，法院系统内部的行政化管理主要是领导阶层的粗放型管理，法院系统内部各层级行政领导实行个体化的又较随意的管理方式，案件管理基本上是跟着感觉走，不能做到精细化和客观化。但这种情况在20世纪90年代中后期有所改变，一些地方法院基于自身制度建设和审判实践的需要，对审判管理进行了一些有益的探索，其中，案件流程管理是各地法院探索的重点，主要是设计一套流程管理系统，对案件办理的整个过程进行监控，同时，设置独立于审判部门的案件管理机构，对全院的在审案件进行指导和监控。

实践证明，这种做法较之以前的行政化管理，能够迅速改变以前法院的被动局面，保证了案件质量，提高了审判效率，加强了审判监督，法院系统也获得了社会的正面评价，审判流程管理是审判管理的先行者。在总结各地审判管理成功经验的基础上，最高人民法院对审判管理进行了制度化、科学化、规范化的顶层设计，于1999年出台了《人民法院第一个五年改革纲要 (1999—2003)》，该文件明确要求各地法院要建立符合审判工作特点和规律的审判管理机制，保证案件审理的公正与高效，在该文件中最高人民法院把效率作为一项重要工作突出强调。五年过后，最高人民法院又颁布了《人民法院第二个五年改革纲要 (2004—2008)》，其中有一项是要求各地法院改革司法统计制度，建立能够客观、真实反映审判工作情况和适应司法管理需要的司法统计指标体系，建立科学、规范、统一的人民法院案件质量和效率评估体系是"二五纲要"中的一项重要内容。各地法院根据最高人民法院的要求，相继建立了关于案件质量评查的具体规则和办法。在这里，质量评查是一个比较广义的概念，因为其并不仅是指质量，还包括案件效率的内容。根据《人民法院第二个五年改革纲要》，2008年最高人民法院印发了《关于开展案件质量评估工作的指导意见 (试行)》，第一次向全国各级法院推出了参考适用的案件质量评估指标体系，设计若干反映审判公正、效率和效果各方面情况的评估指标，其中反映审判公正的指标有11个，反映案件效率的指标有11个，反映案件效果的指标也有11个，即质量评估指标体系由3个二级指标，33个三级指标组成。在运行了一段时间后，在总结经验的基础上，2011年3月，最高人民法院又印发了《关于开展案件质量评估工作的指导意见》，去掉了"试行"二字，并对案件质量评估指标体系进行了修订，最终确定了3个二级指标，31个三级指标作为评估指标体系的组成部分。至此，全国性的案件效率评定体系宣告完成，以后全国各级法院都要在最高人民法院确定的案件效率评定指标基础上进行相关的工作。

2. 案件效率评定体系的基本内容和结构。效率不仅是法的价值之一，也是法院工作的一项重要价值目标。案件效率评定体系由指标体系和权重值组成。《关于开展案件质量评估工作的指导意见（试行）》中反映案件效率的指标体系中有11个观测项，包括法定期限内立案率、法院年人均结案数、法官年人均结案数、结案率、结案均衡度、一审简易程序适用率、当庭裁判率、平均审理时间与审限比、平均执行时间与执行期限比、平均未审结持续时间与审限比和平均未执结持续时间与执行期限比等指标组成。效率评估指标体系按照一定的逻辑结构组成，能够反映出人民法院审判和执行工作的绝大部分流程和关键环节的总体情况，每个评价指标反映案件效率整体情况的某一个侧面，综合起来就能表征案件效率。但最高人民法院在修订的《关于开展案件质量评估工作的指导意见》中对审判效率的指标体系进行了小幅度的修改，把审判效率的指标设定为10个，它们分别是法定期限内立案率、一审简易程序适用率、当庭裁判率、法定（正常）审限内结案率、平均审理时间指数、平均执行时间指数、延长审限未结比、结案均衡度、法院年人均结案数、法官年人均结案数。另外，最高人民法院还规定了权重，权重就是重要程度的一个量化的数值，以在整个质量评估体系中所占百分比来表示。公正指标的权重是40%，效率指标的权重是30%，效果指标的权重是30%。我们可以从不同的角度来审视效率指标的结构，如从整体与部分的关系来看，分为法官个人的效率指标和整个法院的效率指标；从审判流程来看，分为立案、审理、裁判、执行等环节的考察；从适用程序来看，分为简易程序与普通程序的评价；等等。这说明效率指标的设定是全方位、立体的。

3. 案件效率评定体系的特点。综观最高人民法院关于案件效率评定体系的规定，可以总结出如下特点：

第一,导向性。人民法院的工作广受社会大众诟病的是案件处理公正性不够,效率低下,效果难以令人满意,所以,最高人民法院建立起这样一套质量评估体系就是要解决以上三个问题。通过质量评估体系建设,以过程管理和重要节点管理来加强对审判的管理,具有非常强的导向性。通过公正、效率和效果指标的测评,来影响法院和作为具体办案法官的司法行为,让法院和法官明确应该做什么、做到哪种程度、多长时间完成,引导法院和法官树立司法审判的公正意识、效率意识和效果意识,最终达致社会大众对人民法院工作评价的满意。

第二,指导性。最高人民法院相继印发了《关于开展案件质量评估工作的指导意见(试行)》和《关于开展案件质量评估工作的指导意见》两个文件,其中都有关于案件效率评价体系的规定。首先,从名称来看,这是一个指导意见,并不是一个确定、不能更改的硬性规定,也就意味着包括案件效率评价在内的规定并不是一个固定不变的评价指标体系,而是随着形势和情况的发展变化需要在审判实践中持续不断完善和修订的。其次,这两个指导意见关于评估指标体系的规定,是在总结各地法院经验的基础上形成的,是各地法院不断探索的结晶,但是这个探索远没有到达终点,是一个变化的过程,因此,指标体系的可变性是常态。再次,指导意见下发到各地方法院,要在实践中对这些指标体系进行检验,合理的应保留,不合理的要修改。从试行指导意见中效率指标体系的 11 个到正式指导意见中效率指标体系的 10 个就可以看出,最高人民法院也在不断地调整当中。最后,全国各地法院的情况千差万别,实际情况很不一样,所以,允许各地法院在遵循大原则基础上,可以对具体指标进行相应的调整,以适应不同地方的实际情况。

第三,综合性。案件效率评定体系目的之一是方便法院进行审判管理,也包括执行管理、信访管理等,还包括法院的人事管理、司法统计、法官业绩考评、法官配置、办公自动化、社会评价等十多个系统,覆盖了从立案、审理、裁判、执行、申诉、信访等各个阶段,不仅包括法院的审判阶段,也包括法院审判之后当事人仍不服的申诉、信访阶段,这延伸了法院的工作,通过这个系统也能比较容易地观测法官办理案件审结后的情况。同时,法院审判环节的各重要节点都有观测点,通过对这些重要环节的控制和观测可以直观、方便地了解各个案件的具体情况,是一个一目了然的系统工具。因此,这个指标体系不仅是对法院和法官的综合考察,而且是对案件的综合考察，从案件进入法院一直到结案甚至到了申诉、信访都可以追踪。

第四，从属性。审判工作是法院的逻辑起点，其他所有工作都是在此基础上发展起来的，或者是围绕审判工作来进行的，审判管理工作也不例外。案件效率评定体系是为审判工作服务的，通过这个体系可以直观感觉到案件审判工作的效率情况，为司法决策提供参考，比较客观地考察法院的审判工作。因此，效率评定体系是为审判工作服务的，不是限制甚至干扰审判工作的，在设定效率评价指标时，应当尽量科学、合理，对于不合理、不科学的指标应当坚决、及时修改，让评价指标真正成为评估审判的得力工具，而不是审判工作围绕评价体系转，如果本末倒置，则有走向异化的危险。所以，案件效率评定体系是从属于审判的，审判工作才是主体和中心。

第五，主观性。尽管案件效率评定体系是一个客观化、直观化、规范化、科学化的系统，但是其主观性还是非常明显的。之所以说其具有客观化是指审判管理运行中的效率评定体系是客观的，但这并不表明体系制定就是客观的，恰恰相反，效率评定体系的制定具有非常强的主观性，其中掺杂着强烈的主观意识和价值判断。首先，在效率指标的选择上有很强的主观性，不同的法院有不同的选择，表现在各地法院的效率评价指标体系的内容并不完全一样，这说明有的指标对某些法院来说是表征效率的，但另一个法院认为未必能够体现效率。其次，各效率指标所占的权重也具有明显的主观性，一个指标在质量效率指标体系中到底是占5%还是8%都是人为设定的，很难说5%是对的，8%就是错的，反之亦然。最后，指标输入是由人来操作，也许指标本身是客观的，但由于人有意无意地主观操作，指标数据反而失真，不能客观反映审判的实际情况，为了数据的好看或其他方面的原因，指标数据常常被篡改，这在中国是时有发生的，比较严重和典型的数据造假如辽宁和内蒙古的GDP数据造假，这是需要我们采取措施特别防范的。

第六，局限性。效率评定体系具有一定的全面性，但是其局限性也很明显。首先，评价的主体是人，人本身具有局限性。人容易受到利益、价值、情感、受教育程度等因素的影响，对审判工作难有全面的了解。其次，人对效率评定体系的认识也有局限性。不仅对指标数量与指标权重的认识有误差，甚至可能与案件效率相去甚远，难以反映审判工作的全貌，而且，人对评估指标和评价程序的认识也可能与真实的审判效率不符，有认识的局限性。最后，司法审判是一套主观色彩较浓的工作程序，同时也是理论与实践相结合的复杂过程，有些程序和节点很难用统一的、可量化的指标来衡量，如果一定要量化，反而可能影响案件的质量和效率，法官的自由裁量权就是最好的例子。

4. 对最高人民法院案件效率评定体系的评价。20世纪八九十年代，西方的管理理论首先在企业中实践，随后政府部门也引入管理理念，并逐步实践，在这样的背景下，法院也把管理理念引入法院的审判工作中，一批地方法院进行了审判管理的有益探索，在总结各地法院关于案件管理经验的基础上，最高人民法院出台了两个文件——《关于开展案件质量评估工作的指导意见（试行）》和《关于开展案件质量评估工作的指导意见》来指导全国法院的审判管理工作，这是一项开创性的工作，具有积极意义，但也有某些局限性。

第一，案件效率评定体系的积极意义。首先，案件效率管理是一项探索性的工作，这个探索在中国历史上是亘古未有的，没有直接可供拿来的现成经验或做法，所以探索过程是一项不断试错、修改的过程，但最终目标是建立完善的案件质量评查体系，以适应新时期审判工作的需要。其次，最高人民法院通过建立案件质量评估体系，对法院的审判工作有了规范化的管理和监督，同时，通过"数字法院"建设，通过技术手段不断完善法院的管理和监督，还有助于司法统计的真实和准确。再次，由于近年来法院案件审判的公正性受到质疑、效率不高、效果不理想，怎样解决以上问题是人民法院需要下大力气解决的问题。最高人民法院认为通过案件质量评查既可以保障案件审判的公正，还能普遍提高效率，最终达到良好的效果，是一举多得的好事，应以审判管理为抓手来推进法院的各项工作。最后，最高人民法院注意到了各地法院的差异性，所以《关于开展案件质量评估工作的指导意见》（以下简称《指导意见》）并不是一个硬性的、不能改变的指标体系，而是保持一定的开放性[1]，各地法院在最高人民法院规定的指标基础上可以增加或减少相应的指标，以使指标体系更加符合本地区的实际情况。

第二，案件效率评定体系的局限。首先，由于案件效率评定体系还处

---

[1] 《关于开展案件质量评估工作的指导意见》第7条第2款规定：各级人民法院可以根据实际情况增加或者减少指标。

于探索中，其内容需要在审判实践中不断完善。在探索过程中可能出现违背审判规律的事情，甚至会出现个案的公正性反而不够、效率不高、效果也差等问题，对于这些问题也应有足够的思想准备，但是，这不能影响推进中的审判管理改革。其次，不尽完善的评估指标体系可能有损审判工作的效度。效度指的是测量标准或所用的指标能够如实反映某一概念真正含义的程度。① 评估指标体系不合理可能产生误导作用，不能真正反映案件效率的真实状况。某些指标的设置可能与案件的效率关系不大，如"法院年人均结案数"，有的地方本来就没有多少案源，如果硬要以此指标来衡量，法院就会四处揽案源，反而有损司法消极的特点，重走20世纪八九十年代法院争相开辟案源的老路。再如综合评价可能掩盖了案件效率的实质问题，如果一两项指标过低，但其他指标都非常高，综合效率指数还是相当高，而这一两项恰恰是问题的关键，但由于综合指数非常高，就会模糊、淡化整个审判效率问题。再次，最高人民法院的初衷是想通过加强审判管理来保障案件审判的公正、效率和效果，对在实践中可能出现的异化应保持高度警惕，因为审判工作不能简单地等同于企业的管理方式和模式。由于加强审判管理的现有内容不可避免地导致法院管理包括案件审判中行政元素的强化与活跃，而且不可避免地以直接和间接的方式限制合议庭与法官的审判权。② 反而导致审判出现更多、更大的问题，未能达到预期目标。最后，可能导致过度功利化地追求评估结果，虚化或削弱了案件管理的其他功能。因为案件效率评估结果与法院和法官的政治前景、经济利益、荣誉等建立了联动机制，所以，法院和法官就会追求结果的漂亮和排名的靠前，至于司法审判最应当注重的过程或程序则忽略了，而过程或程序是衡量法院审判的重要依据，当事人对案件的感受不是靠冰冷冷的数字或考评结果，而是靠在诉讼过程中真实的感受。作为法院领导和全体法官一定要认识到，实行案件质量精细化管理的最终目的并非单纯提高案件质量评估成绩和名次，而是以此为管理的手段，从实质上推动案件质量、效率和效果的提升，并且，当事人和社会公众也并不一定完全认同这种对案件质量的简约评估，他们的评价更多来自对具体案件审理活动和裁判结

---

① 风笑天：《社会学研究方法》，中国人民大学出版社2009年版，第110页。
② 龙宗智：《审判管理：功效、局限及界限把握》，《法学研究》2011年第4期。

果的真切感受。① 实践中非常有可能为追求数字的漂亮和排名的靠前而弄虚作假的情况，对于这种情况也要保持高度警惕。

(二) 地方各级法院案件效率评定体系

1. 有关各级法院案件效率评定规定的基本情况。最高人民法院的规定是一个指导性的规定，并且明确表示各地法院可以根据当地的实际情况对效率评定指标进行增减。最高人民法院依据指标体系中的各项指标和权重对省级法院进行评估，而有的省级法院在最高人民法院未出台《指导意见》之前，已经有对中级法院和基层法院的考核，只是这个考核跟最高法院的质量评估指标体系有区别，如有的着重案件流程管理的考核，有的侧重对法官个人的绩效考核，有的强调对法院整体的考核，等等。在最高法院印发了《指导意见》后，省级法院并没有中断既有的考核，而是把最高人民法院《指导意见》中的内容增加进考核指标之中，所以，实际上，省级法院对中级法院和基层法院的考核一般会比最高人民法院所要求的多，甚至在有的法院成为一种负担，因为大家都不愿意落后，以为考核指标越多，越能体现法院系统重视审判管理工作，审判工作就能越突出公正、效率和效果。因此，就审判效率评定体系来说，法院系统一般会出现层层加码的情况，当然也不排除极个别法院的指标少于上级法院的情况。总之，评估的内容和权重各地法院做法不尽相同。

2. 高院、中院和基层院案件效率评定体系的内容和结构。本研究收集到一些高院、中院和基层院的效率指标评定体系。如 Y 省高级法院反映效率的指标只有六项：结案均衡度；法定（正常）审限内结案率；平均审理时间指数；平均执行时间指数；12 个月以上未结案件数；院审判人员平均结案数。又如 G 省高级法院反映效率的指标为七项：当庭裁判率；法院年人均结案数；法官年人均结案数；一审简易程序适用率；法定（正常）审限内结案率；超审限未结比；结案均衡度。S 市中级法院的效率指标数为八项：法定（正常）审限内结案率；平均审理时间指数；法定（正常）审限内执结率；平均执行时间指数；12 个月以上未结案件数；院审判人员平均结案数；结案均衡度。某基层法院的效率指标为五项：法定（正常）审限内结案率；结案均衡度；一审简易程序适用率；当庭裁

---

① 孙启福、吴美来：《案件质量精细化管理的局限及其克服》，《法律适用》2012 年第 6 期。

判率；清积率。S市所辖区的B法院的效率指标比较多，有十项：法定期限内立案率；一审简易程序适用率；当庭裁判率；法定（正常）审限内结案率；平均审理时间指数；平均执行时间指数；延长审限未结比；结案均衡度；法院年人均结案数；法官年人均结案数。以我们收集的几个法院的指标来看，高院、中院和基层院案件效率评定体系的内容和结构有非常大的差别。

3. 地方各级法院案件效率指标评定体系的基本特点和创新。从以上收集到的案件效率指标评定体系来看，可以总结出以下特点。首先，各地法院脚踏实地地在总结审判工作经验。从上述六家法院关于案件效率评定体系的指标数来看，都少于最高人民法院的数量，这说明各地法院是用心在修订和完善效率指标评定体系，因为这个效率指标评定体系关涉法院和法官的切身利益，需要认真对待，真正要结合本地实际情况进行操作，以保障审判的效率。其次，各地法院对审判效率各项指标规定的权重不一致，说明各地法院对各指标的认识不同，也说明它们对指标的重要程度认识不同。如S市中级法院的审判效率（效率指标的总权重为40%）指标权重如下：一审简易程序适用率的权重为4%；当庭裁判率的权重为3%；结案均衡度的权重为4%；法定（正常）审限内结案率的权重为4%；平均审理时间指数的权重为5%；法定（正常）审限内执结率的权重为4%；平均执行时间指数的权重为5%；12个月以上未结案件数的权重为3%；院人均结案数的权重为3%；上诉、抗诉案件平均移送天数的权重为5%。S市所辖区B法院的审判效率（效率指标在总权重中仍然占40%）指标权重稍有不同，具体如下：法定审限内立案率的权重为13.6%、结案率的权重为18%、审限内结案率的权重为23.4%、当庭裁判率的权重为9%、平均审理周期的权重为24%、人均结案数的权重为12%。再次，案件效率评定指标体系具有实操性，因为这些数据要录入法院的计算机系统，接受本院案件管理部门和上级法院的监督和评估的，所以，指标体系应当具有实际操作性，也能反映法院审判效率的基本情况。最后，充分体现了地区差异，不同地方法院的效率评定指标体系差别很大，说明各地法院的实际情况不同。

从各地法院的具体情况来看，对于包括案件效率在内的质量评估工作，法院都非常重视，有专门的案件管理机构和专职的案件管理人员，这说明各地法院都认识到案件管理的重要性，各地法院的创新大致有三点。

首先，各地法院把案件效率评估结果作为法院绩效考评的重要内容，以此激励审判人员和法院更加注重审判效率。其次，各地法院对本院的各业务庭（局）进行打分排名，并分月、分季度通报，高院和中院还对下级法院进行打分排名，分季度通报，各业务庭（局）和下级法院形成良性竞争局面。再次，在通报中，审判管理部门对指标进行逐项分析，对取得的成绩给予肯定，对出现的问题提请相关部门注意，有的还给出了解决的思路和方法。最后，各地法院案件效率评定体系也在不断地修订和完善中，正如最高人民法院设想的，其是一个不断改进的指标体系，这说明各地法院旨在探索如何使指标体系的设定更加合理、更能真实反映办案的效率，减少本来面目与评估面目之间的误差。

4. 对地方各级法院案件效率评定体系的评价。总体来看，地方各级法院的指标并没有局限于最高人民法院在案件效率评定体系中的规定，而是根据各地的实际情况，对案件效率指标体系中的指标进行了认真研究和修正，制定出符合本地方的案件效率指标体系，这说明各地的差异性还是非常明显的。如有的法院关于案件效率的指标体系有八项，有的只有五项。但从另一方面来看，说明如何设定案件效率评估指标是一件仁者见仁、智者见智的事情，并没有一个放之四海而皆准的、固定不变的指标体系。这需要各地法院在实践中不断探索，总结经验，找出最符合司法本来面目的案件效率评定指标，这是一项艰巨和充满挑战性的工作。各地法院每月或每季度公布各业务庭（局）或下级法院的排名情况，本意是通过这一管理活动找出工作中存在的问题并改进。而且，地方各级法院一般把案件效率评定体系中的指标和审判绩效考核相联系，通过这些数据来对法官个人进行考核，依据一定指标体系计算一段时期审判工作绩效得分，并进行名次排序，为奖惩提供依据。[①] 一旦效率评定指标体系中的指标与法院、业务庭（局）、法官个人的收入、奖惩等问题挂钩，就有可能使考评数字出现失真的现象，因为法院、业务庭（局）、法官个人都有动力去追求数字的漂亮和排名的靠前，这样才能在竞争中占得先机，才能让自己的利益最大化。我们收集到 S 市中级法院 2014 年四个季度的审判管理信息通报，其中一、二、三季度都反复讲到数据真实问题，只有第四季度没有讲到数据真实问题，这说明数据真实是一个严重困扰该中级法院的问题，

---

① 孙启福、吴美来：《案件质量精细化管理的局限及其克服》，《法律适用》2012 年第 6 期。

以下为该中级法院审判信息通报中关于数据问题的节录：

"第一季度：信息录入不真实、不准确，网络系统升级等原因，会导致数据错误，常常反复地调取评估数据，极大地影响分析的及时性。各庭、局应树立为审判执行工作而做好质效管理的理念，不是单纯地为数据而追求评估结果。

第二季度：今年案件信息的补录、法律文书上网、清理长期未结案的工作任务重，但各庭、局仍应注意信息录入真实性、准确性，杜绝部分执行案件申请执行标的金额与执行标的金额差额巨大、结案方式填写不准确等问题。

第三季度：应准确、及时录入案件信息。执行局填写执行标的到位金额数量单位出现错误，致执行标的到位率畸高，庭局数据重新调取。高院通报我院实际执行率指标、特别是执行标的到位率分别位列第8、第1名，指标值分别为46.28%、101.55%，从理论上讲是不合理的，执行局应当注意正确填写执行标的到位金额。"

因此，对地方法院来说，如何防止数字失真是一个迫切需要解决的问题，而且，由于数字是层层上报，上级法院的数字是在下级法院的基础上形成的，如果基层数字有误，最高人民法院的统计数字就难以反映真实情况，以此数字来做决策就非常危险。

（三）最高人民法院和地方各级法院案件效率评定体系的基本认识

1. 最高人民法院和地方各级法院案件效率评定体系之间的区别。最高人民法院与地方各级法院关于案件效率评定体系的区别是明显的。首先，最高人民法院是以此来评估各省级法院，并不评估省级以下的地方法院。评估的结果虽然没有向社会公布，但其导向作用还是非常明显的。在法院系统内部，最高人民法院公布各省级法院的排名和得分情况的目的在于：一是通过评查系统发现的比较突出的问题，督促其采取措施改进。二是激励排名靠前的省级法院，把工作做好，明确努力的方向和任务。三是最高人民法院通过这套系统发现案件效率评定体系的问题，从而在实践中不断完善。其次，最高人民法院居于主导地位，是评查的组织者和规则的制定者。地方各级法院是评查的对象，也是规则的约束对象。但地方各级法院又非完全被动，因为它们可以主动和主导地去修订效率评定体系中的某些指标，使其更符合本地的实际情况。再次，省级法院和中级法院既是被管理者，也是管理者，他们通过这套系统对下级法院进行监督和管理。再次，最高人民法院通过这套系统对法院工作进行考评，可以说是"对事"；而地方法院则通过效率评定体系结合绩效考核方案既对下级法院进行考核，也对审判人员进行考核，可以说是"对事"与"对人"结合。最后，地方各级法院都是以最高人民法院的效率评定体系为基础发展起来的，基础和主体没有变，考核的中心没有变，但指标不尽相同，具体内容有一定的增减，权重也有变化，有些法院的差异相当明显。

2. 最高人民法院和地方各级法院案件效率评定体系推行的条件和可行性。改革开放向纵深推进，社会主义市场经济体系的建立，社会转型期社会矛盾多发，涌入法院的纠纷越来越多，也越来越复杂。法院的审判工作变得越来越拖延，如何解决法院效率不高是司法改革的重大课题。最高人民法院在人民法院五年改革纲要中关于提高审判效率的相关内容有相应的顶层设计，这是最高人民法院对案件效率问题的基本判断。党和国家也充分认识到案件效率在中国越来越成为一个严峻的问题，如果案件审判效率不解决，司法难以成为保障社会正义的最后一道防线，所以在2003年成立中央司法体制改革领导小组，统一领导和规划司法改革，也从国家层面进行顶层设计。所以，有党和国家的高度重视和长远规划，有最高人民法院的积极推动和具体实施，这是案件审判效率能够得以提高的前提条件。

同时，当前法院案件效率评定体系推行具有以下可行性：首先，管理理论的支撑。所谓管理，是为了有效地实施组织目标，由专门的管理人员利用专门知识、技术和方法对组织活动进行计划、组织、领导和控制的过程。[①] 管理学的学科分类比较晚，但自从管理成为一门科学，管理学的研究方兴未艾，社会的方方面面都在践行管理学的理论，政府部门和国家机构也逐渐把管理理论运用到日常工作中，案件管理正是管理理论在法院的具体运用。其次，定量管理方法的运用。中国古代的社会管理是一种简单的管理，比较模糊或抽象，没有像今天这样以考核指标（各种数字来衡量）来进行社会管理，其可以称为定性管理。现在的社会管理是定量管理，方方面面都以数字来衡量，法院管理也离不开定量管理。案件效率评

[①] 陈传明、周小虎：《管理学》，清华大学出版社2009年版，第6页。

定体系显然与定量管理契合，也符合现代化管理方式的数字化和系统化目标。再次，实践经验的积累。由于各级法院案件效率评定体系都源自司法实践，并经各级法院认真研讨和广泛征求意见，是在总结审判经验基础上提炼的一套指标体系，具有一定的针对性和可操作性，能够反映法院在案件效率方面的现实问题。最后，指标推行的适应性和可操作性。案件效率评定指标体系并不强求全国或各省级法院统一规划和拟定，它对地方各级法院具有开放性和包容性，而且，最高人民法院要求地方各级法院应当根据各地实际情况对指标体系进行修正，使其更好地适应当地社会的实际情况，具有更大的灵活性。所以，地方各级法院可以根据本地的实际情况制定具体的指标体系，并根据社会的发展变化做出适当调整，使得不同法院的指标体系更加切合实际，从而具有可操作性。

3. 最高人民法院和地方各级法院案件效率评定体系存在的基本问题。首先，现行案件效率评定体系并未真正反映现实中的问题，甚至掩盖了问题。法院通过案件效率评定体系能够大致掌握司法实践中的问题，并采取措施改进，但在整个地方法院系统，由于案件效率评定体系中的数字与法院、业务庭（局）、法官个人的绩效考核挂钩，在利益的驱动下，会出现弄虚作假的情况。如有的地方法院异化为"两本账"（一本是真实的，在本院内部看；一本是虚假的，给上级看），违背了案件管理的初衷，也不能真实反映审判中的实际情况，有碍审判管理的顺利运行。因此，效率评定体系中的数字不一定就是司法审判中的真实情况，法院、业务庭（局）、法官个人注重排名的靠前和数字的漂亮，会有意模糊甚至淡化某些问题，不能体现案件审判中的真实情况，反而遮蔽了某些问题。有学者认为，以事后统计为基础（并且通常是法院自行统计）、以应对上级法院评价为主要用途的各种量化分值，很难反映法院审判工作的真实水平和状况。① 其次，指标设置的合理性问题。尽管各级法院没有停止对指标体系的修订和完善，但如何使指标体系真正反映案件效率问题还是有一定的难度，这也是指标体系经常变动的原因，而且各项指标的权重在各地法院也不一致，也许有些法院认为一项指标占的权重应该多些，而另外的法院却持相反的立场。再次，可能加重行政化管理的趋势。由于上级法院是以案件效率评定体系中的数字为依据来考核法院和法官，为了追求数字的漂亮

---

① 顾培东：《人民法院内部审判运行机制的构建》，《法学研究》2011 年第 4 期。

和排名的靠前，院庭长、审委会干预案件审判的可能性增大，法官的请示汇报的可能性增多，司法审判中反而强化了行政化的管理，不符合司法的规律和特点。当前规范院、庭长对案件审理的行政指导，已成为正确处理审判管理权与审判权的关系、合理运用审判管理权的关键问题之一。[①] 所以，防止行政化管理的回潮是需要特别注意的问题。再次，案件效率管理系统可能削弱审判效率。案件效率评定体系严重依赖计算机，包括计算机局域网的建设和计算机软件的购买、更新和维护，这会增加法院的建设和维护成本。由于案件效率评定指标体系由软件供应商提供，而且由于指标体系的经常变动，购买这套软件需要花钱，维护和更新软件同样需要花钱，在法院经费没有显著增长的情况下，用到审理案件方面的经费就会减少，这会妨碍案件审判效率的提高。另外，法院还设立专门的案件管理机构，在法院编制比较固定的情况下，这会减少一线办案人员的数量，也会影响案件的审判效率。最后，没有可供借鉴的经验。案件效率评定体系是我国法院的一个创新，国外没有相关的经验可以借鉴，这需要我们自力更生，解决司法实践中遇到的困难和问题，以提高审判效率。总之，案件效率评定体系面临一些问题，需要在司法实践中逐步总结经验，在理论和技术提炼的基础上运用于司法实践之中，使我国法院的案件效率管理上一个新台阶。

三 法院案件效率管理运行实证研究

法院对于案件效率管理首先需有专门的文件，这些文件是根据上级法院的规定并结合本院实际情况制定的，也是法院进行案件效率管理的依据；其次，法院有专门的管理机构和人员，审判管理办公室是专司包括效率管理在内的审判管理的机构。再次，法院每月公布本院各审判业务部门包括案件效率在内的案件质量效率评查情况，同时，上级法院会每季度通报同级其他法院的案件效率情况，并以质量、效率和效果指标综合后对各法院进行排名。该文以 S 市中级法院为例，具体分析和阐述法院案件效率管理的实践运行情况。

---

① 龙宗智：《审判管理：功效、局限及界限把握》，《法学研究》2011 年第 4 期。

（一）S市中级法院案件效率管理的实践情况

1. S市中院实施案件效率管理的规定。该法院关于案件效率管理的规定有：《关于创新和加强审判管理工作的若干意见》《关于重申严格执行案件审理期限相关管理规定的通知》《绩效考评办法》《绩效考评实施细则》《关于建立审判质量效率评估指标体系的操作办法》《案件流程管理规定》，等等。这些规定中都有关于案件效率管理的规定，是法院对法官、业务庭以及上级法院对下级法院进行案件效率管理的依据。

2. S市中级法院案件效率管理的统计和处理情况。该院每季度对审判管理的情况进行通报，通报有两个：一个是《关于对全市各基层人民法院××××年×季度审判运行态势分析的通报》，另一个是《关于对全院各庭局××××年×季度审判运行态势分析的通报》。两个通报的结构完全相同，由两个部分加一个附表组成。第一部分通报各法院或业务庭（局）公正、效率、效果三个指标的基本情况，并对有关三级指标进行个别描述，同时通报本院在全省中院中的排名情况。第二部分是下一步工作应当注意的问题，在简要分析了相关情况后，提出了基层法院或各业务庭（局）应当在今后工作中注意的问题，以引起它们在今后工作中的注意和引导它们对相关问题进行整改。最后一部分是附表，把各法院和业务庭（局）的各项指标完整列出来，让各法院或业务庭（局）有一个对比，也明确了本部门与其他部门的差距，以更好地改进工作。

3. 案件效率管理采取的具体举措和方法。从S市中级法院案件效率管理采取的措施和方法来看，主要有以下几种。首先，司法资源优化配置。最主要的是审判资源的优化配置，让审理案件的法官有裁判权，尽量不让裁判权旁落到其他未参加审理的人员手中，限定院、庭长参与裁判的范围，严格审委会讨论案件的范围，减少行政权对案件裁判的影响。按照司法改革的要求，法官员额制的工作已启动，审判法官真正"战斗"在审判第一线。其次，对案件进行简繁分流。因为简繁分流能够在相当程度上提高案件审判效率，法院在各个阶段都有对案件进行简繁分流的动力，特别是新刑事诉讼法规定了庭前会议后，在庭前会议期间，法院规定对于适用简易程序的案件要听取被告人的意见，告知相关的法律规定，并听取辩护人的意见和建议，这些对于保障程序公正、提高案件效率大有裨益。再次，强调案件结案均衡度。结案均衡度是法院案件效率指标体系中的一项重要指标，但从 S 市中级法院近两年来的数据来看，起伏很大，并没有得到明显改善，原因在于案件是否进入法院受当事人因素影响较大，受法院影响因素相对较少，但法院为了结案均衡度数据的漂亮，仍存在对立案进行人为控制等问题。最后，案件审限扣除制度。由于审限可以在履行一定的手续后进行扣除，而扣除后的审限在系统中显示的是正常数值，所以法院的审限扣除很普遍，在审限扣除上比较混乱。为此，该院制定了《关于重申严格执行案件审理期限相关管理规定的通知》，意图把审限扣除拉回到正常轨道上来。由于审限扣除在本院内完成，不需要院长或审委会审批，所以审限扣除非常容易：一是虽然规定扣除审限需要理由，但理由总是可以方便地找到，这一条不难达到；二是尽管要经过审判长和庭长两道审批手续，但基本上他们会同意（从对法官的访谈来看，几乎没有不同意的）。实行审限扣除后，计算机系统中显示的数据是正常值，但案件实际已经超出了审限，数据与真实情况不相符，审限扣除在某种程度上架空了审限内结案的普遍要求，正是意识到审限扣除的混乱，法院专门制定了审限管理的规定，但效果如何仍有待观察。

4. 案件效率管理情况的特点和效果。从 S 市中级法院案件效率管理的情况来看，有以下几个特点。首先，案件管理部门履行管理职能。包括案件效率管理在内的审判管理是审判管理办公室的当然职责，最高人民法院要求各级法院建立独立编制的审判管理机构，并让它独立于以前的法院内设机构，这充分说明法院系统对案件管理的重视。审判管理的相关情况通报都由审判管理办公室负责。加强案件管理是当前强化法院管理职能的一个重要方面，同时也是保障案件审判质量和提高审判效率的重要一环，通过加强管理，从数字上看，法院的各项工作都有某种程度的改进，尤其对法院的审判工作有明显的改善。其次，案件监督的延伸。在实行案件管理以前，法院对案件的监督基本上是事后的，即只有在案件审判结束之后才进行监督，这种管理方式对审判过程如何既不知道也没有监督。而在实行审判管理之后，借助计算机系统对所有的在审案件进行监督，特别是通过流程管理来监督案件的进展情况，让案件的整个过程都处于监督之下，克服了没有事中监督的缺陷。由于有了计算机系统的帮助，每个案件从进入法院起，都在审判管理部门的监督之下，增强了对审判过程的监督，拓宽了监督案件的渠道，开启了过程—结果双重控制的新模式。最后，促进法院工作的改进。由于每次通报都附有各部门各项指标的数据，不仅能够直观了解各项指标的优劣情况，查找自己部门工作的不足，还能对比其他部门工作情况，发现问题并找出差距。另外，审判管理部门也有相应的建议和意见，以促进以后审判工作的改进。

从案件效率管理的实施效果来看，加强审判管理，使原先多主体的管理、监督和统计归口于一个部门，使审判管理的体制更加顺畅，也促进了审判管理水平的提高，而且监督范围更宽，有利于法院工作上一个台阶。审判管理办公室的每次工作通报，都起到很好的效果。做得不好的部门，下次公布的数据绝大多数都有显著的改观。该院案件效率管理的另一个效果是案件透明度高，不仅案情透明，法院相关人员都可以通过内网看到案情，而且审判过程透明，审判人员在审判过程中采取的任何行动都有记载，并保留在系统中，其他相关人员都可以观察和评价。总之，从数据来看，绝大多数指标得到改进是主流，但因为短期的调研所收集的数据时间跨度有限，可能并不能完全反映该院审判工作的全貌，因而只通过数据来考察，不一定反映法院审判实践中的真实情况。

（二）法院案件效率管理存在的制度和实践问题

1. 我国案件效率评价体系存在的问题。我国法院系统案件效率评定体系是一个复杂的、标准不一的指标体系。首先，不同法院的案件效率评定体系自成一体。最高人民法院认为评定体系应当是一个开放的体系，各地法院可以有不同的指标，因此，全国四级法院的案件效率评定体系各不相同，虽然不同地区法院应有不同特点，但开放性也难免造成各自为政，而且指标的科学性与合理性也存在一定的问题。我们认为，案件效率评定体系应当由上、下级法院联合论证、评估，必要时可以委托第三方机构如研究机构、高校等对评定体系进行评估和制定，并对现行的案件效率评定体系加以完善。其次，法院系统的统计台账缺乏一致性。统计台账应当从案件效率评定体系的计算机系统中自动生成，不能由法院和法官任意进行修改，修改数据履行手续的审批应该更加严格，实现院长负责制，数据的修改不能由审判长、庭长签字算数，而应该由院长签字，院长对保障数据真实负有重大责任，以此保证数据的真实可靠。同时，上级法院和本院审判管理部门能够从计算机系统中方便地导出所需要的数据，为司法决策作依据或参考。再次，二审和一审案件的评估体系缺乏一定区别。对于中级、高级人民法院的二审案件效率评估，应当有别于基层法院的一审案件，二审案件应当注重质量，对效率的要求应当更加谨慎，否则，再审、信访等后续程序会消耗法院和法官大量的时间和精力，反而不利于效率的提高。最后，案件效率评定体系未能充分体现和遵循司法规律。在案件效率评定指标体系中，有的指标带有明显的行政化色彩，有的指标干扰了司法审判，有的指标反映案件效率有失偏颇，这些都是与司法规律相违背的，因此，指标体系应当充分考虑司法规律，要重视审判管理，更须重视审判资源配置。① 通过合理配置审判资源，把好钢用在刀刃上，促进案件审判的高效率。

2. 我国案件效率评价体系实施中存在的问题。首先，三个二级指标之间存在紧张关系。法院系统把质量效率评定指标分为质量、效率、效果三个二级指标，然后在各二级指标下设若干三级指标，问题的关键是质量、效率和效果在很多情况下不是同向关系，它们之间存在一定的张力，如在审判中重视审判质量和效果，就必须遵守诉讼程序，保障当事人的诉讼权利，法官还可能动用各种关系网络进行调解，这往往会超出审限，未能体现效率。相反，如在审判中片面强调效率，可能影响案件的质量和效果。由于指标体系是反映整个审判工作的，如何消解这种紧张关系不仅关涉审判工作的评价问题，也关涉指标设置的科学性和合理性问题。其次，各地法院往往把指标体系中的指标直接作为绩效考核的依据。严格说，绩效考核是对法院工作人员的考核，有一套考核指标，是对"人"的管理，而案件质量效率评定体系是对审判工作的管理，是对"事"的管理，两者应有明显的区别。但是，在实践中，各地法院往往直接将指标体系中的指标作为法官考核和对下级法院考核的依据，法官和下级法院为了能够摆脱指标体系中数据对自己的不利影响，往往会对指标进行某种程度的美化，结果数据失真常常出现，审判管理的初衷没能达成，数据造假恶习难除。最后，指标权重的设置不合理。一项指标的权重设置过轻，法院和法官不会重视；设置过重，法院和法官肯定会重视，并且会采取各种办法来强化对权重较重的指标的重视，从而忽略了其他指标。因此，合理设置指标的权重，对于正确评价法院及法官审判工作，让审判按照应有的节奏进行是需要深入思考的问题。

3. 我国案件效率管理实践运行可能存在的风险。首先，与绩效考核

---

① 龙宗智：《审判管理：功效、局限及界限把握》，《法学研究》2011年第4期。

挂钩导致激励因素不足，法院或法官规避意识明显。由于法院系统普遍把案件效率指标作为法院和法官的绩效考核指标，法院和法官对数据非常敏感，绩效考核与法院的工作和创先争优等密切相连，还与法官的收入、晋升等密切相关，为了趋利避害，法院和法官往往会过分重视数据与利益的关系，如果审判中达不到指标体系中理想的目标，法院和法官就会采取其他方式来避免对自己所遭受的不利影响。所以，与绩效考核联动的案件效率指标体系惩罚因素明显，激励因素不足，导致法院和法官表面文章做得多，实际工作没有多大起色，审判实际与统计数据相差较远，更加危险的是出现数据虚假问题。其次，避免数据造假的措施不足。法院系统应当充分认识到指标体系中数据虚假的问题，上级法院应当建立数据核查和数据作假举报制度，而且，上级法院不能坐等下级法院报送数据，还应当结合实地调研和抽查等方式来获得数据或核查数据，全面核查数据的真实客观性，同时，为保障数据的真实可靠性，还应当严厉惩罚数据作假行为。再次，可能导致法院工作陷入形式主义怪圈。通过指标体系进行管理有相当的积极影响，但也不可忽视其消极影响。如法院和法官可能在审判工作中重形式，审判与过去没有实质性改观；再如法院和法官重数据、轻实干。由于效率评定系统的导向作用，法院和法官眼睛只盯着数据，实际审判工作的效果反而被忽视。最后，评定指标自身的问题导致审判工作无法得到实质改善。审判工作是一项复杂的专业工作，有的很难用量化指标来进行简单的考核和评价，这就需要对指标设置的合理性、科学性等问题进行认真研究，指标是否反映案件效率，案件效率是否能够完全量化，案件效率指标在实践中的运行如何，对案件审判效率的提高是否是起促进作用等，都需要大量的调研，以此来完善指标体系，这需要大量的、长期的工作才能找到答案，轻率、简单的做法只能使审判工作陷入被动。

四 我国法院案件效率管理制度的完善

（一）我国法院案件效率管理需要解决的基础问题

1. 法院案件效率衡量基本标准和依据的调整。案件效率的本来含义是单位时间内审判案件的多少。单位时间内审判的案件越多，效率越高。但自最高人民法院把审限内结案数作为考察指标之后，基层法院和中级法院也纷纷效仿，均把审限内的执结率作为案件效率衡量的标准和依据。审限是对一个案件最多经过多长时间的审理并做出裁判的时间限制，它是在综合考虑案件的各种情况后做出的对所有案件审判的时间要求。法院把审限作为审判效率的衡量标准具有一定的现实意义。一是严格执行法律关于审判期限的规定。三大诉讼法都有关于审限的规定，要求办案人员在审限内结案，超出这一时间限制，就是一种违法行为，审限是对审判人员办理案件的一个"紧箍咒"；二是在法定的审限内结案，对于绝大多数案件来说，是可以做到的，这并不是一个高不可攀的标准；三是审限是对所有案件综合考虑基础上的平衡，一般来说，在审限内结案，案件处理不会太仓促，也不会太拖沓，是一种适中的时间限制；四是审限的硬性规定有利于对法院和审判人员的监督，因为审限是一个可以量化的标准，可以很明确地度量，有没有超审限一目了然。但是，审限只是审判时间的上限规定，如果在审限以内结案，审判人员可以开始另一个案件的审理，无疑，在单位时间内审判的案件数量就会增多，因而审判的效率越高。因此，在我国司法实践中，不仅把单位时间内处理案件的多少作为审判效率的依据和标准，同时，也把审限作为一个衡量审判效率的指标。

2. 法院案件效率管理的内部制度建设。关于法院案件效率管理，我国法院较早建立了一套内部机制来进行管理，最主要的体现是强调对审判流程的管理。《人民法院第一个五年改革纲要（1999—2003）》要求：借助现代信息管理技术，通过对案件的立案、排期、管理、结案等环节的合理分工，明确管理目标，确定相应的监督考核方式，将审判工作全面纳入管理中，保证案件流程在各个阶段衔接紧密，受到管理部门的监督和其他方式的制约，确保审判高效。《人民法院第二个五年改革纲要（2004—2008）》则进一步要求：健全和完善科学的审判流程管理制度，逐步做到同一级别的法院实行统一的审判流程管理模式。在考虑案件类型、难易程度等因素的前提下建立和完善随机分案制度。由此可见，最高人民法院把审判流程管理作为提高审判效率的重要手段而着重强调。受此要求的影响，地方各级法院逐步建立和完善了审判流程管理的内部制度。如Y省高级人民法院出台了《全省法院案件审判流程管理规定》，作为一种制度要求中级人民法院和基层人民法院执行，而在中级人民法院和基层人民法院，又参照省高院的制度，制定了本院的案件审判流程管理规定。所以，从整个法院系统来看，案件效率管理的内部制度建设主要是通过案件流程管理来实现的，而流程管理又是法院审判管理的重要组成部分。

3. 法院案件效率管理的基本思路。第一，以消极被动为原则。我国法院的管理主要是以考评为手段，对于完不成任务或任务完成得不好的进行相应的惩罚。这样的做法有一定的积极意义，如让案件在整个流程的运行状况一目了然，并且监督到具体的部门和人员，不仅职能部门可以对审判人员进行监督和评价，同事之间也可以进行监督和评价，能够促进案件质量和效率的提高。但也不能忽视这种审判管理方式的负面影响。强化包括案件效率管理在内的审判管理，形成权力掌握在管理部门和行政领导手中，一线法官由于受考评的影响，不愿意独立负责，而更愿意请示汇报。指标考核有正向作用，但有的问题很难用量化的指标来考核，由于考核指标对法院和法官的重要性不言而喻，数字不真实或数字造假也难以避免。所以，不应过分迷信数字化考评对案件效率的积极作用，而应按照审判规律进行案件效率管理。司法审判最重要的是法官个体的独立负责，在亲历庭审的情况下独立做出裁判。所以，对于案件效率管理应当把握好度，否则，法院管理太过积极主动，容易扭曲审判行为，不利于法院审判工作中对司法规律的遵循。

第二，案件量化评价向质的转变。由于案件效率评定体系是以一套量化的考核指标对法院和法官进行考评，这套指标体系如果设置不当，容易对审判产生不利影响，所以评价指标应向质的要求上有一定转变。首先，弱化行政因素对案件效率管理的影响。从本质上讲，审判管理本质上应当是一种审判服务，而不是干扰甚至包办代替一线法官办案，应改变审判管理的行政化倾向。审判管理行政化表现在：一是实施层级管理。其具体要求是院长、庭长依法监督指导办案，加强上级法院的宏观制约和业务指导，以统一法律适用和裁判尺度等。二是强化审判绩效考核。各地法院普遍将审判质量效率的指标体系用作下级法院以及本院法官工作业绩考核和排名的指标，用作法院和法官工作奖惩、晋升的依据，由于指标是由上级设置、掌握和实施考评的，审判围绕指标转的实质是下级围绕上级转，进一步强化了司法的行政化。① 其次，应当把案件效率评定体系与法院绩效考核和法官个人绩效考核脱钩，这样才能一定程度消除统计数据失真或造假现象，反映实际审判工作的真实情况，以此做出的司法决策才是正确的。再次，在具体指标的设置上，应当摒弃那些不能反映办案效率的指

---

① 参见龙宗智、袁坚《深化改革背景下对司法行政化的遏制》，《法学研究》2014年第1期。

标，或是放弃那些有损办案效率的指标，让指标体系更加科学、合理，这需要法院系统坚持不懈地探索和努力。最后，案件效率管理不能以惩罚为主，而应以激励为主。通过这种指导思想的转变，让法官愿意从事审判业务，而不是想方设法逃离审判业务。法院系统通过指标的监控不是要对法官进行惩罚和约束，而是对做得好的法院和法官进行相应的表彰和奖励，形成一种激励机制，从而减少数据失真或作假的可能性。

第三，实质评价与形式评价相结合。形式评价就是通过一套量化的评定体系对案件效率管理进行评价，这种评价是对案件效率外部表现形式的评价，好处是直观、客观、一目了然，即处处强调"数据说话"，唯数据论地看待涉及案件质效的审判管理活动。事实上，部分法院有意忽略定性方法也反映了其认识上"重结果、轻过程""重数据、轻实质"的问题。[①] 另外，正如前面分析的那样，形式评价还有一个问题就是如何保持评定体系中各种数字的真实性，只有评定体系中的数字是真实的，通过这套评定系统才能准确地掌握案件效率的真实情况，但实际上数字作假或有水分不可避免。因此，应当引入实质评价，实质评价就是通过一定的评价主体来评价案件效率，这种评价一是比较主观，二是摒弃完全量化的指标，三是注重评价主体的感受。实质评价容易受主观因素的影响，也可能失真，但通过对评价主体的数量和结构的调整，如评价主体可以为法官、当事人、律师、人大代表、政协委员等，可以一定程度上解决此问题。通过实质评价与形式评价的结合，能更准确地评判案件效率管理。

（二）我国法院案件效率评价体系的完善

1. 案件效率评价方式的改革。第一，强调以法院整体结案为标准而非审判部门及审判人员结案为标准。现在法院系统的普遍做法是把案件效率指标与业务庭（局）和法官个人的绩效考评挂钩，效率指标当然影响部门及个人的业绩、奖惩。在调研中，我们只能看到审判管理系统中的电子数据，至于实际工作中的原始数据，因为保密需要，或者数据整理的技术问题，抑或审判手续问题等难以获取，因而这种数据统计可能并不完整，也可能存在一定的失真现象。一旦效率指标与部门及个人的绩效考核挂钩，要获得真实的数据就变得非常困难。

---

① 施鹏鹏、王晨辰：《论司法质量的优化与评估》，《法制与社会发展》2015 年第 1 期。

第二，以法院整体结案为标准来看案件效率可以发现带有普遍性的问题。数据反映的是法院的整体情况，有利于从整体上对案件效率指标进行修订。如果数据与法官个人或业务庭（局）的利益没有紧密联系，也可能在一定程度上忽视数据失真的问题。

第三，降低均衡度结案要求。设置结案均衡度指标的初衷是解决案件审理过程中的超审限问题、拖延办案和消极办案以及年底抢结案等弊端。① 结案如果要求均衡，就必须从源头——立案上寻求均衡，这会造成法院为了追求数字的漂亮而有案不立，导致当事人"立案难"。另外，案件的发生并不是由法院可以掌控的，如民事案件诉至法院的时间并不均衡，可能有的月份多，有的月份少；刑事案件更不均衡，案件发生的偶然因素很大，检察机关起诉到法院的时间完全不能想当然地确定。所以，以结案均衡度来考察法官的审判效率存在很大问题。但可以完善这个指标体系，比如把结案与立案结合起来考核结案均衡度更为合理，再比如可以放大结案均衡度的时间长度，不是以月为衡量单位，而是以季度为衡量单位进行考评。总之，应当降低结案均衡度的要求或者让结案均衡度的设置更加合理，使效率指标更科学。

2. 案件效率具体指标的调整和增补。案件效率的指标要能准确反映案件的效率情况，如果设定一个指标不能较好地反映案件效率，则这个指标的设定是有问题的。如上所述，"结案均衡度"，无论从审限角度还是从单位时间内处理案件的数量来看都不能反映案件效率，把它纳入考核目标的目的是让法官和法院保持办案的逐月均衡，防止结案大起大落、突击结案等现象。但司法实践中法官和法院为追求数据的漂亮，一是有案不立，让当事人状告无门；二是故意拖延案件审理或刻意快速结案，故意拖延案件审理会增加当事人的诉讼成本，而刻意快速结案就可能省略应当进行的诉讼程序，剥夺当事人的诉讼权利等，对案件的质量造成负面影响，更会引起当事人的反感和不满。其实，对于结案均衡度完全可以通过另外的形式来进行考核，而不是通过设置一个效率评定指标来考核。因为如果法院收案是均衡的，对于大多数案件来说，结案一般也是均衡的，如果收案不均衡，结案一般也不均衡，收案是不受法院控制的，会受到很多因素的影响，如果硬要规定结案的均衡度，则法官和法院只能采取一些应对措

---

① 程印学：《浅析影响审判效率的基本因素》，《理论学刊》2004年第4期。

施。"法官（法院）人均结案数"，在中级法院和高级法院考核下级法院和法院考核法官时，这种横向的案件效率评定指标就会出问题。收案多少法官和法院是不可控的，如果硬要以此指标来衡量法院和法官，则法院的中立性、被动性就会被瓦解，上门揽案等现象又会大行其道，反而有损法院的权威，还会刺激数据作假等现象。有关"一审简易程序适用率"问题，无论是民事案件还是刑事案件，简易程序适用的决定权都不在当事人手中，法院拥有几乎绝对的权力，而且，在法院案件增多、负担加重的背景下，法院为了尽快结案，有扩大简易程序适用范围的动机，再加上案件审判效率对一审适用简易程序适用率的要求，法官和法院会不自觉地倾向于对案件适用简易程序，不该适用简易程序的适用简易程序会损害案件的审判质量和效果。因此，对于简易程序的适用，需采取措施保障当事人的程序选择权，不能由法官任意决定适用。总之，在设定案件效率评定指标时，应当充分考虑指标是否与审判效率有关、是否有助于评判审判效率、是否会造成负面影响等因素，摒弃有违司法规律的案件效率指标，增补有利于合理衡量案件效率的指标。

3. 案件效率间接衡量标准的引入。法院案件效率评定指标体系能够在一定程度上反映案件效率是确定无疑的，但是，这套指标体系并不能完全衡量案件效率。这套法院系统内部的指标体系，外界无从知道具体细节，向外公布的是总体数据，而非具体数据。而且，该套指标体系忽视了外界对法院的评价，第三方的评价可能比自身的评价更客观和到位。因此，除了采用法院的评定指标体系来进行案件效率评价，还应当引入间接衡量标准，即法院之外的第三方评价标准，以利于全面考察法院的案件效率状况，同时也有利于促进衡量标准更加客观、公正。间接衡量标准可以采用一定的评价项来评估法院的案件效率工作，但这种标准不能独立使用，应当与案件效率评定体系结合起来使用。比如长期久拖不决的案件是否得到解决或进入受理、审判程序，这种案件或者因为法院不受理，根本就不会进入案件管理系统，或者因为法院延长审限而长期得不到解决，并且延长审限没有次数限制，但在案件效率评定指标体系中显示不出来它是严重超审限内的，这种案件长期拖延的情况，当事人和群众意见很大，但指标体系未能如实反映。比如以信访率和再访率来评定法院的工作并不一定准确，现实中有较多无理取闹的信访案例可以佐证，如果把评价指标改为有理（法律上站得住脚）的信访率则更加科学、合理，但比较困难，因为把有理的信访与无理的信访区别开来甄别难度比较大。再比如社会舆论的评价，当事人、律师、普通群众、其他机构或社会组织、人大代表、政协委员等对法院工作的评价，这是法院工作口碑的体现，如果法院工作做得好，口碑一定不错，社会舆论的评价绝大多数应该是正面的。

（三）我国法院案件审判效率机制的完善和法院体制改革的协调

1. 提高案件审判效率与法院体制改革矛盾的处理。我国法院的审判运行现状是"多主体、层级化、复合式"。"多主体"，即审判活动由法院内多个主体参与，从承办法官、合议庭、副庭长、庭长、副院长、院长，以至审委会，各主体都可以参加到审判活动之中，并对案件的实体裁判产生不同的影响；"层级化"，即法院内合议庭、庭长、院长以及审委会之间构成类似于行政科层的层级化设置，各层级具有明确的从属关系，并且这种从属关系的效应常常体现在案件的实体裁判过程之中；"复合式"，即同一个案件在同一审级法院内往往需要经历多个主体和多个层级的复合评价，才能形成最终的裁判意见。① 我国为了提高案件审判效率，法院系统普遍在审判管理上下苦功夫、花大力气，但是，管理的特点是上命下从，对审判管理的强调在法院内部很容易异化为院、庭长对案件的审批。而且，院、庭长还有权把案件提交审委会讨论。法院的这种层层审批、讨论案件的本意是为了保证案件质量，一方面通过各级行政领导的层层把关来实现司法公正，另一方面通过集体的智慧来保证案件处理的可靠性，这是司法行政化的表现。而司法行政化是违背司法的规律，将法院、法官及司法判断过程纳入行政体制的命令与服从关系之中，使司法被行政"格式化"的变态现象。② 有学者认为我国司法行政化有如下表现：司法目的和价值的行政化；案件审判活动的行政化；上、下级法院关系的行政化；司法人事制度和法院结构的行政化；审判管理的行政化。③ 司法行政化的初衷是保证案件审判质量，但由于违背了司法规律，非但难以真正保证案件质量，而且无助于提高案件审判的效率。因此，提高案件审判效率需要与法院体制改革相结合，改变审者不判、判者不审的局面，让法院的审判

---

① 顾培东：《人民法院内部审判运行机制的构建》，《法学研究》2011年第4期。
② 张卫平：《论我国法院体制的非行政化》，《法商研究》2000年第3期。
③ 龙宗智、袁坚：《深化改革背景下对司法行政化的遏制》，《法学研究》2014年第1期。

权真正掌握在承办案件的法官手中,为此需要对我国法院系统内部管理体制进行改革,从院庭长、审委会及上级法院行政领导体制改革入手,正确处理合议庭、独任庭与上述法院内部审判监督组织体制的关系,真正做到法院体制改革所要达到的让审理者裁判、让裁判者负责的改革目标。

2. 案件审判效率管理与法院推行的员额制和人员分类管理机制改革的协调。我国法院体制的一个突出问题在于法院总体在编人员数量较大,但真正在审判一线的法官较少,这也是造成我国诉讼拖延的主要原因。因此,提高案件审判效率应当与法院推行的员额制和人员分类管理改革相协调。《人民法院第四个五年改革纲要(2014—2018)》提出要推进法院人员分类管理制度改革,将法院人员分为法官、审判辅助人员和司法行政人员,实行分类管理;建立法官员额制,对法官在编制限额内实行员额管理,确保法官主要集中在审判一线。法院人员分类管理改革是将法院人员分为三类,即法官、审判辅助人员、司法行政人员,而法官员额制则是在每个法院确定从事审判工作的法官所占的比例或数额,一方面将以资深法官为主体的庭长级、院长级的审判业务领导回归审判一线业务;另一方面通过将现有司法人员分类为法官、司法辅助人员及司法行政人员并实行待遇逐次递减,将存量中的优秀人才资源导向审判一线,明显压缩与审判无关的综合部门。[①] 法院通过对不同人员的分类管理,其实质是实现审判资源的合理配置,将优秀的法官推向审判第一线,避免其他事务干扰其审判工作,而其他人员从事司法辅助工作及司法行政工作,以支持或协助审判法官做好审判工作,既能提高法官案件审判工作的质量,也因理顺了法院内部人员的职能分工及对司法资源的合理配置而有利于进一步提高案件审判的效率。

---

① 傅郁林:《以职能权责界定为基础的审判人员分类改革》,《现代法学》2015年第4期。

第四章

法院案件流程管理的实践与完善

流程是指在工业品生产中,从原料到制成品各项工序安排的程序。《牛津词典》里,流程是指一个或一系列连续有规律的行动,这些行动以确定的方式发生或执行,促使特定结果的实现;而国际标准化组织在ISO9001:2000质量管理体系标准中给出的定义是:"流程是一组将输入转化为输出的相互关联或相互作用的活动"。流程管理(process management),就是从行动主体的战略目的、对象需求和业务需要出发,进行节点规划、设计、建设和完善的一系列有组织有计划的行动。在流程管理中,需要建立流程管理的组织机构,明确流程管理责任主体,按照被管理事务的客观情况及先后顺序设计流程节点,监控与评审流程运行的效果。流程管理的目的在于使行动主体的行动顺序和行为节奏能够适应行业经营环境需要,降低成本、缩减时间、提高质效、方便服务对象,提升管理水平和综合能力。一般认为,流程管理是一种以规范化的构造端到端的卓越业务流程为中心,以持续的提高组织业务绩效为目的的系统化方法。它应该是一个操作性的定位描述,重点关注资源分配、时间安排、流程效率和流程优化的管理方法。而在法院内部,可将相关的事务管理主要区分为行政事务管理和案件管理两条主线,而考察法院案件管理的规范性和有效性,案件流程管理无疑是最直接的实现路径。

一 对法院案件流程管理的认识

(一) 什么是法院案件流程管理

1. 法院案件流程管理的定义。从我国现有的规范性描述分析,我国法院案件管理流程的定义并不明确具体,仅从外延角度进行粗放性和概括性的描述。例如上海第一中级人民法院1998年12月30日通过的《上海第一中级人民法院案件审理流程管理规程（试行）》，对该规程通过七章36条对人民法院在案件立案、送达、排期、结案、执行和监督进行流程管理规定。其中第2—4条界定了案件审理流程管理的概念及目的。其中指出，"案件审理流程"是将整个案件审理程序有规律地组织起来，根据司法公正的原则和要求，按照案件审理流程的需要，实行严格的跟踪管理，由立案庭根据各类案件在审理流程中的不同环节，对立案、送达、开庭、结案等不同审理阶段进行跟踪管理。① 1999年最高人民法院发布了第一个五年改革纲要，其中在第8条对案件审理流程管理制度予以专门规定。第8条规定，案件流程管理是指专门机构根据各类案件在审理流程中的不同环节，对立案、送达、开庭、结案等不同审理阶段进行跟踪管理，保证案件审理工作的公正、高效。② 在2001年10月30日北京市高级人民法院公布的《关于案件审流程管理的意见（试行）》里，"案件审理流程管理"，就是根据案件审理程序，对案件的立案、庭前准备、开庭审理、结案、归档等环节进行科学、规范、有序的系统管理的总称。③ 从上述规范性文件进行分析，结合我国司法总体实践，案件流程管理呈现出目标性、内在性、整体性、动态性、层次性和结构性六个特点。目标性，是法院案件流程管理有明确的输出（目标或任务），保证案件审理工作从输入—立案环节到输出—案件结案归档整个过程的有序性、规范性和高效性，提高案件审理的质量和效率，进而整体促进司法公信力。内在性，是相对于外部管理而言，法院案件流程管理是运行于法院内部的管理体系，有着明显的内部指向性，通过内部管理的规范和优化，促进行为的高效有序。整体性，强调一个系统内部多个节点之间有序、动态的联系与配合。法院案件流程管理是将管理活动构建为立案、分案、庭前准备、开庭审理、合议、结案、执行、归档等多个环节，每个环节相互独立，有相应的责任主体和时间限制，而又相互联系，一气观之，缺一不可。动态性，与禁止性相对，主要指案件流程管理关注一个活动到另一个活动按照时间顺序步步展开的步骤和过程。层次性，强调案件流程的嵌套性，主要指每一

---

① 张晋红、梁智刚：《完善民事审判流程管理机制的动因、目的与目标——以我国民事审判流程管理机制改革的背景与进路为基础》，《民事程序法研究》2008年第4期。
② 孙海龙、高翔：《审判事务管理权的回归》，《人民司法》2010年第9期。
③ 摘自2001年10月30日北京市高级人民法院公布的《关于案件审理流程管理的意见（试行）》。

个案件流程里面又包含着囊括若干活动的"子流程",具体来讲,即是从立案到归档的每一个流程节点中均可在该节点下继续分解若干活动,例如开庭审理流程下又可继续分解为庭审流程、合议流程、送达流程等环节。结构性,是指法院案件流程管理具有典型的结构化特征,不同的案件流程管理结构会导致不同的案件管理模式,呈现出不同的案件管理特征。综合以上描述,法院案件流程管理是指为保证案件审理的有序规范和高效、实现资源的均衡分配以及审判权与审判管理权之间的配合与制衡,由法院中一定的组织机构对案件的立案、开庭、审理、送达、执行、归档、文书上网等不同诉讼阶段和环节在案件审判结构中进行科学系统的安排和设计,运用一定的案件管理系统,有顺序、有层次地对各个节点进行动态跟踪、检查和监督,并对其中形成的流程信息加以利用的科学活动。

2. 法院案件流程管理的法理基础。案件流程管理制度是近些年来人民法院改革所形成的重大成果,它在审判实践的发展过程中产生并得以发展必定存在其法理基础:

(1) 实质正义与分配正义。根据传统的实质正义哲学,法院的重要功能是就社会纠纷与实质问题进行司法帮助或实施正义,"因此,无论一方当事人如何不理会程序要求,也无论该当事人在多晚的时间履行了程序义务,法庭都会为了就其真正的实质问题做出判决而原谅这一缺陷。其结果就是,按照程序规则的行为变成了可选择的,而当事人和他们的律师可以随心所欲地拖延诉讼过程和使之复杂化"[①]。尽管诉讼中的高额成本和过分迟延对于司法效能具有严重的负面影响,正如法彦有云"迟到的正义非正义"所揭示的道理一般,成本和时间在诉讼正义之中的司法控制和管理的评价与一种程序中的分配正义的新哲学相伴而生。这种分配正义的哲学给司法管理带来了对以下问题的思考,一是从时间的维度来考察成本—收益的付出与回报效率,考察在付出成本后,多长时间收到回报是正当的问题;二是从供给的维度考量公共资源与个人权利的有效管理问题,考量对于个案而言,如何对其分配和占有合理的公共资源,才不会导致资源的浪费和权利的滥用。很显然,实质正义的哲学强调判决的正确性,对判决实质正义的考量明显优先于对实现正义的司法时间长短和司法资源多少的考虑,因为在所有的司法制度中程序的最高目标就是保障判决的正确

[①] [英] 阿德里安·A. S. 朱克曼:《危机中的民事司法》,傅郁林等译,中国政法大学出版社2005年版,序言。

性，实现司法的实质正义；但是，我们不得不承认，在法院对个案进行判决的过程中，法院是利用公共资源对个案纠纷进行分析和判断，而该公共资源并非无限，相反是极其有限的，例如裁判主体的有限性、裁判时间的有限性、司法产品的有限性，等等。当社会矛盾纠纷越来越多地涌现出来之时，司法资源的有限性和紧张性就表现得更加突出和明显。所以，在20世纪六七十年代以后，全球范围矛盾日益增多，各国司法机构普遍出现了程度不同的案件积压和诉讼拖延现象，在关注判决的正确性之外，司法中时间、成本和效益的关注成为各国法院的主流，这也是分配正义诉讼哲学产生的一个基本背景。分配正义这一理念最早由亚里士多德提出，与矫正正义相对应，"分配正义在于按照比例平等原则把事物公平地分配给社会成员，正义，就是合比例；不正义，就是破坏比例"①。依据这种哲学，司法领域提出了比例的理念。这就要求司法管理的有限资源应当在所有要求进入司法/获得正义的人们之间进行公正分配，而不是仅仅分配给那些已进入法院的人。英国南威尔士的首席法官 J. J. Spigelman 甚至进一步认为"法院是为人民服务的，而不是为诉讼者服务的……司法管理事实上就是解决纠纷，在这样做的时候，它是服务于全体公众，而不是单纯服务于诉讼者"②。具体看，分配正义这一诉讼哲学主张具体包括：第一，像所有其他投入公共服务的资源那样，司法的资源是有限的。因此，对这些资源的公正分配必须考虑个案的特征，以确保个案能够获得适当的法院审理时间和精力的合理份额；第二，时间和成本与资源分配的考虑有关，对正义的迟延即为对正义的拒绝。法院的责任范围超出了在个案中实现正义，法院对作为整体的民事司法制度的资源及其公平与正当的分配也承担责任③。因此，相较于实质主义诉讼哲学对判决正确的突出强调，分配主义则是在正确的判决、投入诉讼的时间以及诉讼成本三者之间谋求平衡，赋予所有案件当事人均有平等地接近法院、接近司法裁判的机会，促使诉讼成本与诉讼收益相适应。④

---

① [古希腊] 亚里士多德：《政治学》，吴寿彭译，商务印书馆1965年版，第108页。

② [英] 约洛维茨：《民事诉讼中的对抗制模式与职权制模式》，汤维建译，《河南省政法管理干部学院学报》2007年第3期。

③ [英] 阿德里安·A. S. 朱克曼：《危机中的民事司法》，傅郁林等译，中国政法大学出版社2005年版，序言。

④ 参见钱颖萍《司法改革视野下中国民事案管理制度的构建》，《重庆大学学报》2015年第1期。

（2）权力监督与制衡。博登海默曾提出，"在法律统治的地方，权力的自由行使受到了规则的阻碍，这些规则迫使掌权者按一定的行为方式行事"①。因此，必须对权力进行监督和制约。权力的监督，简单地说就是对权力实施的过程和结果进行监察和督促，是公权力主体问责体系的重要内容。它的主要特点表现为是一种从上对下、从外对内的监督，体现的是系统外部对系统内部的行为控制。具体而言，审判管理监督权是从上到下从审级监督的视角对审判权形成监督，从外到内形成审判管理监督部门对业务部门审判权力进行监督的状态。权力的制衡是对权力的限制和平衡，即通过平衡系统内部权力的大小和关系等方式促使或引发权力之间的公开竞争，形成权力之间的相关牵制，从而达到权力之间的平衡与协调的行动过程。制衡的前提是分权，打破权力完全掌握在某一单独的个人或集团的手中的集权状态，将权力这一庞大体系进行分割，为权力之间的制衡形成基础。追溯到古典时期，古罗马西塞罗式的混合政体即已体现分权制衡的理念，执政官、元老院和人民发挥代表了君主、贵族和平民三种权力的混合和互相牵制，而执政官"双头制"更是体现其对君主权的再度分割和制衡。启蒙运动后，从洛克的分权理论到孟德斯鸠的三权分立，试图冲破教权和君权专制统治的近现代政治学家们使得分权制衡思想得到了充分发展。联邦党人则在孟德斯鸠以权力制衡权力的基础上，补充了以野心对抗野心的原理，从而形成了从动机到手段的比较完整的制衡原理。②当前我国法院内部管理中，实际上存在着审判权、行政权和审判监督管理权并存的"三元"权力结构。而从案件流程管理视角，侧重体现了审判权和审判管理监督权的"二元"构造之间的监督与制衡。具体来讲，审判权是依照宪法赋予法院对案件审理和判断的权力，具体而言是法官代表法院按照现行法律规定对案件进行审理、裁判的权力。而审判管理监督权是在审判实践发展出来的，由特定主体对案件在立案—审理—执行过程中实施规则管理和技术监督的权力。在我国长期的司法实践中，由于我国将法官的编制和人员管理纳入公务员体制内，在实际中，院长、庭长、法官之间除了审判业务管理关系，还存在着十分明显的行政上下级关系，这是一种有

---

① ［美］博登海默：《法理学：法哲学与法律方法》，邓正来译，中国人民大学出版社1999年版，358页。

② 储建国：《调和与制衡——西方混合政体思想的演变》，武汉大学出版社2006年版，第243页。

违反现代法治理念但又客观存在的一种现实现象。作为审判权要求的是独立审判，法官意志独立地依法行使审判权，其接受院、庭长一般性的业务指导及上级法院的审级监督，因此审判权是一种平权结构。而司法行政权是一种命令与服从式的层级结构，它要求较低行政级别的法官要服从较高行政级别的院、庭长的管理甚至是执行其具体指令。两种结构并存带来的弊端显而易见，而伴随审判权力的运行和发展，管理监督机制的重要性逐渐凸显，亟须通过一种制度淡化司法行政权对审判权的侵蚀，由一种业务性管理替代行政性的管理，审判管理监督权应运而生。不难发现，审判管理监督权的产生过程，就是一个权力从集中到分散的实践过程，通过权力分离，形成保障审判权的独立行使，同时又防止审判权的恣意，审判权的独立行使和被监督管理的状态在实践中不停地博弈和冲突，而平衡和协调法院实践逻辑中的理想状态。

（3）司法公正与效率。按边沁的定义，功利原则指"当我们对任何一种行为予以赞成或不赞成的时候，我们是看该行为是增多还是减少当事者的幸福"[①]。而功利主义哲学在社会学领域的发展是理性选择理论，理性选择理论的雏形是马克思·韦伯的理性行为理论。韦伯认为，为了实现特定的社会目标，作为社会的个体，必然考虑手段对实现目标的效益，以最小的成本达到最大的效益。从微观社会层面，韦伯将这一过程称为目的—理性行为[②]。我国的审判改革始终是在正当性与效率性价值之天平两级之间徘徊。趋利避害既是人之本能，也是社会组织之技能。而法院对案件实行小成本达到最大效益的效率诉求。[③] 所以，在案件流程管理的制度设计之中，公正性与效率性是设计之目的和价值所在，对案件公正高效的追求，是案件流程管理需要努力达到的成功彼岸。在公正这一价值目标体系中，程序公正和实体公正具有旗鼓相当的价值意义，缺一不可。程序公正是实现实体公正的优先路径和有力保障，在不公正和不透明的程序指引下，实体公正一般难以实现，或者说实现实体公正的难度会大大增加，概率会大打折扣，可变性会不期而遇。法谚有云，"正义必须以看得见的方式伸张"，严格按照程序规则行事，会增加实体公正的方式可靠性和结果

---

① 周辅成：《西方伦理学名著选辑》（下卷），商务印书馆1987年版，第211页。
② ［德］马克斯·韦伯：《论经济与社会中的法律》，张乃根译，中国大百科全书出版社1998年版，第3页。
③ 张晋红、梁智刚：《完善民事审判流程管理机制的动因、目的与目标——以我国民事审判流程管理机制改革的背景与进路为基础》，《民事程序法研究》2008年第4期。

确定性，降低主观因素对客观结果的不当影响。在裁判中遵循法律规定的方式、时间、步骤的诉讼行为以及得出的裁判结果，其结果的公正性更能够得到保证，也更能够被公众所接受。而我国的审判流程管理制度正是以规定的时间、时限、程序来对法官的行为予以规范，以确保程序的公正，进而实现实体的公正。所以说，裁判者必须在处理纠纷的公众中立与快速高效之间做出平衡。进行诉讼所需要花费的包括人力、物力、财力的投入，都是诉讼成本，如果在诉讼中行为拖延，司法产品产出的时间就会拉长，诉讼效率就必然降低。而诉讼效率的高低是衡量一个国家司法文明程度高低的一个重要标杆，建立科学的系统化审判流程管理制度，对案件流转的不同环节实行科学、合理、明确的分工，实现审判资源的优化配置，大大降低办案成本，缩短办案时间，提高诉讼效率，可以促进实现审判成本最小化、效益最大化。

（4）权利与职权。民事诉讼进程中，法院职权与当事人诉讼权利的分配，直接决定了民事诉讼的二元构造格局。在具体权限分配上存在三个论题：第一，关于程序的开始、终了以及诉讼对象的形成问题；第二，关于作为法院裁判基础的诉讼资料的形成问题；第三，关于诉讼程序的进行问题①。基于以上第一、第二个论题，两大法系国家都强调处分权主义与辩论主义，也就是两大法系国家都在民事诉讼的实体问题上都强调尊重当事人的作用。而对于第三个论题，两大法系传统上则在程序的选择上采取不同的流程控制方式对诉讼的进行方式进行引导和规范，英美法系国家强调程序自由，因此采取当事人进行主义；而大陆法系国家则关注和强调法院对程序推进的主导权和控制权，实行职权进行主义。然而，随着分配主义诉讼哲学的兴起，诉讼公平与诉讼效率理念逐渐受到国际视野的关注，随着 20 世纪末期的司法改革，管理型司法的逐渐兴起并显现出强大的生命力，法院取得了案件管理的积极而广泛的权力，司法程序自由主义日渐受到限制和制约。同时，对于实行职权进行主义的大陆法系国家，在强调法院的主导权程序推进的同时，缺乏合理利用诉讼资源的考量，从而在案件急剧增加的现实状况下面临巨大考验，这也促使大陆法系国家必须着手推动以分配正义为主题的民事司法制度改革，通过司法资源的合理分配来提高司法效率，并在整体上促进司法公正。由此可见，"当事人自主与法

---

① 田平安：《民事诉讼法·原则制度篇》，厦门大学出版社 2006 年版，第 23 页。

官职权的有机结合、均衡分配，将是世界各国民事诉讼的发展和一体化方向"①。虽然普遍的看法是案件管理带来了诉讼机能的重大变革，甚至有人质疑案件管理对传统的对抗制理论和实践构成了冲击，从而也对法官传统的中立性与独立性造成了损害。② 但笔者认为法院职权的加强仅是对程序自由主义滥用的纠正，传统的诉讼模式并未因此受到颠覆。因此，案件管理促进了当事人权利与法官职权的平衡。

3. 法院案件流程管理的性质和特征

（1）案件流程管理是服务审判的一种审判管理监督制度。法院管理主要有：审判管理监督、政务管理、人事管理，即对审判业务、法院机构运转、财务和人员三个方面的管理。案件流程管理作为审判管理的重要方式和内容，体现了管理性、监督性和服务性三大特征。首先，其属于法院审判管理的重要组成部分，侧重于法院案件审判活动的运转机制，运用现有资源，通过盘活、重组、优化的方式，整合审判资源，提高资源的利用效率和价值。其次，案件流程管理通过各流程节点的管理和控制，监督责任主体在节点流转过程中按时间期限完成规定步骤，规范行动主体的司法行为。最后，案件流程管理是在加强对审判权监督制约的同时，把服务理念植入管理监督之中，着力于服务审判工作，为审判权的依法、有序运行创造有利的条件，提供必要的保障，既要通过管理监督规范法官的司法行为，又要在管理中尊重法官的权利，关注法官在审判工作中遇到的问题和困难，充分调动法官的工作积极性和主观能动性，提高司法效率③，使监督和服务达到一个动态平衡的良性管理状态，保证案件程序运作更加透明、公开，让案件流转在阳光下运行，最终提高法院审判的公正和效率。

（2）案件流程管理是以诉讼法的规定为基础的节点管理方法。案件流程管理对审判流程中各环节的管理，根据诉讼法的规定，对立案、分案、开庭、裁判、执行、归档等各个流程节点进行监督、控制和管理，特别是加强对审限延长、中止等案件的审批，保证各个环节之间相互衔接、相互制约。

（3）案件流程管理是依托现代计算机技术完成的动态监控过程和体

---

① 徐昕：《英国民事诉讼与民事司法改革》，中国政法大学出版社2002年版，第219页。
② 陈桂明、吴如巧：《美国民事诉讼中案件管理制度对中国的启示》，《政治与法律》2009第7期。
③ 摘自最高人民法院印发的《〈关于加强人民法院审判管理工作的若干意见〉的通知》。

系。现代案件流程管理制度与案件审判管理制度不同，它能克服以往事后监督的弊端，借助现代科技设备和信息化技术，从过程监督出发，转实质性监督为程序性监督，淋漓尽致地发挥计算机处理信息的快捷准确在案件排期开庭等审判流程中的管理作用。它通过实时式的跟踪和监控，通过数据的更新、采集、汇总和分析，对整个案件审理结构中的行动时间和效率进行统计、对比、控制和监督。其不仅能够指引案件承办主体按照预先设置的程序完成流程节点的相关工作，还能通过提示、督促等方式督促案件在审理过程中是否遵循法定的程序和时限，及时予以纠正和规范，也能够使案件在管理系统流转的过程中更加透明规范，防止法官滥用权力和法院领导对案件的不当干预，有利于案件审理实现公正与效率的目标。

4. 法院流程管理的内容和环节。总体来说，法院流程管理是对案件的立案、分案、送达、庭前准备、排期开庭、结案、执行、归档、文书上网等环节进行科学、规范、有序的系统管理，对流程期限、审理期限、扣除审限、延长审限等情形进行动态跟踪监控，并通过对结案均衡度、法定（正常）审限内结案率、平均审理时间、平均执行时间、12月以上未结案件数、院审判人员平均结案数、书记员工作情况等进行考评的管理制度。以 S 市中级法院为例，其具体的环节通过图 4-1 予以展示。

（二）法院案件流程管理的提出及意义

1. 法院案件流程管理的提出

最高人民法院 1998 年发布《立案工作的暂行规定》中，把审前准备程序从审判庭分离出来，交由立案庭负责。此次改革是审判权力的分散和割裂的具体表现，把案件开庭审理前的准备工作从审判权中分离出来，形成立案权与审判权之间的分离、监督和制约，防止审判权力过分集中，导致案件分配和审判权行使的人为集中化导致的司法腐败、司法不公。"大立案"模式也随着改革应运而生，1999 年 8 月 23 日至 26 日，全国法院立案工作座谈会在吉林省延吉市召开，会议要求全面落实立审分立，坚决纠正立审不分的做法，统一立案机构的职责范围，全面发挥立案机构的职能作用，并对立案庭作为我国法院审判流程管理的职能部门予以确认。[①]最高人民法院颁布的《人民法院第一个五年改革纲要（1999—2003）》

---

① 张晋红、梁智刚：《完善民事审判流程管理机制的动因、目的与目标——以我国民事审判流程管理机制改革的背景与进路为基础》，《民事程序法研究》2008 年第 4 期。

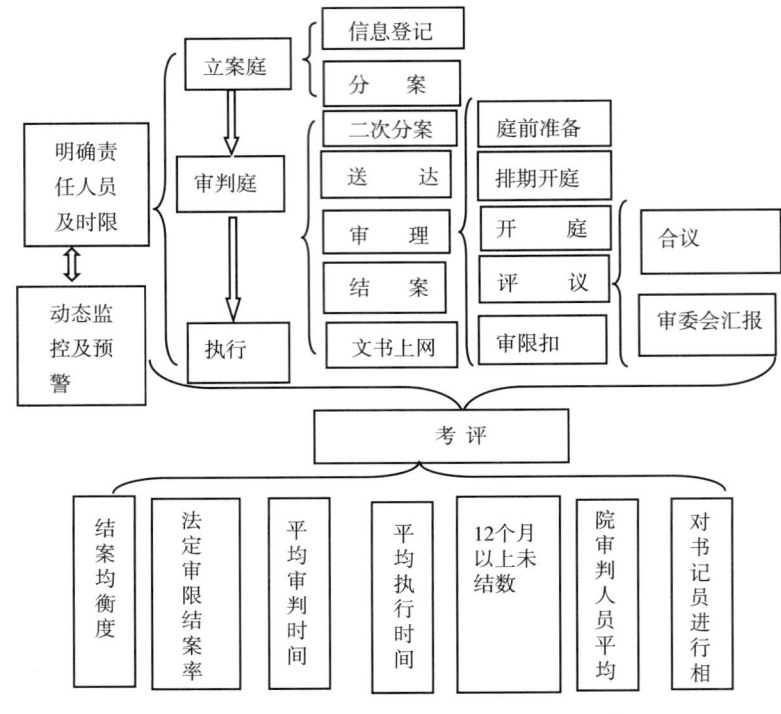

图 4-1　S 市中级法院流程管理的具体环节

提出："建立科学的案件审判流程管理制度，由专门机构根据各类案件在审判流程中的不同环节，对立案、送达、开庭、结案等不同审理阶段进行跟踪管理，保证案件审理工作的公正和高效"；最高人民法院在《人民法院第二个五年改革纲要（2004—2008）》中进一步明确要求："健全和完善科学的案件流程管理制度，逐步做到同一级别的法院实行统一的案件流程管理模式，同时在考虑案件类型、难易程度等因素的前提下建立和完善随机分案制度。"我国各地人民法院也在改革的推进中根据各自的实际情况进行了案件流程管理改革的尝试，并在实践的过程中不断地改良和完善。

从上述案件流程管理制度的提出和实践分析，案件流程管理制度的产生是与立审分立和大立案制度的改革互相适应的。以立案庭职能不断扩张的发展过程，尤其是审前准备程序从审判庭转移到立案庭负责的改革过程为视角，可以清楚地发现我国案件流程管理改革的背景和进路。审判流程管理改革打破了高度集中的权力格局，将案件的实体裁判权交给办案法官,案件审判流程控制权掌握在立案庭等专门机构手中①,形成开庭前的所有程序性事项从审判庭手中剥离出来交由立案机构统一完成,构建立案庭与审判庭之间的分权制衡。但此次改革更为深层的目标在于从制度设计的视角出发,通过案件随机分案和排期开庭等安排,将案件受理、分案与审理主体、审判过程进行制度化的物理隔绝,防止权力过分集中导致当事人与审判者就案件办理相互选择的恶果产生,从而实现审判权力的分权与制衡,从制度设计上增强案件审理的流程化,进而保障公正审判。也就是说,案件流程管理是以立审分立为起始和源头。其次在立审分立的改革背景下,立案庭还承担了案件流程的跟踪管理工作。最高人民法院在吉林延吉召开的流程管理研讨会上,以会议纪要的形式一致明确由立案庭作为我国案件流程管理的职能部门。2003年,最高人民法院在第一次全国法院立案工作会议上,明确了各级法院立案机构的立案审查和相关程序工作、申诉和申请再审的立案审查以及组织实施参与案件流程管理工作,由此确立了立案庭作为案件流程管理主体的制度源头。综上,案件流程管理是以立案庭的成立、职责确定和运行方式为案件流程管理开启按钮,以审前准备程序改革为契机,以立案管理权与实体审判权利相分离为实现路径,对案件进行全程的流程节点管理,实现过程监督和审判公正之目的。

2. 法院案件流程管理的实践意义。科学的管理是一切社会活动内在的、必然的要求,审判活动也不例外。案件流程管理作为审判管理内容的一部分,是法院内部的一项监督管理机制,对司法工作运行的质效有着重要的价值和意义。

(1) 保障秩序价值目标的实现。按照《辞海》的解释,"秩,常也;秩序,常度也,指人或事物所在的位置,含有整齐守规则之意。"美国法学家博登海默认为,秩序意指在自然进程和社会进程中都存在着某种程序的一致性连续性和确定性。② 所以秩序是相对于"无序"而言,是指有条理、不混乱的状况和情景。任何事物的发生发展都要遵循一定的秩序,如自然界的季节变换、昼夜交替遵循着恒久的规律一样,司法活动的运转也有其必须遵循的秩序和规律。在现代法律体系中,这些秩序已经外化为诉讼法中的条文内容,诸如案件审理期限、审判流程等,只有严格遵循这些

---

① 孙海龙、高翔:《审判事务管理权的回归》,《人民司法》2010 年第 9 期。
② [美] 博登海默:《法理学——法哲学及其方法》,邓正来译,中国政法大学出版社 1999 年版,第 237 页。

秩序规范，司法活动运行才有可能在正常的轨道上有条不紊地运行。从某种意义上说，案件流程管理的目的就在于建立良好司法秩序、改革故有的审判管理模式、更好地追求司法的秩序价值，为审判提供更加可靠有序的保障。我们必须正视的是，当实施法律、拥有审判权的司法者在职权行使、运转程式的秩序中发生异化，审判权的拥有者就会成为保障人类社会最基本秩序最强大的破坏者。审判权控制机制运转不畅、对审判流程节点的控制流于形式，审判管理模式中缺少了规范秩序的一致性、连续性和确定性，极易导致审判权恣意滥用，不利于秩序的建立和秩序价值的实现。[①]

（2）增强人们对程序法功能价值的重视。《牛津法律大辞典》有关程序法的含义是"使法律权利得以强制执行的程序形式，而不同于授予和规定权利的法律；它是法院通过程序来管理诉讼的法律；它是机器，而不是产品"[②]。过去我国侧重于强调程序法的工具性，认为程序法的首要价值体现在确定实施实体法的特定机关并进行合理分工，制定一系列必须遵守的基本原则和规则，从而实现行使权力和制约权力的统一，通过规定证据的运用规则，设置和完善一系列前后衔接的阶段，来保障及时、正确的实施实体法。[③] 而目前程序法独立于实体法的本身价值逐渐引起法律学者的重视，程序法的独特价值体现在：其一，程序保障理念充分体现了民主、公正、法制的观念，强调保护当事人的法律关系主体地位和人格尊严；其二，程序法规定的民主、公正程序可以使判决易于当事人从心理和行为上接受，也可以得到社会群众的认可和尊重；其三，程序法可以使实体法的不足在一定程度上得到弥补，并创设实体法；其四，在一些情景中可以通过程序法的运用使实体法的实施得到一定限制，如根据不告不理原则，没有起诉就没有审判，没有起诉这一环节，相关实体法便没有实施的空间[④]。理论界对程序法的认识在不断提升，三大诉讼法在各类案件中也发挥了极其重要的作用，既保障了各方诉讼主体在诉讼中的平等地位，也体现了法官在办案过程中的权利限制。但对于法院内部而言，如何通过程序保障，督促法官高质高效审结案件，保障当事人的诉讼程序利益和实体利益，提高司法公信，案件流程管理就显得尤为重要。加强案件流程管

---

① 许建兵：《中国特色审判管理机制构建之构想》，《法律适用》2009年第9期。
② 《牛津法律大辞典》，Procedure 条。
③ 叶自强：《论程序法的独特价值》，《诉讼法论丛》第4卷。
④ 叶自强：《论程序法的独特价值》，《诉讼法论丛》第4卷。

理，可以细化、完善和保障诉讼程序，强化程序法功能价值的重视，促进当事人的诉讼利益的时限。诉讼法主要规范当事人的诉讼行为及法院审理案件的行为，在审判管理方面所涉及的内容是一个相对宽泛的程序性规定，例如送达期限，审理期限，一审、二审审理程序等。而案件审判流程主要是对审判过程中案件诉讼程序的细化完善进行管理。显而易见，案件流程管理与诉讼程序有着非常密切的联系，诉讼程序是审判流程管理的基础和前提，也是流程管理所要保障的对象；而案件流程管理是对诉讼程序的进一步深化、补充和完善，也是诉讼程序功能实现的保障。诉讼程序规定的本身意义就是保障诉讼目的，诉讼就是根据程序法的规定依法实施的过程，程序的完美实现意味着诉讼争议在一个客观特定的有秩序的轨道上运行，所得出的诉讼结果从逻辑上也必将是正义的，这也就意味着诉讼目的的达成。

（3）建立科学完善的审判管理制度。经过第一、第二个五年纲要的实施，法院的审判管理制度有了长足的发展，初步建立了审判流程管理、审判质量管理、审判绩效管理为内容的审判管理工作格局，审判管理正在从自发管理、局部管理走向自觉管理和全面管理，管理主体由分散到集中，管理程序从无序到有序，管理方法手段从随意单一化到制度多元化的局面。建立科学完善的案件流程管理机制，对于完善和健全审判管理制度无疑具有重要意义。案件流程管理，是运用计算机科技手段，通过对立案、送达、排期、庭审、判决、执行等办案环节进行管理和监督，实现对审判工作的信息化、系统化、集中化及制度化的管理，保证了审判活动的有序、高效运转。"案件流程管理作为一种制度不是单一的，它在实际运作中表现出了深层次的制度意义：以规则作为诉讼运行和控制的主要方式，赋予非个人的制度技术以支配地位，将审理从外在形式改造为不是法官个人而是法院的集体活动，从而塑造出审判运行过程的理性状态，以满足当事人和社会对诉讼运行安全、稳定和可计算的价值追求，实现诉讼对当事人之间激烈冲突和对抗的心理予以和平性输导的功能。"① 具体言之，案件流程管理对于审判管理的价值和意义体现在以下几个方面：第一，规范审理程序，促进审判效率，减少诉讼迟延和案件积压。在司法实践中，法院内部所使用的办公办案软件技术具有自动提示审限功能，每个案件的

---

① 刘炎：《使命与职责——创新新时期的立案工作》，载陈明主编《立案审判实务与创新》，人民法院出版社2004年版，第29页。

承办法官、主管庭长以及审管办管理流程的人员也都能够看到该案件剩余的审理期限。法官自己能够根据自己的安排进行案件审理；各业务庭庭长也会对每个法官进行催促，敦促其尽快结案，提高该庭室的结案率；最后审管办每月、每季度、每年也要进行一些统计，通过数据的收集和统计，及时地对当时审判态势做出动态的分析，从局部到整体，从微观到宏观地反映案件审理周期和效率。所以在司法实践中，正常审限内都能结案很是正常和普通，减少了诉讼迟延和一定的案件积压。第二，解决司法信息统计不准问题。一方面，案件管理对全院案件的收、结情况进行全面的监控，可以对案件数量进行准确把握，改变过去各庭室对案件信息自行填报带来的弊端，改由计算机自动生成数据、文书，杜绝有案无号、有号无案等情况，为司法分析提供准确的数据，为法院管理中的科学决策提供可靠、翔实的依据。另一方面，结案文书的系统准确录入及上网，为疑难案件的法律适用提供参考，在一定程度上可以缓解同案不同判的难题。第三，提高信息利用价值。在客观数据支撑的背景下，领导决策更具客观性和科学性。在案件流程管理中收集和提取的案件信息和数据，能够更加及时、准确地反映案件审判过程中的动态信息与存在的问题，帮助法院、庭领导对案件审判工作实施的宏观把握、科学的指导和准确的决策。

（二）法院案件流程管理与法院审判程序、审判权的关系

从第一部分的探讨总结分析，法院案件流程管理制度是指为保证案件审理的有序规范和高效，运用一定的案件管理系统，对案件的立案、排期开庭、审理、送达、执行、归档、文书上网等不同诉讼阶段和节点在案件审判结构中进行系统安排和设计，有顺序、有层次地对各个节点进行动态跟踪检查和监督的科学管理活动。而审判程序是根据各大诉讼法为基础实施的案件审判流程，其根据诉讼程序的规定严格设定流程管理的主体和控制节点，是诉讼程序的具体落实和实施。审判权，简言之就是国家赋予人民法院审理各类案件的权力，是国家权力的重要组成部分，从审判权的具体内容分析，其可以概括为事实认定权、实体争议的裁决权、程序控制权（程序指挥权）和程序异议裁决权。概念的厘定使我们准确掌握了案件流程管理与审判程序及审判权的内涵，其实在概念厘定的过程中，我们不难发现三个概念之间相互联系又彼此独立，其概念的交叉部分在理论视角下显现出模糊状态，在实践中又折射出冲突与矛盾。

1. 案件流程管理来源于审判程序和审判权。从诉讼实践的发展轨迹分析，审判权力从审判程序之中衍生而来，且随着诉讼实践的深化发展，其中的程序控制权的部分内容有分离的趋势，即某些程序控制权从审判权中剥离，不再由审判权主体行使，而是交由审判辅助人员代为行使。案件流程管理中的某些职权正是在这一发展趋势下产生的。① 各地法院的案件流程管理改革亦是在审判权和审判管理监督权的分立的基础上得以展开、发展和优化，案件流程管理是审判管理监督权的子项目，是在审判管理监督项下的具体化，因此从案件流程管理的产生动因来看，其是在审判程序的基础上，从审判权中分离和衍生出来的程序管理和节点控制权力，其天生与审判程序与审判权存在千丝万缕的关系。

2. 秩序、效率与正义的协调与统一。审判权和审判管理监督权的二元分立使二者的关系得以基本明朗化，改变了以往审判权和法院管理权之间模糊不清的状态和局面。从价值论角度分析，审判流程管理权的重要功能是保障法官正确行使审判权，审判权的顺利实现在客观上要求科学的审判流程管理，二者融合、协调和统一于秩序、效率与正义中。法院案件流程管理是服务审判工作的制度设计和安排，其从法院审判程序和审判权的发展中衍生而来，受制于审判程序和审判权的制度设计和制度安排，同时又反作用于法院审判程序和审判权，对法院审判程序的运行和审判权的行使起到监督的作用。遵循诉讼规律所构建的审判流程管理体制，是各业务庭承办案件的法官在审理案件时需要遵循审判秩序，审判主体按照流程的要求对案件进行阅卷、审理、调解、合议、审判，书记员对案件进行及时送达开庭材料、记录、文书上网等，同时承办法官在各个环节中按照要求准确、及时、完整地录入案件相关信息，减少录入信息不当或延迟等不良现象的发生，保证每个环节都正常运转。从应然的角度说，诉讼程序在实践中得到正当落实，保障了程序的正当性，必然能够促进审判质量的提高，也能够有效提高审判效率。案件流程管理的好坏程度和效率高低间接影响和制约着审判程序的良性运转和审判权的健康行使。案件流程管理通过在立、审、执每个环节上，对审理程序进行把关，由专门管理部门对审判权力进行流程上而非实体上的审查，并对其进行约束和制衡，排除外界不当干扰，从而破除审判工作中可能存在的裁判随意性和"暗箱操作"

---

① 廖小鑫：《论审判流程管理权与审判权的冲突及协调》，《韶关学院学报》（社会科学版）2008 年第 2 期。

等问题，维护秩序的合法与正义，提高案件审理的效率，促进实体公正。

3. 矛盾和冲突。由于审判管理体制设置与其运行方面的表层原因，抑或价值理念层面的深层原因，案件流程管理的设置与审判程序及审判权的设定与运转存在一定的矛盾与冲突。具体表现在以下几个方面：

第一，主体身份和理念之冲突。如前所述，案件流程管理的诉讼程序指挥权来源自审判权的割裂，审判权中部分程序管理权力分流出形成案件流程管理权力，由立案庭或审判管理部门单独行使。而在审判权内部，仍然保留着部分流程控制权，例如分案、开庭、审理、合议、结案各个审判节点及时限的安排。一般而言，案件由立案庭按批分到业务部门后，由部门内勤在部门领导的指挥下，按照既定的方法一般为"顺序拿案"将案件分到承办人或合议庭手中，由案件承办人或合议庭审判长安排案件的审理、合议和结案。这其中承办人或合议庭认为案件需要暂停（如调解、鉴定、提交审判委员会讨论等）或因案情复杂需要延长审限的，由承办人提交业务部门领导及分管院领导批准后转由审判监督管理部门（立案庭、审判事务管理办公室或书记员管理处）批准办理。从现行司法实践进行微观探查，我们可以发现案件流程管理权分散于多个行动主体，从个体视角分析呈现承办人—审判长—庭长—分管院领导—审判监督管理部门具体负责人员的管理路径，从组织视角分析呈现业务部门到立案庭，或书记员管理处，或审判事务管理办公室的管理路径，但不管是个人视角还是组织视角都不难发现，在案件流程管理过程之中主体参与的多样性。一方面，不仅审判管理监督部门为主导在行使案件流程管理权，审判业务庭也在特定的审判阶段参与管理，这就不可避免地存在拥有审判权的法官同时可以行使某些审判流程管理职权的现象，导致在审判权力去行政化过程中仍然无法摆脱部门领导通过案件流程管理监督进而对案件审理本身产生的隐性控制权力。另一方面，在案件流程管理过程之中，管理者的监督管理理念与服务理念螺旋式地交织于流程管理之中，而且整体呈现重监督管理轻服务的态势，产生行动主体对案件流程管理的理念偏差。由于法院改革后，一改相对松散的旧审判管理方式，取而代之的是新的案件流程管理模式，法官的惯常行为受到了不同程度的管理和规制，法官在诉讼过程中实施的与审判权有关的行为都被纳入审判流程管理系统中，不少法官会感觉自己受到更多的约束，不适应感往往会比较强烈，从而产生对审判流程管理权的认识偏差，甚至产生抵触情绪。同时，行使审判流程管理权主体的理念不正确。案件流程管理者在司法实践中往往过分强调审判流程管理所起到的对被管理对象的控制和监督作用；在向领导汇报或者向社会大肆宣讲审判流程管理的积极意义之时，忽视其对被管理对象的服务和保障作用；在方便案件流程管理的过程中，忽略法官才是案件流程管理中的重要主体。导致理念冲突的原因是审判流程管理者普遍对法官持不信任的态度，因此仅将法官视为审判流程管理的对象，有介入和干预审判权行使的要求；而法官基于独立审判的需要，则有排斥任何外来限制的倾向。当审判流程管理权对审判权的干预不适当而且审判权的行使又过度自由化时，两权主体的理念冲突就达到最大化。①

第二，案件流程管理权与审判权的职权冲突。法院审判流程管理职权划分的一般做法是立案庭负责案件的立案、送达、分案、排期、审前准备、结案归档，审判庭负责案件审理，执行庭负责案件的执行，学界称为"大立案"模式。任何一件案件的审理，都是一个连续的动态过程，但"大立案"的管理模式，却将本来互相衔接成为一体的审前准备与庭审阶段的审判职权，用行政管理的手段，将其人为分割为两个不同管理部门管理和操作，这就势必造成案件在管理程序上缺乏连续性、一致性和整体性，容易出现一些管理上的空当、延误或不到位。"大立案"审判流程管理模式下，将本属审判权的部分职权人为割裂后纳入审判流程管理的权限中。由于审判者与管理者的工作性质、方法都不同，对正确行使同一职权的要求也不同，如果审判者认为管理者的管理措施不当，就需要重新做出处理，如果管理者认为审判者的行为不当，就要进行干预和控制，这就产生了职权冲突。②

第三，审判力量分配上的冲突。案件流程管理规范有个共同的特点，即审判流程管理规范要求对所有案件都实行统一的流程，不因案件适用的程序不同或案件的繁简程度不同而区别对待。这显然违背了审判规律，一方面会造成事实清楚简单、可以适用简易程序的案件所经过的诉讼流程相对复杂化，审判资源投入过多；另一方面又会使适用普通程序审理的疑难案件所经过的诉讼流程相对简单化，审判力量投入不足导致审判质量低下。对不同案件僵化地适用同一流程进行管理，必然致使审判力量不能得

---

① 廖小鑫：《论审判流程管理权与审判权的冲突及协调》，《韶关学院学报》（社会科学版）2008年第2期。

② 廖小鑫：《论审判流程管理权与审判权的冲突及协调》，《韶关学院学报》（社会科学版）2008年第2期。

到合理有效配置。在审判总力量不变的情况下，简易案件牵扯了审判人员过多的精力，复杂案件所能吸纳的审判力量当然会相对不足，这实际上也是对审判权的破坏。造成审判力量分配不合理的原因，是当前法院的审判流程管理主要运用流程管理信息系统进行，分案时通过电脑系统自动分案，没有区分不同案件，也没有考虑审判法官的个人素质等情况。①

二 我国法院案件流程管理的实证研究

在本次课题调研的过程中，课题组选取了 Y 省 S 市所辖区县法院作为研究对象，通过田野调查、问卷分析、实况访谈等方式，对案件流程运行状况予以"面对面"的直接和细微的观察，结合相关实践法院的案件管理办法，展示和反映案件流程管理的现实状况，借此发现案件流程管理实践中存在的问题，以及管理实践与制度设计之间的断层和错位。

（一）法院案件流程管理的实践情况

1. 法院案件流程管理运行的整体情况。我国现阶段法院案件流程管理主要依托"法院综合信息管理系统"来实现，该系统是根据目前我国法院内部的组织框架、办案方式的特点研发出的，适用于基层法院、中级法院和高级法院三级法院和派出法庭使用的应用软件，它与我国"四级两审终审"的审判制度相符合，能够适应不同级别法院的具体需求，采取对应的办案方式和流程，也使上、下级法院之间的审判数据等内容可以相互参考和使用，该系统主要包含九大部分，分别是领导决策分析系统、审判系统、审判辅助系统、办公后勤系统、视频点播系统、电子档案系统、公用信息服务系统、外部网站系统、WEB 邮件系统。其中，审判系统以法院的案件审理为主线，贯穿法院的案件审理流程，提供了包括立案、审理、结案、归档等工作阶段相应的信息管理系统，同时，将与案件审判过程有关的各行政、综合部门的工作纳入管理系统，与案件审判有机地结合在一起。② 现阶段大多数法院的流程管理主要通过审判系统来完

---

① 廖小鑫：《论审判流程管理权与审判权的冲突及协调》，《韶关学院学报》（社会科学版）2008 年第 2 期。

② 清华紫光案件综合信息管理系统，http：//www.topoint.com.cn/html/chanpin/hyxt/2004/07/105152.html，2018 年 4 月 14 日访问。

成，在审判系统中，将刑事、民事、行政及其他案件分类于不同板块，案件立案后，立案庭相关工作人员会将案件信息录入审判信息，其中包括当事人信息、诉讼信息如立案时间、案件来源、立案案由、法定审限、诉费缴纳说明情况、案件类型、原审信息、移送卷宗及签收时间、证据信息、证人信息、立案审批情况、批办案件信息、诉讼保全等内容。系统分案后，由承办庭室领导根据全庭案件情况进行重新调整，分案确定后，承办人员应填写审判组织成员信息，确定开庭时间，安排书记员送达开庭传票、合议庭成员告知书等材料。确定开庭时间后，书记员应预约法庭，在系统中发出开庭公告。开庭后书记员将庭审笔录上传至审判系统，在合议后将合议时间及合议笔录上传审判系统。审判过程中如有扣除审限或延长审限的情形，应由承办人员在审判系统中提出申请，审判长、庭长签发后由书记员管理处进行审批。案件形成处理结论后，承办人员应及时撰写法律文书并在审判系统内签发，在审判系统中填报结案信息，上传法律文书，最后报领导批准后结案。为加强流程管理的效果，法院会对审判人员的结案均衡度、法定（正常）审限内结案率、平均审理时间、平均执行时间、12个月以上未结案件数、院审判人员平均结案数进行考评，反向促进审判人员在流程管理的期限内，高效完成审判任务。

2. 法院案件流程管理运行的具体情况及分析。案件流程管理系法院从不同的环节和阶段对案件流程进行管理和监督，下面。笔者将从以下几个不同的法院在流程管理方面具体办法，进一步分析现行法院案件流程管理运行的具体情况：

（1）A人民法院的流程管理办法。从A人民法院制定的《案件流程管理办法（试行）》来看，该《案件流程管理办法（试行）》分为十章，分别为总则、立案与分案管理、审限管理、结案管理、裁判文书制作与核较管理、诉讼文书送达管理、案件移送管理、案后信息管理、归档管理及附则。

总则部分主要介绍和规定了制定案件流程管理办法的依据与目的、案件流程管理的概念、范围、职责部门及监督。立案与分案管理共分为五条，主要规定了立案庭负责立案、审判庭负责分案、审判以及审判庭与立案庭之间的配合与衔接。审限管理共分为四条，主要规定了依法在法定审限内审理案件，合理安排案件审理进度，均衡结案，依法扣除审限和延长审限均衡结案，并规定各类案件不计入审理、执行期限的情形，按照法律和最高人民法院的相关规定执行。结案管理，共分为四条，主要规定了各类案件结案日的认定、案件报结时间的确定以及报结文书的上传及信息的填报。裁判文书的制作及核校、诉讼文书送达管理两个部分，分别规定了为确保裁判文书核校、制作及用印的时间以及直接送达为主，其他送达方式为辅的送达方式，并规定邮寄送达、委托送达及公告送达的条件和要求。案件移送管理、案后信息管理、案件归档管理分三章八条规定了案件报送及调取案件的时间期限、案后信息的管理以及各类案件归档期限、电子卷宗的制作与生成、卷宗质量要求及预期归档的责任主体和时间要求。附则部分主要规定了期间的起算时间及该规定的解释主体等。具体内容及关系如图 4-2 所示：

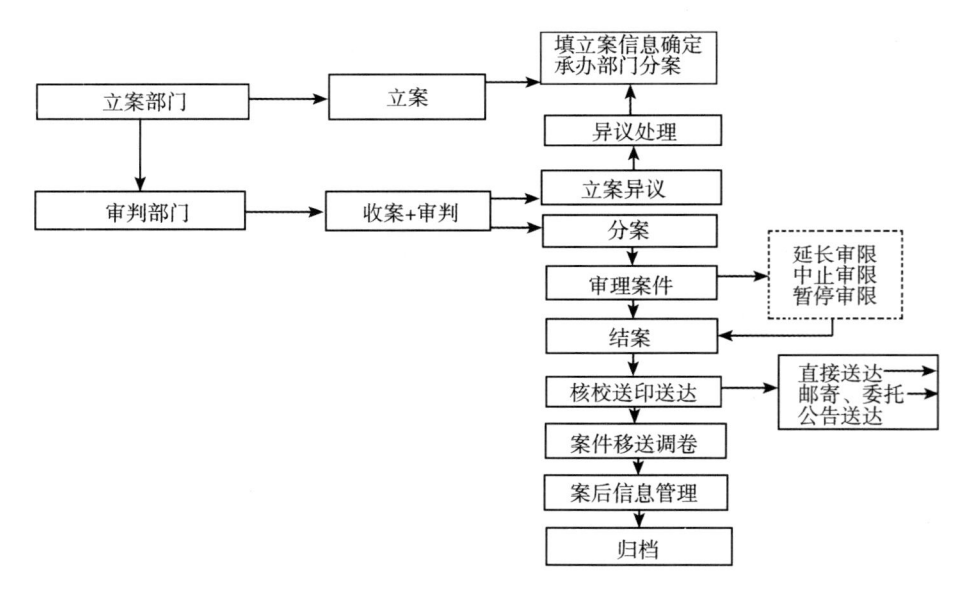

图 4-2　A 法院案件流程管理具体运行

从 A 法院的《案件流程管理办法》来分析，该法院的案件流程管理基本上覆盖了立案、分案、审理、审限、送达、案卷移送、案后信息及归档的基本环节，但该法院的案件流程管理仍显粗放，存在弊端。首先，该管理办法规定模糊，实践指导性不强。案件流程管理是以诉讼法的规定为基础，实行节点管理，对各个流程节点进行监控和管理，保证各个环节之间相互衔接、相互制约，实现立审执等工作的有序运转。而该流程管理办法对案件流程中的具体问题规定并不明确，例如庭审中开庭、审理、合议的具体规定不明，对结案管理规定模糊，导致流程管理效用不佳。其次，该管理办法重点不突出，侧重性不强。从流程管理制度产生和发展的轨迹和动因分析，通过制衡的方式实现审判权和审判管理监督权的相互制衡，通过职能分工明确主体间的彼此责任，通过节点设置保障环节之间的相互衔接应是流程管理制度的重点内容，一个优秀并具有强大现实生存活力的流程管理制度必然需要侧重体现制衡理念、责任强调和节点衔接，而不是一个简单的流程堆砌，否则将不能在实践中发挥其应有的功能和价值。在A法院的流程管理办法中，没有重点突出流程管理的重点内容，相反在制衡理念、责任强调以及节点衔接上呈现模糊面相，在流程管理运行中存在一定的虚设状况，没有有效实现制度意图和制度价值。

（2）B人民法院案件信息录入规则。信息录入是法院案件流程管理的基础，只有信息及时全面录入，才能确保流程管理落到实处，发挥实效。从《B人民法院案件信息录入规则》分析，该院将案件信息的录入分为了刑事案件一二审及复核程序、民事案件一二审、行政案件一二审程序、国家赔偿案件、执行案件八个方面，分别进行相应的信息录入，并对录入的内容、录入的人员及录入时间进行规定。以一审刑事案件为例，该院案件信息录入规则规定了一审审理阶段，立案庭、审判庭、书管处及档案室分别进行相应的信息录入，较为清楚地呈现流程管理中的信息因素，在确定信息因素的基础上，也规定了相应的责任主体，在司法实践中具有一定的指导价值和意义。但该信息录入规则并没有对录入时间进行细化，录入时间的不确定性必然带来操作时间中的杂乱无序，进而导致某一管理节点无法获取统一的信息数据，降低信息运用的准确性和有效性。另一方面，B法院虽制定了上述信息录入规则，却没有制定的信息运用办法，没有将统计信息所反映出的程序要素在审判流程管理过程中加以统计、归纳及运用，信息仅仅停留在信息层面，没有发挥其流程管控相应的价值，实为一定遗憾。

（3）C人民法院案件流程期限管理规定。C人民法院案件流程期限区分为立案、分案、排期、审理、文书制作、送达、移送、归档及调卷九个环节，并在每一个环节中对每一流程的时间进行了规定，能够较好督促各部门按照规定时间办理相关事项，能较好地发挥该院案件流程管理的实效。以该院立案流程为视角，该院将立案流程分为刑事类、民事行政类、执行类以及缓减免类型来进行相应的规定，并将每一类案件或情形中各种具体类型案件的立案时间予以具体的规定，加快案件审理效率，最大限度地发挥流程期限管理效应。但该院细致的流程期限管理要切实发挥实效，须有相应的监督考评机制予以配套实施，例如内部考评机制与外部的公开公示机制，才能切实发挥流程管理实效（见表4-1）。

表 4-1　　　　　　　　C 人民法院案件流程期限

流程		办理事项	期限（天）
立案	刑事类	一审公诉案件	7
		一审自诉案件	15
		二审案件	5
		补充立案材料的案件	次日
		改变管辖权的案件	3
		发回重审或指令再审	3
		申诉及申请再审案件	7
		依审判监督程序提审、再审的案件	次日
		再审抗诉	次日
	民事、行政类	一审案件	7
		二审案件	5
		补充立案材料的案件	次日
		改变管辖权的案件	3
		司法赔偿案件	7
		发回重审或指令再审	3
		申诉及申请再审案件	7
		依审判监督程序应提审、再审的案件	次日
		再审抗诉	次日
	执行	申请执行的案件	7
		申请减交、缓交、免交诉讼费	7

（4）D 人民法院案件流程考评的具体运行情况。D 法院关于建立审判质量效率评估指标体系的实施意见中，涉及流程管理效果的考核指标体系主要涉及结案均衡度、法定（正常）审限内结案率、平均审理时间、平均执行时间、12 个月以上未结案件数、院审判人员平均结案数六个指标。其中结案均衡度是反映法院审判工作良序运转状况，明确法院不仅应当在法律规定的期限内办结案件，也应当保持办案的逐月均衡，目的是防止结案的大起大落、前松后紧、年终突击结案等现象发生，结案均衡度越高，说明法院审判工作良序运转程度越高；法定（正常）审限内结案率

反映审判执行效率,防止积压案件和超法定审限,避免损害当事人的诉讼权益。此处的法定(正常)审限是指法律规定的案件审理期限,不包含批准延长审限,但包括扣除、中止、中断审限。法定(正常)审限内结案率越高,说明审判效率越高;平均审理时间反映案件审理效率,鼓励法院应当在法律规定办案期限内尽量缩短案件审理时间。平均审理时间指数越高,说明案件审理周期越短,审判效率越高;平均执行时间反映执行效率。法院应当在执行期限内尽量缩短案件执行时间。平均执行时间指数越高,说明案件执行周期越短,执行效率越高;12个月以上未结案件数反映案件审理效率,对超长期未结案件予以监控,防止积压案件,避免损害当事人的诉讼权益。12个月以上未结案件数越多,说明超长期未结案件存量越大,审判效率越低;院审判人员平均结案数反映实际参与办案的审判人员真实工作量,应当优化审判资源,确保审判部门办案效果。

从 D 法院的流程考评规定分析,上述六个考评指标能从办案的审理期限及结果来考评案件办理周期,反映法院案件流程管理的实效,在司法实践中具有重要意义和推广价值。但对具体指标的设置,仍然值得反思。例如,对结案率的考核是否客观,科学的考量,有必要对结案率的制度设计初衷进行考察,并对结案率的司法实践情形进行分析。结案率是指结案数占收案数的比率,结案率的高低一定程度上可以反映法院审判效率的高低。由于该指标存在评价方法简单、评价指向明确等诸多优势,结案率指标则被广泛用于法院考核审判工作效率,对规范法院审判运行有着重要的导向作用,但该指标同时也存在着不容忽视的弊端:① 第一,结案率是一个静态统计的百分比值,反映的是每一个周期截止期内的案件收结案情况,无法正确反映动态的审判工作过程和审理时间的长短;第二,该指标不符合案件审限的客观要求。各类案件均从立案开始之时计算不同的法定审理期限,一般而言,一审案件独任审判的审限为三个月,合议审判的审限为六个月,二审案件的审限一般为六个月等。而案件从立案到结案也必须经过一定的时限,对于年末新收的案件常常很难在当年审结,而年末收案数量越多,未结案数就会越多,对年底结案率影响也就越大,致使部分法院为追求高结案率便采取年底人为不收案的做法,同时,在实践中亦产生了为体现高结案率,而忽略案件质量快速结案的审判恶果。第三,结案

---

① 董有生、李定华:《关于收结案动态平衡下均衡结案管理机制构建的调研》,《中国应用法学》2017 年第 6 期。

率指标的设置对均衡结案率造成潜在负面影响。在司法实践中，案件的立案和受理是当事人诉讼情况的客观反映，是当事人诉讼数据的客观提取，其在一定程度具有随机性和被动性，换言之，当事人诉多少，法院收多少。在高结案率的考核指标指引下，当年度各法院均为竭尽全力办结当年度立案受理的案件，而在次年年初，因为受春节等因素的影响，人民群众诉讼情况相对减少，从而导致人民法院在年初的收案数量减少，加之办案周期的制约，每年的1月、2月的结案数明显畸低，从而导致均衡结案指标受到影响和制约。其次，针对院审判人员平均结案数指标，其制度设计的初衷是通过利用办案人员总数与结案总数的比值，来反映全院审判人员的平均结案数，促进审判资源的盘活和利用。而在司法实践中，存在严重的办案不均衡的现象，表现在部门内部、部门之间以及一般员额法院与领导型员额法院之间结案数量的不均衡、统一用全院审判人员的平均结案数指标进行衡量，其实际上并不能充分反映全院审判人员的审判情况以及审判资源的利用及盘活情况，在全院审判人员的平均结案数指标下，还有必要对审判人员进行分类，在各自类别中来比较平均结案数指标，可能更能显现制度设计之初衷。

（二）法院案件流程管理存在的问题和症结

1. 案件流程管理存在的具体问题

（1）实践中流程动态变化与系统静态管控相矛盾的问题。法院内部审判管理办公室主要通过审判管理系统对进入诉讼环节的案件进行管理、监控、信息统计及定期通报。这一种管理方式对案件审理的质效上都产生了积极价值，但是该系统在一些节点控制上还是存在一些不完善的地方。首先，管理环节的设置过于简化或机械化，致使一些环节无法监管。[①] 例如流程管理系统只是对立案、审理、裁判、结案、归档五个主要环节进行设置，而对于环节之间和之外进行的诉讼活动却是无法监管的，例如多长时间立案，分案后多长时间确定开庭时间，开庭后多长时间合议，合议后多长时间上报审判长联席会议讨论，多长时间上报审判委员会讨论，案件处理意见形成后多长时间完成裁判文书的制作和审签，案件结案后多长时间送达等，这些都可能因为流程设置不具体而无法达到全面监管的目的。

[①] 刘黎明：《如何做好审判流程管理节点控制工作》，《深化司法体制改革》，河北省法学会，2015年6月。

其次，实践流程操作与现行诉讼法规定不一致，而通过现在的案件审判系统无从监管。例如民事诉讼法规定上诉案件，原审人民法院收上诉状、答辩状，应当在五日内连同全部案卷和证据，报送第二审人民法院。但是在实际中大多基层法院是攒到一定数量的上诉案件后再集中移送卷宗到中级法院，这个周期是一个半月甚至更长时间，这一阶段流程管理系统是无法监控的。

（2）制度规定不明确导致目的与实践相脱节的矛盾。任何制度的设计都抱有其良好的设计初衷与目的，而制度设计初衷及目的的良好实现有赖于机制的连接与落实。案件审判流程管理制度要充分发挥良好效应，取决于立案、排期开庭、审理、送达、执行、归档、文书上网等不同诉讼阶段和节点的机制构建和实施。而现行大多数法院在实施案件流程管理的过程中，仅从结构性角度对案件流程管理进行框架性的管理，并未对具体诉讼阶段和节点流程的具体内容进行把控和监督，导致案件流程管理的运行效果与制度设计的初衷与目的还尚有一定差距，具体表现在以下几个方面：

第一，信息录入不及时、不完整、不准确。司法实践与审限管理要求从立案结案进行流程信息的同步录入，以确保排期开庭、审判及后续环节能够从系统中准确掌握案件信息，促进案件流程的高效运转。而司法实践中，因法官对审判管理工作认识不深、理解不够，加之一些年龄较大的法官对审判流程系统操作技能不熟练，经常会出现录入信息不准确、不全面和不能严格按标准上传审判信息的现象；或因责任主体不明确，审判任务繁重以及审判团队组建不顺畅，审判人员录入信息并不能同步完成，而是结案时再将相关信息录入。或在信息录入如法律文书上传过程中，以格式文书代替法律文书，导致信息形式化，从而导致在审理过程中流程管理功能受到限制。

第二，案件审限管理不严格。为防止诉讼拖延，确保司法高效，诉讼法规定不同的案件类型具有不同的法定审限。理论上，收、结案能够保持一个相对的动态平衡，但从司法实践的实际情况看，收、结案的动态平衡效果被人为的审限变更原因打破。审限变更的原因主要集中表现在审限暂停、延长审限或中止审理三个方面，而其中较为突出的是审限暂停的问题，各地法院会根据自身的实际情况，设置因调解、鉴定、提交审判委员会讨论或其他特殊原因暂停审限的情形，但因为管理不严格，对审限暂停等变更审限的情形没有严加管理和监督，导致部分法官借用调解、鉴定等审限变更方式来规避审理期限的管理，加之我国目前关于审限的相关规定庞杂而不明晰，当事人申请庭外和解可以扣除的期限长短不明确，各地法院在实际工作中的做法也不相同，有的可以扣除一个月，有的可以扣除两个月。对于申请的次数和申请的真实性也未作明确要求，简易与普通程序转换亦很随意，加之审判流程管理手段落后、管理意识不强，这一系列因素均增加了部分法官在审判流程管理过程中的寻租空间，削减了审判流程管理之审限管理效果。①

第三，案件流程管理机制不健全。目前，大部分法院在流程节点管理上仍依赖立案或审判管理部门的单方管控，流程管理各环节未实现完全监控，而流程管理机制不健全，对案件流程管理的效果造成致命损伤。以调研法院为例，虽已普遍建立起了一套行之有效的案件流程管理制度，但还未完全实现流程管理的自动化、全方位、全覆盖。在信息化管理手段还不够健全的情况下，审判业务庭内部对审判工作的安排并未统一集中，无论是合议庭还是独任审判员，对案件开庭审理细节未作统一要求，普遍存在案件何时开庭、具体庭审进度完全由审判人员自行掌握的现象。由于审判人员对案件审理进度的自由裁量空间较大，使得其常常采"先易后难、先简后繁"的方法处理案件。审判运行机制不健全，流程排期缺乏统筹兼顾，案件审理进度完全靠审判人员自律、缺乏宏观管理等因素均在一定程度上导致了案件久拖不结的结果，最终影响了案件流程管理的效果。②

第四，结案管理不规范。在司法实践中，文书签发后案件承办人即可在电脑上处理结案，流程管理部门鲜有关注结案是否规范，结案中上传的文书是不是最终定稿的法律文书，结案信息是否正确、完整和规范。另外，结案与送达的矛盾也是随处可见。承办人在办案系统办理结案后，从案件流程管理的内部规范角度来看，案件的办理周期已经终结，而此时文书通常并未依法送达当事人，欲对审理周期而言导致内部系统评价与当事人从外部视角的评价产生偏差，出现矛盾。司法实践中，有的法院对送达时间不予规定考核，或者既有规定也流于形式，并未充分发挥流程信息的

---

① 董有生、李定华：《关于收结案动态平衡下均衡结案管理机制构建的调研》，《中国应用法学》2017年第6期。

② 董有生、李定华：《关于收结案动态平衡下均衡结案管理机制构建的调研》，《中国应用法学》2017年第6期。

实际运用效果，导致送达时间过长，在一定程度上反映出审判效率的低下。

第五，分案机制不够科学。在司法实践中，采用系统随机分案虽然有利于预防人工分案中出现的人为因素导致承办法官可自由选定带来的司法腐败弊端，但忽略不同案件难易程度和法官个体素质差异的随机分案，从另一方面暴露了其弊端，使得旨在促进资源整合提高效率的制度初衷在司法实践中遇到阻碍，加之繁简分流法等配套机制运行不健全，立案部门与业务部门在分案上产生的摩擦与不协调也加剧了审判流程衔接的有效性和契合度。

第六，考核指标不合理。根据《人民法院案件质量评估指标体系》的规定，共有 31 个三级评估指标，其中涉及均衡结案的指标有 6 个，分别为"结案均衡度""法定（正常）审限内结案率""延长审限未结比""平均审理时间指数""平均执行时间指数""法定期限内立案率"。为有效提高审判效率，部分法院还保留了"结案率"，甚至新设了"结收比""人案比"等指标，其目的是希望通过考核评估来促进审判效率的提高。如何选择指标类型、如何设定指标取值都将直接影响案件流程管理的效果，而仅选择单一的结案率作为衡量指标还会适得其反。①

（3）节点设置欠缺或不细致导致流程管理缺失。第一，现有案件流程管理并未实现案件全覆盖，案件流程管理效果受到制约。立案审查环节中，因缺乏对立案审查工作时限的监控节点设置，导致对立案部门是否严格按照法定时间完成审查工作并做出审查结论，无法通过审判流程管理得到全程全面控制的效果，进而出现部分案件在起诉立案环节存在审查时间过长，当立不立或对不予立案案件只口头告知而不向当事人出具书面裁定等法律文书的现象。案件审理阶段中，必要的节点设置欠缺。现有审判流程管理信息系统设定的控制节点，除对开庭时间设定节点进行监控外，只在结案时间上按照审限规定设定了控制节点，但对案件审理过程中开庭后进行合议的工作时限，合议后裁判文书提交庭长、院长逐级审核的工作时限，庭长、院长完成文书审核的工作时限，案件提交审委会研究的工作时限，以及合议或审委会讨论决定后打印裁判文书、盖章、送达结案文书的具体工作时限都未做出明确规定，或者虽有明确的制度规定，但均未在审

---

① 董有生、李定华：《关于收结案动态平衡下均衡结案管理机制构建的调研》，《中国应用法学》2017 年第 6 期。

判流程管理系统中设定对应的控制节点,在一定程度上影响了流程管理的整体效果。①

第二,审限监控存在"盲区",是案件流程管理的致命缺陷。在目前的审判流程管理实践中除法律明确规定扣除审限的具体时限外,对法律只规定有扣除审限事由,但未明确规定扣除审限的具体时间段的事项,例如对鉴定、调解等扣除审限缺乏明确规定,导致扣除时间长短各异,拖延办案时间的情况发生。缺乏有效的监督和控制,形成表面上都在审限内完成案件的审理,而审理周期过长仍然是流程管理效用尚未充分发挥的不利结果。再者,案卷归档评查环节管理不规范。现实司法实践中,由于受制于人员紧张,先评查后归档的节点控制方式并未在实践中获得足够的生存基础,而先归档后评查成为更多法院的变通选择,导致流程管理效果直接降低,更甚者流于形式。

第三,案件在流转环节存在监督漏洞。现行司法管理实践中,虽然实现了审判管理系统的三级联网,但在具体操作上还尚存完善空间。例如,上、下级法院之间卷宗移送时间因管理不善,移送卷宗责任主体不明,导致上、下级法院之间卷宗移送经常游离于流程管理之外,造成移送时间过长、流转不畅的不良状况。

(4) 案件流程管理系统不稳定。从现在案件流程管理运行的系统分析,一方面存在运行系统设计不完善、性能不稳定的系列问题计算机软件系统及硬件设施存在的问题及不完善。如流程管理所依托的计算机软件系统硬件落后,软件设计与案件审判工作脱节,导致法官在努力完成案件审理的同时,还存在受制于案件管理系统,疲于解决计算机技术难题的境况,从而导致部分法官,尤其年纪大、计算机操作不熟练的法官对流程管理系统,甚至对案件流程管理部门的抵触情绪时有发生,从而抑制案件流程管理的效果。另一方面,计算机流程管理软件类别纷呈,各地法院采用的计算机流程管理软件各不相同,某一特定法院的计算机流程管理软件也经常处于更新换代,甚至直接更换软件,在更换管理软件的过程中所带来的新旧信息的更替、新旧操作系统的学习—熟练—更换—重新学习的不良循环等问题都严重影响了流程管理的可接受度和案件管理质效的发挥。

(5) 流程管理运用效能差。案件流程管理,从制度设计之初,其直

---

① 刘黎明:《如何做好审判流程管理节点控制工作》,《深化司法体制改革》河北省法学会2015年6月。

接目的就在于制衡审判权,加强审判权的监督,提高案件审判效率,提升司法公信力。在现实实践中,各地法院都在如火如荼地加强案件流程管理,设立流程节点,明确责任主体,规定相应时限,在案件流程管理实践中有着不可忽视的积极作用。但当我们反观案件流程管理的效果,对比案件流程管理前后的案件运行状况时,不得不警醒地认识到,案件流程管理只是提升司法效率的一个重要突破口,其在一定程度上取决于其与诉讼程序的协调与融合,增进于法院内部机制的完善。例如,案件流程管理与庭审普通程序及简易程序,与庭前审查程序,与庭前协商、调解或和解的关系,应如何融合和协调?又如,有关案件流程管理与人员分类管理改革、审判人员专业化、职业化、精英化改革、审判团队组建应如何协调互促的问题。在人员分类管理的原则下,司法审判人员、司法辅助人员与司法行政人员如何配合和衔接?在案件数量急剧增长,员额法官数量基本恒定、审判团队组建不畅的客观现实下,案件实体审理与流程操作孰先孰后、孰轻孰重的如何平衡?在现有的司法资源下,如何通过流程管控,在实现监督的同时,提升管理服务水平,促进审判人员办案的高效性,而不是形式上的节点管控,徒增工作事务,进一步加剧办案压力和矛盾,造成"你管你的,我审我的"的不良局面。认识到流程管理受制于法院其他机制改革构建,并不是说流程管理就可以安于现状,坐等改革成果,这其中,流程管理成果的转换和运用研究就显得至关重要。如何通过流程管理中反映出来的问题来思考和改进现行立案、审判与执行运行中存在的制度性障碍是流程管理的题中之义,而现在大多数法院的流程管理还停留在只管不用的表层性基础工作,实为流程管理的最大弊病。

2. 案件流程管理级别理念的问题

(1) 缺乏对流程管理的功能性与组织性的认识。案件流程管理在人民法院审判管理中积极作用和意义前已充分论述,其具有很强的技术性和程式性,能够清晰展示案件审理的流程。但案件流程管理具有更重要的功能性和组织性特征,通过案件流程管理,法院可以整体掌控案件审理流程,反映各审判部门对案件审理的进程、时限及均衡度,促进和提高案件审理的效率。然而,后一功能的发挥受制于审判人员对案件流程管理系统的可接受性以及案件流程管理人员对案件流程管理数据的运用和转换,没有运用和转换,数据和信息永远只是数据和信息,而不能抽象提高,反思现行立、审、执三个环节中权力运行的状况,导致案件流程管理功能的实质缺失。

（2）案件分流管理不完善。在司法资源稀缺的背景下，管理型司法已不可避免成为各国的共同选择，如何有效配置司法资源，应成为案件流程管理中的重点问题。对此，有学者提出应在均衡性原则下对法院资源进行分配。均衡性原则是指对个案的法院资源配置必须考虑案件的复杂程度及重要性等因素，即诉讼的具体程序应当与纠纷的本质、类型相匹配，它体现的是一种程序正义的理念。但显而易见的是，现代民事司法对于正义的评价标准已经由过去单纯注重个案正义向整个社会全面接近正义的方向转变。这种意义上的程序正义应当更注重于分配的正义。[①] 笔者认为，案件分流管理能够促进在均衡性原则下对法院资源进行有效合理的分配，法院根据具体案件的复杂性、重要性、争议的价值、当事人的需求等因素案件进行分类、分流，使得简单案件得以快速解决，复杂案件得以充分审理，提高司法效率。而现阶段司法实践中各地人民法院对案件分流管理并不理想，并未充分发挥案件分流机制的显著作用。

3. 案件流程管理与诉讼程序、环节的协调与融合问题

如前所述，案件流程管理只是提高司法效率的一个重要突破口，而案件流程管理切实发挥实效，受制于与诉讼程序与诉讼环节的协调与融合。

（1）与庭审普通程序及简易程序的关系。案件庭审普通程序及简易程序制度的功能价值在于通过案件审理的繁简分流，合理配置司法审判资源，通过简案简审，繁案精审，实现案件审理质量与数量的有效统一。案件流程管理是对案件审理的流程实行重点管理、节点管理，提高法院审理案件的数量和效率。从这个意义上分析，案件流程管理与案件繁简分流、庭审普通程序及简易程序是相辅相成的，都是法院提高案件质效的重要制度和保障。

（2）与庭前审查程序的关系。对不同的诉讼程序而言，庭前审查程序具有不同的内涵，就民事诉讼而言，庭前审查程序是指在立案之后、开庭审理之前，当事人和法院完成证据的收集与交换，整理、明确争议焦点，促成和解，同时为庭审做好准备的程序规范。其具有收集并固定证据、简化并确定争议焦点、促进合议解决纠纷、提高庭审效率的重要功能。而在我国的立法实践中，虽然最高人民法院历年出台的一系列司法解

---

① 钱颖萍：《司法改革视野下中国民事案件管理制度的构建》，《重庆大学学报》（社会科学版）2015年第1期。

释在形式上逐步充实了民事诉讼庭前审查程序，但庭前审查程序还停留在一个可有可无的状态，功能上仅限于为庭审做准备，缺乏其独立程序的功能价值和地位。由于庭前审查程序尚处于一个初始阶段，一般法院的案件流程管理并没有将庭前审查程序置于管理范畴。但不可否认的是，在确定庭前审查程序的独立功能价值和地位后，将其纳入案件流程管理的范畴，会促使庭前审查程序发挥出其独立的价值和功能，提高审判质效，实现案件流程管理的功能和价值。

（3）与庭前协商、调解或和解的关系。在现阶段案多人少的状况下，庭前协商、调解或和解有着重要的意义和作用。对法院而言能够在一定程度上缓解法院的审判压力，节约司法资源；对于当事人而言则能及时有效解决纠纷，减少诉讼成本与诉累。但庭前协商、调解或和解由于制度的不完善存在一定的问题，实践中往往导致庭前调解率或和解率不高，其中调解期限能否扣除是直接影响承办法官主持庭前调解的主观能动性，法院对此的普遍做法是当事人均同意调解的情况下允许对审限予以扣除，实践中往往会产生这样的结果：因审限管理的规定，任何当事人不同意调解，法官一般不会再主持庭前调解，这便使得庭前调解这一制度没有充分发挥其功能和作用。案件流程管理旨在促进案件审理的质效，从这一角度分析，其与庭前协商、调解或和解的目的是一致的，但案件流程管理中的审限管理一般会成为制约庭前调解率或和解成功率的关键因素，不将调解时限纳入案件流程管理体系又必将带来管理懈怠的另一弊端——调解时限可能又会成为规避审限管理的空白地段，如何在矛盾中实现统一是我们思考的重点。笔者认为，可以将庭前协商、调解或和解单独规定在庭前程序当中，规定相应的时限，而不将其直接纳入案件审理时限，使得案件流程管理发挥功能的同时，促进庭前调解或和解制度的价值得以发挥，共同提高审判质效。

4. 法院对案件流程管理存在的体制和制度障碍

（1）新旧管理体制冲突的制约。案件流程管理是在1999年最高人民法院发布的第一个五年改革纲要之中正式提出，并在随后的司法实践中探索、运行和发展。在整个过程之中，饱含着新旧管理体制的交叉和融合、新旧管理理念的冲突和磨合、新旧管理方式的交织和适应，在很大程度上制约了案件流程管理制度的深化实践。导致原有管理体制和管理主体的分散化、管理方式行政化、管理手段单一化、管理效果形式化以及监督方式静态化。而随着司法实践的发展，审判管理的方式正在从自发向自觉进行转化，集中体现为管理主体从分散走向集中；管理程序从无序发展为有序；管理方法手段上从随意化单一化过渡到制度化多元化。审判管理的内容也正从混乱模糊向具体明确过渡，具体表现为案件流程管理、案件质量评查制度、案件质效评估体系以及绩效考评制度的建立和完善。在转化和过渡过程中，原有体制的弊病或多或少，或深或浅地影响着案件管理体制的发展和深化，但从长远的发展角度来看，随着案件管理体制的健全和完善，这种影响和制约会慢慢变少变浅，案件管理的各项制度也会在细化、科学、协调的基础上更加深入地根植于司法实践的土壤，最终促进司法管理体制的发展和深化。

（2）配套管理制度不足的影响。如前所述，对法院管理的宏观结构进行观察解读，不难发现审判管理只是其中的一个重要部分，案件流程管理只是审判管理这一庞大体系中的一个支系，案件流程管理制度的科学有效运行，不仅要考量内部环节的有机衔接，还要考察其与审判管理中的其他板块的契合兼容，也要考虑与法院管理的其他部分的配合协调。所以案件流程管理制度的功效发挥受制于其他板块、支系之配套制度的健全。

三　法院案件流程管理的突破和创新

（一）法院流程管理的基础

1. 案件流程管理组织体系的完善。审判管理部门应当集中流程管理、质量监督、数据统计、信息汇总、绩效考核等审判管理职能，通过计算机信息系统对全院法官审判进行节点监控和质量控制。在其管理范围内，既要实时管理，也要对管理类信息进行收集、汇总，及时对审判动态进行分析，为党组决策提供参考。

（1）建立、完善审判管理部门的职能与作用。建立、完善审判管理部门的职能与作用是实现案件科学管理的关键之举，本章仅从案件流程管理的角度来对建立完善审判管理部门职能与作用提出意见。第一，明确各环节责任主体和时间期限。明确各流程环节的责任主体，即明确该环节应由哪个部门、什么人员具体负责，只有明确责任主体，才能有效避免流程管理中互相推诿的情况；明确各流程环节的时间期限，即明确每个流程环节办理的最长期限，只有确定的时间期限，才能使责任主体按照期限严格行事，发挥流程管理的效果。第二，进一步完善案件审判管理系统，加强对案件审判流程动态监控。在案件审判流程的动态监控中，对案件审理期限的动态监控显得尤为重要，在审判管理系统中，可动态显示案件审理期限和案件审限红线预警，督促审判人员在法定（正常）期限内结案。严格控制扣除审限及延长审限的情形，加强扣除及延长审限的审批。第三，进一步完善审判效率指标。流程管理的直接目标是促进案件审理的效率，所以审判效率指标是衡量案件流程管理效果的重要依据，审判效率越高，说明案件流程管理效果越好。

（2）加强合议庭规范管理职责。合议庭是人民法院的基本审判组织，也是案件审判流程管理中的重要主体，加强合议庭规范管理职责，是优化案件审判流程管理中的重要措施。第一，加强合议庭规范管理意识。合议庭的规范管理，是促进合议庭高效运转的基础。一是规范办案时间，提高办案效率。规定合议庭收案后安排开庭的时间、提交合议的时间、提交审委会讨论的时间。例如对审理期限为 3 个月的案件，可规定合议庭收案后 3 日内确定开庭时间，开庭时间应安排在收案后 20 日内；案件开庭后，承办法官应在 15 日内提交合议庭合议，案件合议后可及时上报审判委员会讨论，但上报审判委员会讨论的时间不得晚于审理期限届满前 15 日。二是合理分配时间，集中时间办案。在案件办理实践中，因承办法官须参加合议庭开庭、合议、庭务会议及办理自己承办的案件，若时间被分散，则不能有效保证承办案件的时间，提高办案质量与效率，故整个合议庭合理分配时间、集中时间办案显得尤为重要。例如可相对集中整个合议庭案件开庭时间，促进后期案件合议时间的统一性；可相对固定合议庭案件讨论时间，例如相对固定某日作为合议庭案件讨论时间，届时合议庭对需要合议的案件进行讨论，无须合议的案件则可交流办案经验等。第二，加强合议庭审判长管理职责。审判长是领导合议庭正常高效运转的关键，除优质高效办理自己承办的案件外，合议庭的审判长还应统一掌握合议庭承办的全部案件的基本信息，包括立案时间、案件来源、审理期限、是否结案等，在对案件统一管理的同时，监督管理合议庭办案情况。第三，加强合议庭承办法官职责。最高人民法院《关于进一步加强合议庭职责的若干规定》第三条规定，承办法官履行下列职责：①主持或者指导审判辅助人员进行庭前调解、证据交换等庭前准备工作；②拟定庭审提纲，制作阅卷笔录；③协助审判长组织法庭审理活动；④在规定期限内及时制作审理报告；⑤案件需要提交审判委员会讨论的，受审判长指派向审判委员会汇报案件；⑥制作裁判文书提交合议庭审核；⑦办理有关审判的其他事项。结合法院案件流程管理分析，承办人应按合议庭的规定时间，及时高效完成上述工作职责，有效安排各工作职责的时间，缩短办案周期，有效办结案件。

（3）加强书记员管理处的管理作用。根据《人民法院书记员管理办法（试行）》第一条规定，书记员是审判工作的事务性辅助人员，在法官指导下工作。第二条规定，书记员履行以下职责：①办理庭前准备过程中的事务性工作；②检查开庭时诉讼参与人的出庭情况，宣布法庭纪律；③担任案件审理过程中的记录工作；④整理、装订、归档卷宗材料；⑤完成法官交办的其他事务性工作。可见书记员的工作与法官案件审理工作息息相关，在案件流程管理中，书记员是较为重要的流程管理对象，加强书记员管理处的管理作用将使书记员工作更好地服务审判执行工作，利于流程管理的优化。加强书记员管理工作，一是要建立科学客观的考评体系，可结合书记员管理处与案件审理部门共同对书记员工作进行考评；二是加强书记员业务知识的培训，包括但不限于速录水平、归档能力、文书上网能力等。除加强书记员工作外，书记员管理处还应加强与书记员相关的案件流程管理事务，例如对文书送达的类型及时间进行统计分析；对卷宗归档的情况、数量及时间进行统计分析；对上网文书数量的统计和分析等。

2. 案件流程管理理念的突破

（1）实体公正与程序公正相结合。在民事流程管理制度中，实体公正与程序公正的统一体现为立案庭和审判庭之间的互相配合。实体公正主要通过审判庭的公正审理来实现，其重要性自然不言而喻。程序的公正性则更多体现为立案庭功能的发挥，在案件流程管理过程中，很多程序问题的出现比如管辖权异议、对保全申请复议等在一定程度上也会对司法公正带来影响，近年来程序公正也受到了实务界的普遍关注。程序的公正是实现实体公正的重要保障，实体公正又是程序公正的必然结果，二者的有机结合是实现司法公正的前提和基础，也是推行民事审判流程管理要坚持的重要原则。①

（2）管理与服务理念并重。正确处理立案庭和审判庭之间的关系是

---

① 张斌、熊艳蓓：《上海市基层法院案件流程管理运作情况实证分析》，《法治论丛》2009年第11期。

完善民事流程管理制度的重要内容，立案庭与审判庭之间应当是监督和服务并存的关系。只强调监督职能放弃服务，会不可避免地在立案庭和审判庭之间发生摩擦甚至冲突，失去配合与协调，对案件审理非常不利；一味强调服务忽视监督，又会导致立案庭失去程序控制权、盲目听从审判庭的指挥，无法实现对案件的动态管理和全程跟踪，有可能导致不公正的审理结果。因此，成熟的民事流程管理制度既要为当事人服务，也要为审判庭提供支持，这种支持不仅体现在立案、转办等程序事项，也体现为在对审理过程的不同环节进行统筹安排和协调，更体现为审判管理系统的人性化服务，不能让机器管住法官，让法官摆脱繁杂琐碎的事务性工作，专心审理案件，从而有效保证审判质量和效率。[①]

3. 案件流程管理与诉讼程序的协调发展。案件流程管理应与诉讼程序相互协调发展，在诉讼程序的框架下，对案件进行流程管理。一方面，根据案件特点，将案件分类管理。根据案件的复杂难易程度，确定案件适用程序。另一方面，按照简易程序、普通程序的特点进行流程管理，在符合诉讼法规定的前提下，扩大简易程序适用范围。制度设计的缺陷以及简易程序适用范围立法不明确等原因，致使很多简单案件无法适用简易程序，主要表现为立案庭一般在立案时就向当事人送达文书，完成了排期工作，导致案件只能按照普通程序进行，简易程序的优势无法发挥，造成司法资源的浪费，故扩大简易程序的范围具有重要作用和意义。

(二) 法院案件流程管理的立法与规则完善

1. 最高法院案件流程管理规范的完善。目前案件流程管理改革的现状是各法院独自进行，各项措施之间不能很好地配套和衔接，非常零散、不系统。为消除在流程管理中混乱的局面，最高人民法院有必要对案件流程管理制度予以明确和完善，形成统一规范。以规则作为诉讼运行和控制的主要方式，赋予非个人的制度技术以支配地位，将审理从外在形式改造为法院的集体活动而不是法官个人行为，从而实现并维护审判运行过程的理性状态，以满足当事人和社会公众对诉讼安全、稳定的价值追求，实现

[①] 张露：《人民法院审判管理制度研究》，硕士学位论文，中国社会科学院研究生院，2014年。

诉讼和平性疏导的功能，缓解当事人之间的激烈冲突和对抗心理。① 通过最高人民法院对案件流程管理规范的统一和完善，强化民事流程管理概念，确保流程管理控制权的有效行使，使当事人、法官等案件参与人都能在规范的程序内运作。

2. 各级法院案件流程管理规范的细化规定。在最高人民法院指定的案件流程管理规范下，各高级人民法院结合地方案件数量及特点，应进一步制定案件流程管理的规范细则，对流程管理中的重点内容，如审限管理、案件信息化建设、案件流程信息统计、案件文书上网等作进一步的明确与细化，并要求各中级、基层法院根据案件数量及特点，进一步制定实施细则，提高案件流程实施细则的可操作性。

3. 针对案件流程管理存在的具体问题加以解决。

（1）明确主体，及时、准确、全面地录入案件信息。各级人民法院一般均要求及时、准确且全面地将案件信息录入审判管理系统中，但在司法实践中，往往存在录入主体相互推诿，录入信息不及时、不准确、不全面的情形，一方面影响审判流程管理的效果，致使审判管理部门不能及时获得准确有效的数据，降低管理效果。另一方面致使系统自动生成的数据不能客观反映审判情况，影响审判管理与决策。司法实践中，部分法院对案件信息的录入主体、录入内容等做出了详细规定，值得借鉴和推广。

（2）加强案件流程的期限管理。期限管理是流程管理的重要内容，只有加强案件流程节点的期限管理，才能使案件流程管理落到实处，发挥案件流程管理的实效。在案件流程的期限管理的过程中，应注意：

第一，加强延长审限及扣除审限的审批。我国诉讼法对各类案件的法定审限有明确的规定，例如《民事诉讼法》第一百四十六条规定"人民法院适用简易程序审理案件，应当在立案之日起三个月内审结"。第一百三十五条规定"人民法院适用普通程序审理的案件，应当在立案之日起六个月内审结。有特殊情况需要延长的，由本院院长批准，可以延长六个月；还需要延长的，报请上级人民法院批准"。第一百五十九条规定"人民法院审理对判决的上诉案件，应当在第二审立案之日起三个月内审结。有特殊情况需要延长的，由本院院长批准"。依照《最高人民法院关于严格执行案件审理期限制度的若干规定》（2000年9月14日最高人民法院

---

① 张斌、熊艳蓓：《上海市基层法院案件流程管理运作情况实证分析》，《法治论丛》2009年第11期。

审判委员会第 1130 次会议通过）第二条规定："适用普通程序审理的第一审民事案件，期限为六个月；有特殊情况需要延长的，经本院院长批准，可以延长六个月，还需延长的，报请上一级人民法院批准，可以再延长三个月。""审理对民事判决的上诉案件，审理期限为三个月；有特殊情况需要延长的，经本院院长批准，可以延长三个月。"第九条规定，"下列期间不计入审理、执行期限：（一）刑事案件对被告人作精神病鉴定的期间；（二）刑事案件因另行委托、指定辩护人，法院决定延期审理的，自案件宣布延期审理之日起至第十日止准备辩护的时间；（三）公诉人发现案件需要补充侦查，提出延期审理建议后，合议庭同意延期审理的期间；（四）刑事案件二审期间，检察院查阅案卷超过七日后的时间；（五）因当事人、诉讼代理人、辩护人申请通知新的证人到庭、调取新的证据、申请重新鉴定或者勘验，法院决定延期审理一个月之内的期间；（六）民事、行政案件公告、鉴定的期间；（七）审理当事人提出的管辖权异议和处理法院之间的管辖争议的期间；（八）民事、行政、执行案件由有关专业机构进行审计、评估、资产清理的期间；（九）中止诉讼（审理）或执行至恢复诉讼（审理）或执行的期间；（十）当事人达成执行和解或者提供执行担保后，执行法院决定暂缓执行的期间；（十一）上级人民法院通知暂缓执行的期间；（十二）执行中拍卖、变卖被查封、扣押财产的期间。"从现在的规定来看，虽诉讼法没有延长审限及扣除审限的情形做出具体规定，但最高人民法院对不计入审限的情形做出了明确规定，各级人民法院都应在遵守的基础上，通过流程管理加强对延长审限和扣除审限的审批，避免审限的无限延长。

第二，对案件评议和裁判制作的时限监控。在审判流程管理上，多数法院比较注重对案件全程审判周期的监控，把审限管理重点放在了案件是否超法定审限上，而对于流程各环节的监控往往相对放松。尤其是案件辩论终结后进入评议和裁判的这个阶段，多处于监控盲点，这段时间的长短由承审法官自由掌握，由此造成审判实践中，往往庭审很早就已结束，而评议和制作裁判却迟迟不见动静，直至审限届满前才匆匆完成，如不加强这个流程阶段的时限管理，至少会存在以下弊端：一是随着时间的推移，法官对于证据所形成的心证和对案件事实形成的判断，会日渐淡忘而记忆模糊，最后只得根据书面材料和残缺的记忆进行评议和裁判，这样不但减损了庭审的价值，而且容易导致主观臆断；二是这段空档时间越长，法官受到外界不正当干扰的可能性越大,甚至会引发司法腐败。因而,确有必要将庭审完毕至评议和制作裁判这个阶段,也纳入审限监控重点,严格督促法官在庭审后及时进行评议和裁判,以防止案件在这个阶段的恣意拖延,促进审判效率。①

第三,对文书送达的时限监控。在司法实践中,由于受到法定审限、案件审理天数、结案均衡度等考核指标的影响,承办人或业务部门领导都会较为重视案件审结前的期限控制,但对结案后文书的送达重视程度不够,文书的送达一方面影响裁判文书的生效时间,另一方面会对司法公信力造成不良影响,所以加强文书送达的管理和监控是值得重视的。

第四,将案件纳入审判流程管理范围。审判实践中,由于案件移送流程管理缺位,造成上诉、发回重审案件以及再审中原审卷宗拖延移送的现象屡见不鲜,案件纠纷长时间得不到有效解决,当事人对人民法院抵触情绪较重,导致非常不好的社会影响。因此,审判流程管理的触角应延伸至这些地方,堵塞案件一审、二审、再审衔接过程存在的空档,防止变相拖延诉讼。

(三) 法院案件流程管理相关措施的完善和改进

1. 法官队伍专业化的建设。办案质量的好坏在很大程度上依赖审判人员业务素质的高低,加强法官队伍专业化建设应建立长远的人才发展计划和目标,具体从以下几方面入手:

(1) 学历提升教育与业务培训并重。重视现有法官的学历提升教育工作,鼓励在职法官报考法律硕士和法学博士,对新颁布的法律、法规、条例等要及时组织学习,对复杂疑难案件、当前的热点问题要开展集体性的法官探讨活动,共同讨论与研究,达到共同学习进步的目的。

(2) 紧抓岗位目标管理不松懈。通过岗位目标责任制的实施保证审判任务的顺利完成,但必须注意的是,制定的指标应当是合理的,如果任务过高难以完成,会挫伤办案人员的积极性;如果任务过低又没有压力,工作效率难以提高。

(3) 适应审判工作的实际需要,确定合理的机构与人员配置。这不仅有利于提高审判人员的工作积极性与效率,还会减少人才浪费的现象。

---

① 葛治华、邓兴广:《法院审判流程管理模式:反思与进路》,《政治与法律》2006年第4期。

2. 案件流程管理协调保障机制的建立。审判流程管理存在大量的环节与环节之间的衔接、部门与部门之间的配合问题，实际运作当中免不了出现衔接不当、配合不佳的矛盾和问题。为确保流程管理的和谐运行，应当建立案件流程管理协调保障机制，促进案件流程管理效果的积极发挥。

（1）进一步明确审判事务管理办公室的职责。这是对案件流程进行管理的前提。审判管理办公室是各级法院审判委员会的办事机构，受其领导并对其负责，其既是审判委员会开展审判管理工作的参谋助手，又是承上启下、连接各方的枢纽，并在各级法院审判委员会领导下，履行审判管理职能，开展审判管理工作。其主要履行审判委员会日常事务、审判流程的监管、审判质量效率评估和审判运行态势分析、案件质量评查、业务指导、相关统计、审判绩效管理以及案件督办等工作职责。

（2）进一步明确立案庭、书记员管理部门、各审判业务部门及档案管理部门的工作职责与范围，各尽其责。笔者认为，在流程管理方面，立案庭主要负责管理立案、调卷等工作；书记员管理部门主要负责管理案件文书送达、记录、归档、文书上网等工作；审判业务部门主要负责案件的审理、审限的管理、审判信息的录入等工作；档案管理部门主要负责卷宗质量检查与管理。

（3）进一步明确考评机制。明确立案庭、书记员管理部门、各审判业务部门及档案管理部门的工作职责与范围，可进一步确定流程行为主体和责任主体，并通过明确具体的考评机制，实现对案件流程的监督和管理。

（4）进一步发挥审判管理部门的协调管理作用。

3. 监督评价机制的建立与完善。建立科学、客观、公正、严格、符合审判规律的监督评价机制，可以有效促进案件流程管理。设定并完善科学评价项目，充分体现流程管理目标的要求，如平均审限、案件超审限率、流程各环节时限的遵守情况、案件结案均衡度等；建立并完善透明、及时的信息收集反馈机制，在审判流程管理的过程中，信息的收集与反馈是实现有效监督与评价的基础与前提，在其中应进一步注意保证基础信息的真实性、信息收集的及时性与信息反馈的指导性；建立并完善规范的考评档案，将考评结果与岗位目标责任制等挂钩，充分发挥考评机制的督促激励功能。通过考评项目的遵守、完成情况，了解案件的程序运行质量和人员素质，并作为对法官实行分流的客观依据。

4. 审判信息公开化。审判管理部门可定期对法院的立案案件数、审结案件数、执结案件数、上诉案件数等基本数据做统计，予以公布，让社会及人民群众对法院工作进一步了解。对内可将各个业务法官的承办案件数、上诉率、调撤率、发回重审率等及时通报，并由相关领导根据法官业绩给予相应的奖惩；将统计反映出的问题及时反馈给法官，并做好业务技能的培训学习。这种透明的操作方式不仅是全面落实审判公开制度的良策，而且是对法院审判工作的一种挑战。

5. 信息化流程管理系统的运用。随着信息化手段在各行各业的广泛应用，信息化已经成为现代管理的重要方式。审判管理同样需要通过信息技术手段加以完善，从而达到规范司法行为、促进司法公正的管理目标。信息化与审判管理对于司法权运行来讲，都是一种新的方式和技术手段。只有将信息技术与审判管理有机结合，才能使现代审判权运行在一种科学高效的轨道上，满足社会发展对司法不断增长的要求。目前法院建立的审判信息化平台就是信息化管理的重要内容。但目前的信息化平台还存在一些问题需要解决。一是保障信息化管理系统的科学性与客观性。信息化管理系统是由专业人员开发的，服务于审判工作的流程，但系统设置上难免出现与审判实践不符的情况，应根据实践情况进行不断的调整。二是促进信息录入的准确性与完整性。案件信息的录入一方面能客观反映出本案的审理流程，另一方面能够为法院案件流程管理提供数据和依据，故应保证信息录入的准确性和完整性。三是信息化平台应该统一。即使不能在全国范围内达到一致，至少也应在省内达成一致。四是强化信息化平台服务审判的功能。平台中应添加法律法规和各个地方的经典案例等业务学习信息，提高审判人员的业务水平。五是制定网上审批流程，完善电子印章管理。网上审批可以极大地提高审判工作效率，但由于网上审批、电子印章等存在一定的操作风险。司法实践中可尝试通过技术手段控制网上审批的风险，从而加大网上审批和电子印章的适用范围，提升审判效率。

第五章

法院绩效考评制度：
一种新的法院管理制度安排

基于绩效考评制度在我国法院系统已经开展了十几年，各地已经形成了较为成熟的运行机制，对这个问题的研究并非一个应然性的问题，而是一个实然性的问题。我们的研究不能仅停留在绩效考核应该如何进行的讨论，而是要针对我国法院系统已经进行的绩效考核实践，探寻其中存在的问题，提出规范和完善这一制度的经验性依据。为此，本课题组在Y省、H省和G省等地进行了广泛调研，收集了各地区不同级别法院所进行的绩效考评规定，对法院有关部门和人员进行了访谈，在充分把握我国法院绩效考评实际运行的基本情况，总结这一制度运行中的得失经验的基础上，提出结论和对策。

一 法院绩效考评的制度变迁史考察

（一）绩效考评前法院内部对审判业务人员业绩的管理

1. 绩效考评前法院的业绩考核。中华人民共和国成立后至改革开放前这一时期，"我国坚持以阶级斗争为纲的政治纲领，实行直接以行政协调的指令性计划为特征的经济体制，在司法理念、制度建设以及实际运作等方面全盘照搬苏联的模式，因此，存在许多违背司法审判规律的现象。"① 所以，这一时期的法官与其他国家机构干部没有差别，都被纳入国家干部行列，统一适用干部考评标准。由此，即使20世纪70

---

① 参见沈德咏《新时期中国司法改革进程纲要》，《人民司法》2004年第6期。

年代末我国法院系统得到重新恢复机构设置，法院内部仍然长期采用行政化的考核制度，无法形成既体现审判规律、符合法官职业特点，又能够准确反映法官综合素质的科学合理的评价体系。具体而言，当时对法院工作的评价，运行着两套评价系统。

一套评价系统主要运用于地方党委、政府对当地法院的评价，具有浓厚的行政化考核的特征。以每年向本地人大作的法院工作报告中体现的本年度的工作成绩为主要依据，同时，还有当地党委、政府对法院工作的整体性评价。这一评价方法脱离法院以审判、执行为主要任务的实绩考核，评价标准主要看是否完成党委、政府安排的各项工作任务。这一评价系统的存在具有一定社会历史因素，长期以来我国对法院的行政化定位，无形中使"中国法院实际上负担了太多的政治和行政目标，而不仅仅是公正、高效地提交给它们解决的纠纷"①，由此用政治性、行政化的评价模式评价法院整体工作也就顺理成章。

另一套是法院内部实行的以岗位责任制为主，兼采收案数量、结案率、人均结案数、收取的诉讼费数额等为基本效率指标，以发回改判率为基本质量指标的评估模式。后来，删除一些不合理指标如诉讼费数额等指标，并且引入了岗位责任制、目标管理等管理方式对法院进行管理。这一评价系统主要适用于对法官的工作考评。这一模式的基本运作模式是：第一，以简单的审结案件的多少来评价工作量，不看重审理案件的实际状况；第二，单纯以"结案率"来评价审判效率，无视审结案件所能达到的效果；第三，以"发回重审率"来评价案件的质量，把发回重审这一正常的诉讼活动当作案件质量不高的依据，没有遵循司法活动的基本规律。可以说，没有系统的、全面、科学的绩效考核指标体系，依赖于运用单一指标的模式来评价法院工作，致使当时这一考核系统不可避免呈现粗疏化、系统性不强、评估滞后、评估结果的应用水平低等特征，不能发挥业绩考核对管理、决策的导向控制功能，更难以保证法院工作高效高质实施。比如，考核主体怕得罪人，考核标准宽泛，硬性指标少，也没有将考核结果真正与评优晋升挂钩。往往以印象代替考核、以优点掩盖缺点、以近期表现代替全部工作，难以对实绩做出客观评价，不能准确反映法官之间、部门之间的工作绩效差异。不少法院管理长期习惯季度考核、年终考

---

① 艾佳慧：《中国法院系统绩效考核制度研究——"同构性"和"双轨制"的逻辑及其问题》，《法制与社会发展》2008年第5期。

核和岗位目标管理等偏重结果、忽略过程的考核模式。并且，有的地方法院由行政级别高的人员对行政级别低的人员依次评定等级，如院长给庭长、庭长给审判长，审判长给审判员依次评定。在有的地方，二审法院为一审法院所审理的案件打分，再通过积分卡的形式反馈给一审法院。一审法院则根据其分数对审判人员进行考核。二审法院也在业务指导的名义下，通过对累计上诉审案件的分数，主要是发回改判案件的数目和所扣掉的总分数，给所辖一审法院排定名次。这种形式的考核俨然是上级对下级的行政性质的考核，背离了法院组织法规定的上、下级法院的审级关系。更为严重的是，在很多情形下，一审法院的法官害怕案件上诉后被扣分，而事先揣摩二审法院法官的意见，甚至进行内部请示，这种做法实质上违背了我国的两审终审制度。在很多时候，甚至变成了个别领导人干涉法官独立裁断权、贯彻私意的"合法化"通道。①

2. 绩效考评前法院队伍管理存在的问题和症结。在绩效考评实施前，各地法院普遍实行的是行政化的法官队伍管理模式。这一模式的形成，与我国几千年来的司法传统有关，因为司法、行政合一是中国传统司法的重要特点，自民国始专设法司行使审判职能，但司法行政化传统一直较为坚固，加之中华人民共和国司法模式肇始于革命战争年代，因此行政化传统一路延续下来。在中华人民共和国的法院组织构架上，法院一直按照行政机关的模式设立和建设，各级法院的庭长、院长均按照行政机关的级别设置，法院及法官管理上实行行政机关管理模式。各级地方法院的人财物均受制于地方政府，法院被视为与公安机关并列的行政机关。

在立法上，虽然1995年颁布的《法官法》将法官与行政人员区别开来，在确立我国法官管理和考核制度方面迈出了可喜的一步。但是，实为法官管理和考核的基本依据《法官法》的有关规定，行政化色彩仍然较为浓厚。比如，作为法官管理的重要制度的法官等级制度，体现的是行政等级管理机制。又如，第34条所列的警告、记过、记大过、降级、撤职、开除等惩戒方式，也与公务员的管理方式无异。在现实中，法官除接受法院内部的考核外，还要和其他公务员一样，接受同级人事部门组织的公务员考核，对法官的考核也适用公务员的标准。凡此种种，均表明法官的管理和考核与公务员如出一辙，并没有体现法官职业化、精英化的管理需

---

① 王宏、王明华：《法官内部考核机制研究》，《山东师范大学学报》（人文社会科学版）2006年第1期。

求。法院及法官队伍的行政化管理，是导致绩效考评前法院队伍管理出现诸多弊端之症结所在。

（二）法院绩效考评制度的建立和发展

1. 针对考评弊端进行的法院业务人员管理改革。改革开放以后，随着经济发展的加快，社会结构的不断变化，以及各种社会矛盾的不断激化，司法职能的社会需求度越来越强。在此形势下，行政化的法官管理模式显得越来越不能适应社会需要，由此法官的职业特性以及专业素质问题也开始受到重视，各种有关法官考评的制度开始起步。1988年，第十四次全国法院工作会议在北京召开，此次会议强调要进行法院审判管理制度改革，逐步建立具有中国特色的社会主义法官制度。出于逐步淡化法官的行政化和大众化色彩的改革进路，1995年颁布的《中华人民共和国法官法》在法官考评上做出了初步探索。其"考核"与"法官考评委员会"两章对法官考评主体、原则、内容、结果及处理进行了原则性、专门性的规定，以立法的形式开启了法官考评制度的大门。1996年制定的《法官考评委员会暂行组织办法》则对法官考评主体的职责和组织机构进行了统一和专门的规定。虽然有关法官考评的诸多规定与1993年颁布实施的《国家公务员暂行条例》中有关公务员的考评内容并无太大差别，在实践中，对法官进行考评也是套用公务员的考评方式，但至少在形式上，法官和公务员成为两个不同的序列，而且在制度理念方面初步达成了应该建立区别于公务员考评制度的法官考评制度的共识，为此后的改革奠定了一定的基础。

2. 最高人民法院三个五年司法改革纲要对法院绩效考评制度的强调。为了进一步加强司法改革，我国从1999年起出台了三个司法改革纲要，其中，法官考评制度的建立和完善也是重要内容。由此，开启了我国法院系统的绩效管理实践。1999年的"人民法院第一个五年改革纲要"——《人民法院五年改革纲要（1999—2003）》提出了人民法院改革的总体目标之一是，"以强化法官职责为重点，建立符合审判工作特点和规律的审判管理机制，改革审判工作的行政化管理模式，进一步深化法院人事管理制度的改革，建立一支政治强、业务精、作风好的法官队伍"[①]。这次改

---

① 《人民法院第一个五年改革纲要》，《中华人民共和国最高人民法院公报》1999年第6期。

革的重心是建立审判流程管理制度。2004年的"人民法院第二个五年改革纲要"——《人民法院第二个五年改革纲要（2004—2008）》比较系统地对绩效考核做了安排，首次笼统地提出绩效考核建设性的要求——"改革和完善司法人事管理制度，加强法官职业保障，推进法官职业化建设进程；建立科学、统一的审判质量和效率评估体系。在确保法官依法独立判案的前提下，确立科学的评估标准，完善评估机制。改革法官考评制度和人民法院其他工作人员考评制度，发挥法官考评委员会的作用。根据法官职业特点和审判业务岗位的具体要求，科学设计考评项目，完善考评方法，统一法官绩效考评的标准和程序，并对法官考评结果进行合理利用。"① 此外，还进一步提出了将改革和完善审判管理制度作为一项独立的改革任务。2009年的"人民法院第三个五年改革纲要"——《人民法院第三个五年改革纲要（2009—2013）》首次提出案件质量评查标准，细化了法院工作人员绩效考核分类管理，为下一步绩效考核的推行事实上奠定了理论基础。该纲要提出："研究制定符合审判工作规律的案件质量评查标准和适用于全国同一级法院的统一的审判流程管理办法。建立健全以审判质量和效率考核为主要内容的审判质量效率监督控制体系，以法官、法官助理、书记员和其他行政人员的绩效和分类管理为主要内容的岗位目标管理绩效考核体系。"② 同时，还提出了健全审判管理工作机制的要求。

随着最高人民法院三个五年司法改革纲要的出台，作为法院人事管理制度的重要组成部分的法院绩效改革得以不断推进，制度由宏观向微观逐渐完善。观察近年来的情况，建立量化的法官绩效考评体系已成为我国法官考评制度的改革突破口和发展趋势。

3. 各级法院审判人员对绩效考评制度的建设和落实。自最高人民法院司法改革纲要颁布以来，各地法院从21世纪初期开始探索与实践符合法官特性的案件质量评估体系，采取了不尽一致的方法，取得了可贵的经验和一系列的成果。

（1）上海模式。2003年1月起，全市法院运行由上海市高级人民法院制定的审判评价体系，该审判评价体系共由39项指标组成，包

---

① 《人民法院第二个五年改革纲要》，《中华人民共和国最高人民法院公报》2005年第12期。

② 《人民法院第二个五年改革纲要》，《中华人民共和国最高人民法院公报》2005年第12期。

括同期结案率、月均结案率、平均审理天数等19项主评估指标,月均存案工作量等12项配合主评估指标的副评估指标,审限内结案率、当庭裁判率等8项调研或参考性指标。① 在强化审判和法官管理过程中,上海法院十分重视信息化管理的实施,建成了系统化、智能化、多样化的信息化管理系统,法官业绩档案计算机管理系统与其他各个管理系统实现对接和优化,真正实现网络管理、信息共享以及审判绩效生成实时化,率先于2008年启用了自主开发的法官业绩档案综合管理软件系统。

(2) 湖南模式。湖南法院在学习借鉴外地法院做法的基础上,从2004年开始自上而下建立了审判管理办公室,全省法院实行统一的绩效考评评价体系。构建了"个案评查""司法统计分析"和"社会公共评价"三位一体的评价体系,将评价分为法官评价体系和法院评价体系两个层级,以司法公正、办案效率和司法效果为主要内容,而评价数据主要来源于个案评查、司法统计报表、当事人和社会公众司法满意度调查等方面。②

(3) 福建模式。福建省高级人民法院于2004年3月制定了《全省法院案件质量与效率评估考核办法》,同年7月,全省法院开始全面运行该办法。"该文件在遵循审判规律的基础上,设置了10个指标:上诉、抗诉率,申诉、上访率,改判发回率,案件未结率,审限内结案率,调解、撤诉率,执结率,执行标的到位率,人均结案数和已结案归档率,对案件质量与效率进行评估考评。"③

(4) 江苏模式。江苏省高级人民法院于2003年制定出台了《关于建立全省法院审判质量效率统一指标体系和考核机制的实施意见(试行)》及其三个附件。根据这些文件,江苏省各级法院从2004年1月起都遵从高院的指导,统一运行审判质量效率指标体系。"该项指标体系由基础指标和分析指标组成。基础指标11项,包括结收案比、案件平均审理天数、法定正常审限内结案率、超审限未结率、民事案件调解率等。2006年将

---

① 李方民:《司法理念与方法》,法律出版社2011年版,第96页。
② 岳麓山:《遵循司法规律,推进审判管理科学发展》,《人民法院报》2010年8月10日。
③ 毛煜焕、金宁:《让数据说话:法院司法统计与绩效管理——从司法统计的边缘化谈起》,《人民司法》2008年第3期。

11 项改为 14 项。分析指标 14 项。2006 年后，改为 16 项。"① 该实施意见实现了指标数据管理与岗位目标管理相结合，通过数据统计的分析运用，掌握总体审判运行态势。

（5）四川模式。四川法院系统也在 21 世纪初期开展了审判绩效管理改革，以成都中院为例，该院实行"两权"改革，形成了层次清晰、纵横结合的审判层级管理机制，即形成了反映法院整体审判工作及不同审判业务、不同法官特点的 8 套三级评估指标体系。建立精细的案件流程，实施法官业绩考评制度，即通过建立反映审判主要目标和要求，覆盖审判全过程的综合指标体系，对审判工作及其效果做出量化的分析与评价。将法官个人作为指标体系设置与考评的最基本单元，通过软件系统把具体指标植入具体的审判流程中，对数据进行实时填报与记录，自动生成审判行为的具体分值。

（6）云南模式。云南法院系统于 21 世纪初期开始推行的审判绩效管理改革，Y 省高级人民高院制定的绩效考核办法规定，年度考评采取量化评分的办法，部门和个人考评总分值均为 100 分。部门考评分值为：队伍建设 20 分，工作绩效 70 分，综合评价 10 分。个人考评分值为：综合素质 20 分，工作绩效 70 分，领导评价和群众评议 10 分。对于法院绩效考核的重点内容——法官的审判工作实绩，考核指标"具体包括审判质量考核指标和审判效率考核指标两项内容，而对这两项内容又细分为若干考核点或观测点，考核分数的计算有的采取积极计算方法，有的则采取消极计算方法，也有的兼采两种方法"②。

2008 年 1 月，最高人民法院在对各地法院实践成果进行分析总结的基础上，制定了《最高人民法院关于开展案件质量评估工作的指导意见（试行）》[以下简称《指导意见（试行）》]，对在全国建立科学、统一的人民法院案件质量评估体系做出了具体明确的规定，该指标体系由审判公正、审判效率、审判效果三个二级指标以及 37 个三级指标组成。最高人民法院公布的评估体系各项指标见表 5-1：

---

① 毛煜焕、金宁：《让数据说话：法院司法统计与绩效管理——从司法统计的边缘化谈起》，《人民司法》2008 年第 3 期。
② 沐润：《法院绩效考核机制的评析及其完善》，《云南大学学报》（法学版）2012 年第 2 期。

表 5-1　　最高人民法院公布的案件质量评估体系各项指标

指标＼法院	审判公正指标	审判效率指标	审判效果指标
最高人民法院	1. 立案变更率 2. 一审陪审率 3. 一审上诉改判率 4. 一审上诉发回重审率 5. 生效案件改判率 6. 生效案件发回重审率 7. 二审开庭率 8. 执行中止终结率 9. 违法审判率 10. 违法执行率 11. 审判文书质量	1. 法定期限内立案率 2. 法院年人均结案数 3. 法官年人均结案数 4. 结案率 5. 结案均衡率 6. 一审简易程序适用率 7. 当庭裁判率 8. 平均审理时间与审限比 9. 平均执行时间与执行期限比 10. 平均未审结持续时间与执行期限比 11. 平均未执结持续时间与执行期限比	1. 上诉率 2. 申诉率 3. 调解率 4. 撤诉率 5. 信访投诉 6. 重复信访率 7. 公众满意度 8. 执行标的到位率 9. 裁判主动履行率 10. 一审裁判息诉率 11. 实际执行率 12. 执行标的到位率 13. 裁判主动履行率 14. 一审裁判息诉率 15. 公众满意度

为进一步加强人民法院审判管理，规范司法行为，提高审判工作的质量和效率，2011年1月，最高人民法院出台的《关于加强人民法院审判管理工作的若干意见》（以下简称《若干意见》）第13条规定："切实加强审判绩效管理，做到审判管理与岗位目标考核、队伍建设的有机结合。要依托审判质效评估指标体系，建立既符合审判工作实际又简便易行的审判绩效考核机制。要科学设定审判绩效考核指标，引导法官注重审判质量和效率，注重廉洁文明司法，注重办案的法律效果和社会效果，做到案结事了。审判绩效考核指标应当根据审判工作实际，适时调整指标权重系数，实行动态管理，确保审判绩效管理的正确导向作用。要建立审判管理与考核奖惩的对接机制，将审判绩效考核结果作为法官评先评优、晋职晋级的主要依据，充分发挥以管人促管案、管案与管人相结合的综合效应。"虽然《若干意见》仅对绩效考核的目标和原则提出了要求，并未提出具体的考核规则和量化办法，但各地法院在实施过程中均提出了以量化为特征的绩效考核办法。

随着最高人民法院《指导意见（试行）》和《若干意见》的颁行，在全国范围内建立统一的法官绩效考评体系已经成为主要的发展趋势。目前，全国各省级法院大多出台了对本辖区法院具有指导意义的法院绩效考核规定或办法，省级以下各级法院又根据自身情况出台了规范本院绩效考核的具体办法。虽然法院绩效考核并非无一例外地在全国所有法院都加以推行，但应该说这一考核做法已在全国大多数法院开始推行，而且已逐步走向制度化和规范化的轨道。虽然各地各级法院根据自身实际状况，在具体设置上存在不同程度的差异，但各地法院绩效考核的基本体系和主要内容是一致的。

（三）建立法院审判业务人员绩效考评制度的必要性

作为一种特殊的职业，保持独立和中立是法官最重要的职业特性，因此，如何考评法官是一直都是一个复杂而富有争议的话题。有学者认为，"引入那些在工业领域或公务员管理中是适当的正式评估体制会明显地威胁单个法官的司法独立，危险不仅来自行政机构，而且来自法官相互之间"。① 因此不应对法官进行考评，因为考评会对法官进行独立审判和司法公正造成威胁。而支持法官考评的人则认为，"法官考评是人民法院考察评价法官的重要环节，是人民法院加强队伍建设的重要措施，它对提高法官素质，促进法官钻研业务，提高法官办案能力；对于选贤举能，正确识别和任用法官；对鼓励先进，鞭策后进，调动法官积极性等方面，都有着积极意义"②。

从世界范围内的司法改革趋势上看，对法官考评大多持肯定态度，包括美国在内的许多国家都十分注重对法官的考评。应该说，对法官的考评在中国一直都是存在的，只不过，用绩效方式考评法官自 20 世纪 90 年代后才开始。目前，全国普遍建立了法官绩效考核制度，对法官的绩效进行考核已经成为中国乃至世界范围的普遍做法。那么，建立法院审判业务人员绩效考评制度的必要性何在呢？

1. 法院绩效考评制度体现了重要的理论价值

绩效，是指一个组织或个人在一定时期内的投入产出情况，投入指的是人力、物力、时间等物质资源，产出指的是工作任务在数量、质量及效率方面的完成情况。绩效考核（Performance appraisal）是人力资源管理研究领域使用的一个概念，最初的绩效考核是企业绩效管理的重要环节，是企业对岗位进行调整和薪酬进行分配的依据。在人力资源管理领域，绩效考核是针对组织中部门及岗位所负有的职责，对部门及岗位实际应该贡献

---

① 怀效锋主编：《法院与法官》，法律出版社 2006 年版，第 241 页。
② 李太顺：《完善法官考评标准，适应法官职业化要求》，载刘春年主编《司法精义——审判热点探究》，人民法院出版社 2003 年版，第 27 页。

的价值进行评价和考核，并将考核结果加以有效利用的管理方法。绩效考核最一般的适用组织是各类企业。自20世纪90年代以来，我国法院系统参照企业绩效管理方式，在法院系统推行绩效考核制度。人民法院绩效考核，是指与人民法院的管理实践相结合，运用绩效考核相关理论，以法院绩效考核指导思想和法院管理目标为核心，设计若干有关人民法院审判业务管理、队伍建设及司法行政管理等全面的绩效考核指标，建立相适应的考核流程，并对考核的结果通过建立合理的奖惩机制加以应用的一整套管理体制。随着经济社会的快速发展，人民群众的司法要求与法院司法管理滞后的矛盾已凸显出来，司法改革的呼声越来越高。近年来，最高人民法院出台了一系列举措，尝试将企业领域运行较为成熟的绩效考核机制移植到中国的法院系统，以加强法院内部监管，提升业务效能，增加公信力，促进法院各项工作的科学管理和有效运行。法院绩效考评制度有以下几个方面的理论价值：

（1）法院绩效考评制度是权力制约理论的运用。孟德斯鸠曾经说，一条万古不易的政治经验是，握有权力的人容易滥用权力，直到遇到某种外在限制为止。因此，要想防止掌权者滥用权力，必须以权力制约权力，对权力的行使进行一定的监督。法官作为我国司法裁判权实施的主体，其工作性质也是权力运行的一种重要方式。法官工作的实质是审判权的运作，而正义的实现需要审判权的合法运作，法官司法权运作的合理性与否，从实体上关系到当事人的受损利益能否得到救济，从程序上则关系到当事人能否公平地参与到诉讼当中。法官独立行使审判权，拥有一定的自由裁量权，这些权力关系着诉讼当事人的实际利益，一旦被滥用，不仅对当事人的合法权益造成严重危害，而且对中国整体的司法名誉造成严重影响。作为权力运作的一种方式，法官权力需要受到监督和制约也就成为必然。对法官权力的制约包括外部制约和内部制约，法官考核制度属于内部制约，是法院自身对于其成员的一种制约，其目标与外部制约相同，即保证权力的不被滥用。通过建立一套严格的法官绩效评价机制，制定科学的绩效考评指标与标准，对法官审判工作进行细化，引入量化方式考核，能够使得对法官的内部考核更有操作性，到达对法官审判权的行使进行有效管理和监督的目的。

（2）法院绩效考评制度有利于法官公正审判。美国心理学家亚伯拉罕·马斯洛在1943年在《人类激励理论》中所提出，人类需求像阶梯一样从低到高按层次分为五种，分别是生理需求、安全需求、社交需求、尊重需求和自我实现需求。赫茨伯格的双因素理论及麦克利兰的成就需要理论等也认为，人的需要的最高层次是心理满足的需要。由此，有效激励的出发点应该源于人的心理需求，落脚点也应该是人的需求的满足程度。按照西方法谚，法官职业是介于神与人之间的一项职业，但法官毕竟是人不是神，作为人就有尊重需求和自我实现的需求。法官也有被肯定和激励的心理需求，有得到他人认可与尊重的心理需求。法院绩效考核不仅是对法官的制约方式，更是对法官的激励机制。考核机制的制约机能和激励机能应同时并存，但这两种机能的出发点不同，前者出于对法官的不信任，后者则是基于对法官的信任与肯定。对于行使审判权的法官，只有在加强制约的同时，充分发挥激励的作用，才能促进法官正能量的培育，使得法官的审判工作更加公正。

2. 法院绩效考评制度具有重要实践意义

（1）法院绩效考评能够促进法院管理的科学性。首先，多年来，法院业绩考核一直缺少一套完善的标准和体系，给各级法院的工作考核与评比带来巨大困扰。近年来实行的法院绩效管理是一种综合了以往目标管理和流程管理的优点，在科学管理理论的指导下形成的一种综合性评估管理方法，其中，流程管理的特点较为鲜明。"流程管理不应是孤立开展，需要和制度、绩效有效结合。"[①] 法院绩效管理过程中的评估与反馈，具有优化流程和行为纠偏的作用，可以帮助法院、法官调整工作目标与工作方法，确保法院各项工作规范有序地推进，最终达到优化司法资源配置、提升法院司法能力和审判成效的目的。其次，法院绩效考评制度能有效发现实际工作状况与标准之间的差距，有助于优化审判工作流程，不断改进和规范工作方式，实现精细化管理。尤其是，绩效评估和成果运用，能够有效克服管理层与审判一线部门之间的信息不对称问题，从而准确发现工作重点和关键环节，有针对性地调整和优化法院工作，改进审判工作，保证法院行为选择的科学、合理、有效。再次，引入量化考核是法院考核制度的必然要求。传统的审判管理注重定性考核，定量考核只是一种辅助的考核方式，无法实现考核的精细化，精确反映审判工作的质量和效果。仅仅靠经验描述而缺乏数据支撑，只有定性没有定量，考核标准模糊，考核结

---

① 王玉荣：《流程管理》，机械工业出版社2004年版，第131页。

果就会出现平均主义、印象主义，因而考核也就丧失了权威性和公正性。因此，建立考核标准统一明确、定量与定性考核相结合的法院绩效考核体系是实现司法专业化的必要途径。量化方法应该成为法院绩效考核中重要、常用的方法。定量考核用一系列的量化指标来达到考核标准的统一，增加了可操作性，量化指标信息精确、标准统一，使得绩效考核由抽象的形式化考核变为具体的量化考核，有利于促进审判质量和审判管理水平的提高。

（2）开展绩效考评是加强法官队伍建设的必然要求。法院系统长期以来实行"岗位目标责任制"管理模式，沿用传统的以结案率、改判发回率为基本指标的案件质量与效率评估模式。由于标准不统一、指标模糊、考核周期长、考核结果难运用，考核效果不理想不明显，抑制了队伍的积极性和创造性。随着社会经济快速发展，各种涉诉矛盾纠纷大幅度上升，人民法院解决矛盾纠纷、维护社会和谐稳定压力和责任加大，审判、执行工作质量效率需提高，这对法院队伍的综合素质和工作能力提出了新的更高要求。绩效考核体系通过明确的考核标准、公开的评价结果和奖罚并重的机制，奖勤罚懒、奖优罚劣，有助于增强法官的大局意识和责任意识，自觉明确工作目标、增强工作能力、规范行为操守，激发积极性和开拓性。科学的绩效考评机制能够建立公平的竞争环境，考核结果基本能体现法官的工作能力和综合素质，为法官的晋级晋职、评先评优、经济奖惩提供客观翔实的数据和主要依据，打破了以往的平均主义现象和晋级晋职凭资历、表彰奖励搞平衡现象，从而起到改进和提高法院整体工作效能、提升法官队伍素质的作用。尤其是，绩效考评能够起到较为明显的激励作用。法院绩效管理制度还能有效地激发审判一线工作人员的积极性与能动性，不断提高法院审判工作的绩效。因此，"美国、德国等发达国家法官的整体素质较高，但为了激励法官不断保持、提高案件的审判质量与效率，仍在法官工作的评估机制方面进行了积极、有效的探索"。[①] 在我国，近年来，随着案件数量的增加，法官的工作量日益增大。法官审结案件，需要耗费许多的时间精力，但与之相适应的激励措施及薪酬并没有合理制定出来。过去的激励措施已经不能满足现实的需要，通过设置科学的绩效考评机制，得出客观的考核结果，有针对性地对考核结果加以应用，从物

---

① 孙万胜：《以科学考评提升审判质量与效率》，《人民法院报》2006年1月9日。

质、精神、价值需求等方面进行激励设计,有效激发法官工作积极性,促进法官队伍综合素质和工作能力的提高。

3. 建立法院绩效考评制度是司法改革中的一项重要而迫切的任务。多年来,人民法院的审判管理改革实践,主要侧重在强化审判组织职权、完善审判流程管理、加强审判监督制约等方面,而建构审判质量与效率评估体系方面则相对薄弱,因此我国人民法院迫切需要建立审判质量与效率评估体系。建立人民法院绩效考核体系,是推动人民法院审判管理体制改革的重要支撑点。最高人民法院第二个五年改革纲要中要求:"改革法官考评制度和人民法院其他工作人员考核制度,发挥法官考评委员会的作用。根据法官职业特点和不同审判业务岗位的具体要求,科学设计考评项目,完善考评方法,统一法官绩效考评的标准和程序,并对法官考评结果进行合理利用。建立人民法院其他工作的评价机制。"第三个五年改革纲要将加强法院审判管理作为司法体制改革的一个重要突破口,在法院系统大力推行法院审判管理的制度创新,并要求"建立健全以案件质量和效率考核为主要内容的审判质量效率监督控制体系,以法官、法官助理、书记员和其他行政人员的绩效和分类管理为主要内容的岗位目标考核管理体系"。可见,法院绩效考核是推动审判管理体制改革的一个重要支撑点,进一步抓紧抓好法院绩效考核机制建设是司法改革中的一项重要任务。

二 我国法院绩效考评体系

(一) 我国法院绩效考评制度的框架和内容

最高人民法院的司法改革纲要及《若干意见》对法院审判管理的要求和规定中,均提及法院绩效考核的问题,但有关法院绩效考核的具体内容和指标设定,并未提出具体意见。例如,《若干意见》第 13 条规定,"要依托审判质效评估指标体系,建立既符合审判工作实际又简便易行的审判绩效考核机制。要科学设定审判绩效考核指标,引导法官注重审判质量和效率,注重廉洁文明司法,注重办案的法律效果和社会效果,做到案结事了。审判绩效考核指标应当根据审判工作实际,适时调整指标权重系数,实行动态管理,确保审判绩效管理的正确导向作用。"这一规定是对绩效考核的目标和原则提出的要求,并未给出具体的考核规则,更未提出法院绩效考核的一套完整体系。法院的绩效考核是对本院法官及其他工作人员工作表现的具体考评，需要根据不同地区的实际情况，由不同法院自身做出具体规范。从目前情况看，全国各省级法院大多出台了对本辖区法院具有指导意义的法院绩效考核规定或办法，省级以下各级法院又根据自身情况出台了规范本院绩效考核的具体办法。虽然法院绩效考核并非无一例外地在全国所有法院都加以推行，但应该说这一考核已在全国大多数法院开始推行，而且已逐步走向制度化和规范化的轨道。当然，在全国不同区域的法院以及同一区域不同层级的法院或者同一层级的不同法院，绩效考核的办法存在一定的差异性，实施效果也各不相同，但按照《中华人民共和国法官法》（以下简称《法官法》）的规定和最高法院的要求，各地法院绩效考核的基本体系和主要内容是一致的。根据《法官法》第23条的规定，对法官的考核内容包括：审判工作实绩，思想品德，审判业务和法学理论水平，工作态度和审判作风，重点考核审判工作实绩。根据《法官法》和《若干意见》的规定，结合Y省法院系统和全国其他地方法院的实际情况，我国法院绩效考核的总体构架如下：

1. 考核的组织体系。《法官法》第21条规定，对法官的考核，由所在人民法院组织实施。根据该法第48条和第49条的规定，人民法院内部实施考核的组织机构是法官考评委员会，该委员会由5人至9人组成，本院院长任委员会主任。从各地法院绩效考核的组织机构的设置来看，有的法院成立了绩效考核领导小组，并设立考评办公室负责考评的日常工作或由审判事务管理办公室代行这一职能。

2. 考核的对象。根据《法官法》的规定，法院考核的对象限于法官。但从法院实际审判工作的需要出发，各地法院确立的考核对象为本院各职能部门及其工作人员。法院的职能部门既包括负责审判工作的业务庭，也包括行政、组织人事、财务和后勤保障等部门。就法院工作人员而言，主要是担负审判职责的法官，但也包括法院的综合行政人员、司法警察、书记员等。

3. 考核的内容和标准。一是审判效率的指标。包括立案与结案率、结案均衡度、平均审执限、当庭宣判率、调解率、执结率、执行标的额到位率等。由于法院各业务部门的工作职能不同，上述审判效率指标的设定有所不同。二是审判质量的指标。包括立案变更或撤销率、上诉率、二审改判率、发回重审率、再审改判率、司法赔偿率、一审服判息诉率等。三是法官审判业务能力的指标：①处理案件能力。包括办案中认定事实和运用法律所取得的法律效果与社会效果的能力，以及化解重大民商纠纷的能力等。②庭审能力。法官庭审能力可分为庭审中立与公正、庭审效率、庭审技巧和职业素养与形象等。③裁判文书制作能力。包括对裁判文书制作的规范性、法律运用与文字表达的准确性和裁判的说理性等内容进行考察。④法官调研能力。要求法官将审判实务经验提炼到理论的高度，能够对审判实务的具体问题做出理论和学理上的论证和解释。这是对法官更高能力的要求。法官的这项能力是推动法官职业化、技术化建设，培养和造就专家型法官的基本要求，也是积极引导广大法官开展理论学习和法学研究，提高自身理论修养水平，增强审判能力的有效途径。

4. 考核的方式和方法。全国各地法院一般采取以年度为单元的考核方式，在当年末对法院各部门及其人员的工作绩效和综合素质等进行考核评定。也有一些地方法院采取年终考核和分段考核相结合的做法。例如Y省高级法院出台的绩效考核办法规定，考评分为平时考评和年度考评。平时考评是年度考评的基础和依据，年度考评结果根据平时考评和年度考评情况综合确定。根据各地法院的不同情况，平时考核可以是以月或季度为标准加以设定，相对较灵活，平时考评的重点为个人完成日常工作任务、阶段工作目标情况以及出勤情况。就考核评价的途径来看，虽然《法官法》规定由法院绩效考评委员会进行评价和考核，考评委员会享有最终评定权，各地法院规定考评委员会考评权重达100%或90%以上，但考核委员会只是组织考评的机构，或者是对下级评定意见汇总后的审查认定，主要的功能是程序认定，具体的评价和考核则是自下而上的。例如，根据Y省高级法院的绩效考核办法的规定，对个人绩效考评除考察本人的工作实绩等外，领导评价和群众评议占有一定权重。关于绩效考评的方法，各地法院普遍采取量与质相结合，量化为主的原则。从各地法院在实践中的做法来看，考核的依据是对考核的项目和各项具体内容进行分解，确定其量化的指标，然后对考核指标确定分值，统计分数以确定最终考核的结果。以Y省高级法院的绩效考核办法为例，该办法规定年度考评采取量化评分的办法，部门和个人考评总分值均为100分。部门考评分值为：队伍建设20分，工作绩效70分，综合评价10分。个人考评分值为：综合素质20分，工作绩效70分，领导评价和群众评议10分。根据最高法院的精神和各地法院实际考核掌握的情况看，法院绩效考核的重点内容在于法官的审判工作实绩。考核指标也是围绕这一内容设定的，具体包括审判质量考核指标和审判效率考核指标两项内容，而对这两项内容又细分为若干考核点或观测点，考核分数的计算有的采取积极计算方法，有的则采取消极计算方法，也有的兼采两种方法。以审判效率的考核为例，Y省一些基层法院就立案、结案、普通和简易审判程序审限、执行案件审限等设定最高100%的比例，比例越高得分越高，这是一种积极考核计算方法。而对审判质量的考核，有的法院则采取消极计算方法。如立案不当，有罪和无罪判决有误，发回重审、二审和再审改判等，一般采取扣分方法处理。当然，各地法院根据自身的实际情况以及考核的内容或项目的不同规定，绩效考核的具体方法有所不同，也较为灵活，但量化的考核方法始终是各地法院采用的主要方法。

5. 考核的奖惩。从各地法院的实际做法来看，根据考核的得分情况或综合评价结果，划分出不同等级的评价结果，根据评价结果采取相应的奖惩措施。以Y省高级法院考核办法为例，考核结果分为优秀、称职和不称职三个等级，对于优秀和称职的干警，在工资、职称和职务晋升上给予奖励，并给予一定的物质和精神鼓励。而对于考评不称职的干警则在工资、职称、职务和奖金上采取相应的处罚措施，在一定条件下，还可给予辞退等严厉处罚。

（二）我国法院绩效考评制度的特点

上述法院绩效考核的整体构架，具有以下显著特点：

1. 绩效考核体系形成的规范化。全国各地法院推行的绩效考核做法，虽属法院内部审判管理事务的范畴，但这项活动的开展均是根据最高法院司法改革纲要的要求和有关加强法院审判管理若干文件的精神，在出台相应绩效考核办法后，按章按规行事的，体现了全国法院系统绩效考核制度化和规范化的特点。

2. 考核内容或项目的多样性和丰富性。以对法官的考核为例，全国各地法院推行的绩效考核办法初步形成了对审判质量与效率、审判效果和审判能力等构成要素的综合考核体系，其目的是既要考核法官对所经办个案的专业处理情况，又要观察法官案件处理的实际效果和社会评价；既要考核法官对办理案件运用专业知识和技能的能力，又须考察其与审判相关的综合业务能力和水平。从专业的角度看，对法官考核的这些项目的设置是较合理的，也是对一名合格的法官提出的更高要求。

3. 考核对象确定为具体办案和办事的工作人员。如上所述，各地法院绩效考核的对象主要是办案的法官和综合部门的工作人员。这些人员都来自实际工作的第一线，法院的具体工作和活动均是由这些人员实际操作和运转的，他们的工作状况对法院整体工作的开展起着决定作用。从法院审判工作的需要和这些人员具体工作的性质来看，他们的工作需要进行评价，也能够评价。

4. 考核方法的量化。这是当前全国各地法院绩效考核普遍采取的主要考核方法。如上所述，这种考核方法一般由法院的考核规章做出具体规定，尽管各地法院量化指标的依据、标准和计算方法等有所不同，但具体的考核方法都可由数字、百分比和得分等部分组成，考核对象的考核结果主要以量化的评价结果为依据。

5. 考核的组织和程序体系较为严密。根据法官法的规定和最高法院的要求，各地法院均成立考评委员会或考评领导小组领导和组织考核工作，同时，各地法院设立办公机构（考评办公室或审判事务管理办公室），专门负责处理审判管理和绩效考核的日常事务。因而，在法院系统已初步形成了一套常规化和相对固定的绩效考核组织机构。这是法院在内部机构设置上的体制创新。

6. 绩效考核的激励机制体现了物质奖励和精神鼓励相结合的特点。各地法院绩效考核的激励措施可以大致分为物质奖励和精神鼓励两类。前者包括给予的奖金和工资等，后者则包括职务、职称的晋升，荣誉称号的授予等。从各地法院的实施情况看，物质奖励一般作为基础手段，而精神鼓励则是主要手段，它反映了法院对绩效考核工作的重视，提升了绩效考核的规格，两者相辅相成、相互补充，成为法院绩效考核激励机制的突出特点。

三 我国法院绩效考评制度的运行现状和存在问题

（一）我国法院绩效考评制度的运行现状

1. 考评的组织体制。自20世纪90年代我国启动法院改革以来，各地法院都对此项工作较为重视，按照《法官法》的规定以及司法改革纲要的要求，设置了专门的法官考评委员会。对于法官绩效考评工作，一般做法是成立绩效考核领导小组，并设立考评办公室负责考评的日常工作或由审判事务管理办公室代行这一职能工作。例如，Y省高级人民法院设立法官考评委员会，然后，在省法院政治部设考评办公室，考评办公室成员由政治部、办公室、审判管理办公室、执行局、监察室、机关党委、司法行政装备管理局、司法技术处等部门的主要负责人组成。考评办公室主任由政治部主任兼任。而该省各地的中级人民法院则成立考评委员会，考评委员会在院党组统一领导下工作。考评委员会由院领导、办公室、政治部、审判管理办公室、监察室、机关党委等部门的主要负责人组成。考评委员会主任由常务副院长担任，副主任由政治部主任、纪检组长担任。该省各地的基层法院基本按照省高院、州（市）中院做法设置了考评组织。

2. 考评的主要内容

（1）审判效率的考核内容和指标。Y省高级法院对全省中级法院绩效考核设置如下审判效率方面考核项、考核指标：①结案均衡度（分值3.6分）；②法定（正常）审限内结案率（分值2.6分）；③平均审理时间指数（分值2分）；④平均执行时间指数（分值2分）；⑤12个月以上未结案件数（分值1.8分）；⑥院审判人员平均结案数（分值3分）；⑦调解率（分值3分）；⑧实际执行率（分值4.4分）；⑨执行标的到位率（分值3.2分）；⑩调解案件申请执行率（分值2.4分）。这些考核项和考核指标设置的目的在于评估审判效率，意在以此促进结案率、调解率以及执行率的提升。可以说，当前我国法院绩效考核都是把审判效率放在重中之重的位置。

以S市中级法院的考评内容来看，就鲜明体现了对审判效率的注重（见表5-2）。该法院把完成审判任务指数、审判质效综合评估指数、结案率、法定审限内结案率、人均结案数、审判人员平均结案数等作为考核的基本内容，尤其是强调对结案数和结案率的密集考核，对审判效率的追求一览无遗。

表5-2　　　　　　S市中级法院各审判业务部门考评内容

各部门指标设置		
序号	指标名称	权重
1	完成审判任务指数	15%
2	审判质效综合评估指数	20%
3	结案率	10%
4	法定审限内结案率	10%

续表

各部门指标设置		
序号	指标名称	权重
5	人均结案数	10%
6	审判人员平均结案数	10%
7	司法公开三大平台建设	10%
8	审限报延率	5%

另外，S市中级法院对审判效率的追求体现在法院工作的各个环节中，其他业务部门（审监庭、立案庭、执行局）的绩效考核同样设置了效率方面的内容和指标。审监庭的绩效考核内容和权重方面，规定了完成再审案件任务为15%，增加了1项内容即完成减刑、假释案件任务（15%），其余与业务庭基本一致。立案庭则增加了3项考核内容——案件周转及时率（3%）、立案差错率（5%）、立案任务（5%），没有审限报延率这一项，其余与上述业务庭基本一致。可以说，司法工作中一切以效率为中心的理念在这些考核内容和指标设置中得到了充分表达。而Y省S市辖区某基层法院（C法院）制定的绩效考核办法更为精细，对效率的追求和对量化的倚重更为突出。该院绩效考核办法规定，刑庭和行政庭适用7项评估指标，总分值为100分，在计算本项考评分时再按60%进行权重。7项评估指标具体是：部门结案数（权重22%，下同）；部门人均结案数（45%）；同期结收案比（6%）；结案均衡度（8%）；法定（正常）审限内结案率（5%）；平均审理时间指数（10%）；12个月以上未结案件数（4%）。而民庭、审监二庭和申诉审查庭适用8项评估指标，总分值为100分，在计算本项考评分时再按60%进行权重，8项指标具体是：部门结案数（22%）；部门人均结案数（45%）；同期结收案比（2%）；结案均衡度（8%）；法定（正常）审限内结案率（3%）；调解率（12%）；平均审理时间指数（6%）；12个月以上未结案件数（2%）。其中，审判部门工作绩效考评内容主要根据各部门工作任务和要求分别从工作完成情况（60分）和工作质量（40分）进行考评。工作完成情况主要包括办案情况、工作任务、院机关任务责任分解、院长办督事项、综治维稳工作等方面，完成工作任务的即得考评分60分，未完成一项扣2分。考评内容详见表5-3。

表 5-3　　C 法院审判部门审判绩效考评

考评项目及考评分	考评内容	考评得分		审判绩效考评得分
		得分	权重后得分	
队伍建设（20分）	1. 政治理论学习与各项教育活动情况（4分）			
	2. 党支部建设情况（4分）			
	3. 作风纪律建设情况（4分）			
	4. 党风廉政建设情况（4分）			
	5. 部门工作管理情况（4分）			
工作绩效（70分）	1. 审判工作完成情况（60分）：		（按70%的权重进行折算）	
	2. 审判质量与效果（15分）：以15分为基础分，分15种情形加分或扣分			
	3. 审判效率（15分）：以15分为基础分，分7种情形加分或扣分			
	4. 其他工作任务（10分）			
	5. 工作绩效特别奖励加分：有5种加分情形			
综合评价（10分）	院党组和院领导对被考评部门全面建设的总体评价			

　　C 法院所实行的法官个人绩效考核办法规定，个人绩效在平时绩效考评的基础上进行考评，主要包括个人综合素质、工作绩效、部门领导评价和群众评议三个部分，分值分别为 20 分、70 分和 10 分。个人绩效考评分为两类，一类是办案法官个人绩效考评，另一类是未办案人员个人绩效考评。详见表 5-4、表 5-5。

　　从表 5-4 可知，对办案法官个人的工作绩效考评主要包括结案工作量考评、案件质量与效率考评、"四项能力"考评。其中，办案法官个人的结案数考评占了 50 分，足见结案数在考评中的重要性。另外，C 法院在审判效率考核项中，对审限考核进行了细化，用扣分的形式强化考核，规定：建立"四项"（指延长审限、中止审限、中断审限、暂停计算审限案件）未结案和刑事、民事、行政等 12 个月以上未结案台账，严格"四项"案件审批，做好日常审限督查，确保审限及时恢复，无超审限案件（含已结和未结）的，得基本分。同时，规定了以下情况要扣分：经查实，部门审理案件出现超审限的（含已结和未结案件）；违反最高法院规定，合议庭或审判长联席会议做出评议结论，或审委会做出决定后五个工作日内未制作裁判文书的（如有正当理由的除外）；本部门审理的案件未按规定的期限报书管处办理审限扣除、延长审限和销案的；本部门审理的案件未按规定的期限完成送印、校对和送达及退卷的，且责任在审判部门或承办人的；本部门审理的案件未按规定在结案后三个月内归档，且责任在审判部门或承办人的。这些规定，体现了法院对审批效率的追求。从这些规定可以看出，C法院对审判效率的追求，成为绩效考核的精神要义。高效率地完成任务成为法官们的工作要求，而完不成任务所面临的扣分处罚也令他们不敢掉以轻心。

表5-4　　　　　　　　　C法院法官个人绩效考评

项目及评分	考评内容	考评得分		审判绩效考评得分
		得分	合计得分	
综合素质（20分）	1. 思想政治素质和政治表现（5分）			
	2. 责任心、工作态度、工作作风等方面的表现（5分）			
	3. 遵守纪律和规章制度及个人品德、职业道德、社会公德等方面的表现（5分）			
	4. 遵守党风廉政纪律及廉洁自律等方面的表现（5分）			
工作绩效（70分）	1. 结案数评分（50分）：按不同岗位确定各法官的结案基数，完成应结案件数的得35分。应结：　件，实结：　件，超额/未完成：　件，超额加分/未完成扣分：　分。		（按70%的权重进行折算）	
	2. 案件质量、效率与效果评分（30分）：以21分为基础分，参照第五条、第六条执行加分或扣分。			
	3. "四项能力"评分（20分） （1）办理重大疑难案件和化解重大矛盾纠纷能力考评分（6分）			
	（2）裁判文书撰写能力考评分（5分）			
	（3）法官庭审（听证）能力考评分（5分）			
	（4）学习调研能力（4分）			
	4. 个人工作绩效特别奖励加分：参照第十一条执行			
部门领导和群众评议（10分）	1. 部门领导评价（5分）			
	2. 群众评议（5分）			

表 5-5　　　　　　　　C 法院未办案人员个人绩效考评

项目及评分	考评内容	考评得分		审判绩效考评得分
		得分	合计得分	
综合素质（20分）	1. 思想政治素质和政治表现（5分）			
	2. 责任心、工作态度、工作作风等方面的表现（5分）			
	3. 遵守纪律和规章制度及个人品德、职业道德、社会公德等方面的表现（5分）			
	4. 遵守党风廉政纪律及廉洁自律等方面的表现（5分）			
工作绩效（70分）	1. 完成工作任务考评（40分）：认真完成本人负责的各项工作任务和领导交办的各项临时工作任务，并如实填报和申报平时绩效的，得40分。			
	2. 办事的效率与工作的质量考评（20分）：视工作完成效率与质量情况评分。			
	3. 工作能力考评（5分）：视工作能力情况评分。			
	4. 服务态度考评（5分）：视服务态度情况评分。			
	5. 其他工作加分和个人工作绩效特别奖励加分：			
部门领导和群众评议（10分）	1. 部门领导评价（5分）			
	2. 群众评议（5分）			

（2）审判质量的考核内容和指标。Y 省高级法院对全省中级法院绩效考核办法规定的审判质量方面的考核项、考核指标：①一审判决案件改判发回重审率（分值6.8分）；②二审改判发回重审率；③生效案件改判发回重审率（分值6.4分）；④对下级法院生效案件提起再审率（分值2.4分）；⑤一审服判息诉率（分值2分）；⑥司法赔偿率（分值2分）。从这些内容和权重设置可以看出，法院绩效考核中的审判质量判断标准，以发回重审率、提起再审率等为主要指标。而发回重审、提起再审，反映了审判中的再审案件数量和比例。同样，Y 省 S 市中级法院内部各业务庭绩效考核中设置了审判质量方面的考核项目：立案差错率等。其中，立案差错率权重为5%，包含了立案变更或和撤销两种情形。S 市辖区 C 法院制定的绩效考核办法则用加分、扣分的方式强化审判质量考核的力度。该法院的"审判质量"项考评基本分基础上，如出现加分、减分情形之一的，可加分或扣分。加分情形主要有：刑事附带民事案件以调解结案或经做工作而撤诉，或附带民事诉讼原告人与被告人达成谅解协议或出具谅解

书的；刑事附带民事案件以调解结案并自动履行的；民事案件以调解结案或经做工作而撤诉的，行政案件经做工作后和解而撤诉的；民事申请再审案件以和解结案或经做工作而撤诉的，或经院领导批示进入申诉审查程序的案件调解成功的，以及刑事、行政申诉案件经做工作而撤诉的；执行案件以执行和解方式结案的，执行案件以和解方式结案并自动履行的。据此可以推断，该法院绩效考核在质量方面的内容和指标设置，客观上起到了有意追求撤诉、调解的成功，以此达到降低案件差错率的目的。

（3）法官审判业务能力的考核内容和指标。首先，处理案件能力。各地法院往往把案件处理的结果，尤其是能否起到"案结事了"作为法官处理案件能力的重要指标。如S市辖区C法院在审判质量和审判效果考评中规定，本部门办理的案件经查实确系办案程序或裁判文书存在瑕疵导致当事人进京上访的，以及经查实确系因案件存在实体问题、执行不当或执行不力等问题引发当事人进京上访，并经相关程序已再审改判、发回重审或者纠正执行的，都要实行扣分。其次，庭审能力。在庭审能力考核方面，考核指标较为细致，但仍然注重对化解矛盾纠纷能力的考核。S市辖区C法院绩效考核办法中，把法官办理重大疑难案件和化解重大矛盾纠纷能力设置了最高的分值6分。而对法官庭审（听证）能力仅设置了分值5分。此外，我国法院还把法官的裁判文书制作能力、法官调研能力等纳入法官审判业务考核范畴进行考核。S市辖区C法院绩效考核办法规定了裁判文书撰写能力考评项，分值为5分。S市辖区C法院绩效考核办法规定了学习调研能力考评项，分值为4分。

从这些考核内容和权重的设置可以看出，我国法院对法官审判能力的考核，似乎并未将法官庭审能力作为核心考核项，反而加入了较多的与法官庭审关联度不大的考核内容。

（二）我国法院近年来绩效考评制度的运行效果

绩效考核的目的，是更有效地监督和促进法官的办案活动及其他工作人员的工作，激励和调动全院工作人员的工作积极性和创造性，提高审判工作和司法行政工作质量和效率。随着绩效考核的推行，法院逐渐步入一种新的压力机制之中。从已经实行绩效考核的各级法院运行看，绩效考核工作已成为一项法院制度化和规范化的工作，对法院法官和其他人员的工作态度、工作成效等都产生了重要影响。相对于法院过去的"软性"管理,现行的"硬性"管理,对于法官及其他工作人员产生了一定压力和动力,由于其工作成绩与职务、职称、工资及奖励等个人切身利益密切相关,无论其主动为之,还是被动接受,他们的工作面貌和具体的工作实效都有相应的变化,从而也带动法院整体工作向好的方向发展。从调研情况看,绩效考核的效果是较为明显的。

1. Y省总体情况。从Y省情况看,2014年该省案件质量效率总体情况均为良好,全省各中级法院一季度审判质量综合平均指数为83.81、上半年审判质量综合平均指数为81.45、第三季度审判质量综合平均指数为83.77。

2. Y省S市中级法院。该院第一季度、上半年、第三季度审判质量综合指数分别为83.64、81.45、83.84,分别位居全省第9、第8、第8位。其中,公正指标均高于全省平均值,效率指标、效果指标成绩也不俗。与2013年相比,该院总体审判质量和效果呈现上升态势。比如,全省各中级法院2013年上半年审判质量综合平均指数为83.47,该院审判质量综合指数为85.26,高于平均值,位居第5位。公正指标排名第2位,效率指标排名第13位,效果指标排名第12位(77.31)。2014年上半年该院审判质量综合指数较去年有所降低,虽效率指标、效果指标排名分别提高了三、四位,但综合名次因为公正指标排名拉低。另外,全省各中级法院2013年第三季度审判质量综合平均指数为79.47,该院审判质量综合指数为80.96,高于平均值,位居第7位;公正指标排名第4位,效率指标排名第13位,效果指标排名第9位。2014年第三季度该院审判质量综合指数较去年同期有所提高,虽然公正指标、效率指标排名下降,但效果指标排名提高两位。

3. Y省S市所辖区县基层法院。各基层法院实行绩效考核制度后,各项硬性的指标成为考核的重要依据,法官的工作目标更加明确,工作针对性更强,在实际工作中呈现赶超目标的局面,较好地推进了该市各基层法院整体工作的开展。以2014年为例,全市各基层法院案件质量总体良好,一季度至四季度审判质量综合平均指数分别为84.06、86.86、87.05、84.94,分别有8个、6个、8个、7个基层法院审判质量综合指数高于平均值。其中:

(1)公正指标:各基层法院一季度至四季度公正指标平均指数分别为89.68、90.80、90.41、87.80,分别有7个、8个、6个、8个基层法院公正指标指数高于平均值。①在一审判决及生效案件质量方面，一审判决案件改判发回重审率（错误）指标值分别平均为 2.58%、1.54%、1.15%、1.02%，生效案件改判发回重审率（错误）指标、司法赔偿率指标值各基层法院均为 0，生效案件质量稳定。②在立案变更率方面，分别平均为 0.48%、0.52%、0.54%、0.25%，第一至第三季度分别有 6 个、2 个、6 个基层法院的指标值为 0，没有发生立案变更数。③在一审案件陪审率方面，一审案件陪审率指标值分别平均为 48.4%、72.7%、69.97%、56.66%，分别有 8 个、7 个、8 个、9 个基层法院的指标值高于平均值，说明越来越多的法院注重提高一审案件陪审率，以公开促公正。

（2）效率指标：各基层法院一季度至四季度效率指标平均指数分别为 80.49、84.79、85.86、85.29，分别有 7 个、9 个、8 个、8 个基层法院效率指标指数高于平均值。①在审理案件结案效率方面，法定正常审限内结案率指标值分别平均为 97.97%、95.94%、97.17%、97.03%，分别有 3 个、10 个、11 个、9 个法院该项指标值超过平均值，表明越来越多的基层法院注重了本指标，指标值好得到进一步提升。案件平均审理时间指数分别平均为 0.75、0.74、0.74、0.74，反映出案件审理时间基本控制在三分之二审限，接近二分之一审限以内。②在执行案件结案效率方面，法定正常审限内执结率指标值分别平均为 96.99%、91.82%、94.51%、95.46%，分别有 6 个、5 个、5 个、11 个基层法院该项指标值为 100%。各基层法院平均执行时间指数值分别为 0.6、0.42、0.35、0.42，分别有 10 个、10 个、9 个、11 个法院该项指标值高于平均值。需要说明的是，该指标呈负数，表明持续的高收案使之在执行效率上遇到了很大的困难。③审判人员平均结案数及结案均衡度方面，分别为 6.96 件/人、13.43 件/人、16.66 件/人、24.6 件/人，结案均衡度指标平均值分别为 0.55、0.84、0.64、0.78。

（3）效果指标：各基层法院一季度至四季度效果指标平均指数分别为 80.12、83.67、83.74、80.77，分别有 7 个、6 个、7 个、7 个基层法院效果指标指数高于平均值。①在一审服判息诉率方面，指标值平均分别为 92.96%、94.36%、92.71%、92.67%，分别有 9 个、7 个、5 个、9 个基层法院该项指标高于平均值。②在调解案件效果方面，调解率指标值分别平均为 34.34%、28.19%、27.7%、30.26%，分别有 6 个、8 个、7 个、4 个法院该项指标值高于平均值。③在调解案件申请执行率方面，平均值分别为 55.10%、19.83%、34.23%、37.62%，分别有 8 个、9 个、8 个、8 个法院该项指标值（负向指标）低于平均值。④在执行案件效果方面，实际执行率指标值分别平均为 69.22%、59.28%、50.39%、52.01%，分别有 8 个、6 个、7 个、8 个基层法院该项指标值高于平均水平。⑤在执行标的到位率方面，分别平均为 92.71%、86.16%、86.54%、84.11%，分别有 9 个、8 个、10 个、10 个基层法院该项指标值高于平均水平。⑥在再审审查率方面，平均值分别为 1.68%、0%、0%、0.51%，大多数法院该项指标值（负向指标）低于平均值。

透过以上数据，我们可以看出，无论是 Y 省总体情况，还是 Y 省 S 市中级法院以及 S 市所辖区县基层法院，绩效考核的激励和惩罚效应已经得到体现，使得各级法院各方面业务工作得以正向推进。尤其是，绩效考核中所蕴含的"数目字管理"精神，让各级法院为追求数目字的亮丽光鲜，刻意从效率和质量等方面下功夫，客观上也起到了推进法院审判工作在公正、效率、效果等方面的积极作用。

（三）我国法院绩效考评制度存在的主要问题和症结

1. 我国法院绩效考评制度对审判管理和业务产生的负面效应分析

（1）导致异化竞争的出现。从各地法院实践看，不管绩效考核结果的运用状况如何，由于绩效考核本身的引导作用，使得绩效考核从实施开始就对各法院及法院工作人员产生了较大的压力。可以说，量化指标的这种指引作用甚至超出了其本身作为考核结果的意义。考核体系中，许多正向指标和负向指标没有上下限的要求，实绩考核中，为了达到正向指标数据最大化，负向指标最小化，法院的审判活动演变成了一场数据竞赛。同时，指标设置的权数大小不一，使得法院重视权数大的指标，轻视权数小的指标，使一些指标设置的作用得不到体现。尤其令人担忧的是，考核中唯量化的做法，强化了以数据论英雄的选人用人导向，对法院和法官的业绩观带来了巨大的影响，致使法院和法官的工作重心不自觉地放到如何制造出好看的数据上来，而不是真正从案件审判的实际出发，按照审判的客观规律办事。由于绩效考核量化指标存在的弊端，在实际工作中，一些不擅于制造数据的法院和法官，尽管其审判业绩、职业道德、工作态度并不差，但由于不能按照量化考核的"游戏规则"办事，就可能因数据指标比不过那些数据好看的法官而受到冷落和忽视，在绩效考核中败下阵来。

工作实绩一般但能够满足量化考核要求甚至擅于制造指标数据的法官会受到追捧和表彰。长此以往，编造数据的法官越来越多，法院审判工作的质量和效果却可能越来越差。说得严重一点，极端化的量化指标考核可能会让法院和法官异化为"数字的奴隶"，导致"数字化"的法院和法官盛行，使得法院工作的正常竞争出现异化，导致法官不良职业观的盛行。

（2）程序正义受到贬损。实践中，由于法院绩效考核结果重要导向作用的存在，使不少法官无法专心审案，把心思都放在了应付考核上。尤其是，量化指标数据对审判结果的重视也使法院和法官为了满足考核要求而格外重视案件裁判的结果，使得司法活动的重心从程序正义偏向结果正义，司法程序沦为为案件结果服务的"工具"，违背了司法活动的规律。对法官审判质量的考评中，对法官考评结果影响最大的是错案率指标，而现实中法院对错案的认定主要依据上诉率、申诉率以及发改率等指标。为了避免错案，减少错案率，分担责任风险，法院内部形成了汇报沟通的潜规则。如针对发改率的考评指标，法官在审理过程中，会通过各种方式来避免案件的发回，遇到疑难复杂的案件倾向于在审理决定做出前与上级法院法官沟通、交流，主动进行"请示"与"汇报"。这样的规避措施，不仅使上诉制度与二审终审制度名存实亡，同时也严重影响法官独立行使审判权。贺卫方教授指出，案件请示制度"必然导致法院上下级的设置变得毫无意义"，"如果上、下级法院之间已经就案件的处理结果达成了一致，当事人通过上诉挑战原审法院判决的努力岂不是从一开始便注定是竹篮打水一场空？"①

另外，法院绩效考核中之所以设置结案均衡度、法定（正常）审限内结案率，是为了解决积案和压案不办的顽疾，出发点可以理解，但各基层法院为提升绩效考核成绩，提高结案均衡度和法定（正常）审限内结案率，不惜将本年度不能完成的积案想方设法拖至来年的统计之中。有些法院为了达到提高调解率的目的，有意在本年度的下半年加强调解的适用。这些已成为法院系统内部众所周知的"潜规则"，对法院工作的程序正义产生了负面影响。

（3）形成对当事人诉权的侵犯。各地法院绩效考核制度量化指标中，有立案变更率或立案正确率的指标，对于这一项指标的考核，主要看是否

---

① 贺卫方：《司法的理念与制度》，中国政法大学出版社1998年版，第133页。

存在"应当立案而不予立案,不应当立案而错误立案,以及立案审理不属于自己管辖的案件"的情况。一些基层法院为了提高绩效考核成绩,往往会在立案前先与上级法院立案部门沟通,或先与本院审判部门、执行部门协调,视情况决定是否立案,甚至出现限制立案的情况。而当事人让法院出具不予立案裁定非常难,对于征地补偿和房屋拆迁甚至是不可能的。应该说,起诉权的行使是保障当事人寻求司法救助的第一步,如果法院对当事人的起诉既不立案,也不做出裁定,就变相剥夺了当事人的起诉权和上诉权。立案变更率或立案正确率的数字越来越好看,而实际上当事人的合理诉权已经被剥夺。并且,对于那些能在法院立案的当事人,也并非完全就可以按照诉讼程序顺利行使权利。法院为了达到较高的结案均衡度,如果本月的收案数量明显上升,案件立案之后并不能进入案件流程管理系统,按照诉讼程序进入排期阶段,而是在那里"压着"。由于案件并没有及时进入实体审理阶段,即使能结的案件也不一定就能立即结案。

2. 我国法院绩效考评制度存在的主要问题分析

(1) 观念方面。第一,存在唯量化论、唯数据论的误区。在人民法院案件质量评估体系的修订过程中,最高人民法院指出,"科学性是案件质量评估体系最为核心的特征,评估的综合性、全面性、导向性、可比性等诸多特点都以科学性为条件,并最终都是以增强评估的科学性为归属。"[①] 因此,科学性是提高法院案件管理质量的必要路径,也应当成为制定绩效考核办法遵循的前提原则。因为量化考核标准容易确定,使被考核人一目了然,数据化的指标具有一定说服力,便于推行和管理,因此,可以说量化也是绩效考核科学性的重要方法。近些年的法院绩效考核通过设置一系列的量化指标也确实增加了考核的客观性与科学性。但是,严密的科学主义思维也有其天生的缺陷,"'科学主义'由于轻视人文精神,易造成法律发展缺乏道德之魂"。[②] 尤其是,过度强调指标量化甚至唯量化论、唯数据论就与科学背道而驰了。在绩效考核实施过程中,不少地方法院就出现了这样的倾向。一是将考核的大多数内容和项目纳入量化考核的范围。如对法官的绩效考核中,考核的内容既有审判质量也有审判效率的问题,还有审判能力的评价问题。应该说,对法官的审判能力以及相应

---

① 张军主编:《人民法院案件质量评估体系理解与适用》,人民法院出版社 2011 年版,第 31 页。

② 魏建国:《"科学主义"对大陆法系影响的考察与反思》,《北方法学》2010 年第 5 期。

的审判质量和效率的考核是一个综合评价的问题,很难用一个量化的标准加以衡量,各地法院对上述项目都纳入量化考核范围并不合理。即便审判质量和审判效率的问题也难以单纯运用量化指标加以合理衡量。由于综合部门的工作人员不涉及办案业务,与法官共同采用量化的标准进行考核也不合理。二是将法院绩效考核的量化结果当作法官晋级升职、评先奖优的主要依据,实际上是在推行一种以数据论英雄的选人用人导向。应该说,数据是判断法官业绩的重要依据,但形成一种一切以数字说话的选人用人机制就是不科学的。对法官的晋级升职、评先奖优,应当实行一种更全面合理的综合评价机制。

第二,存在效率至上的误区。"导向性是评估体系重要的价值体现,是设计和完善评估体系的重要目的。指标是制度的重要组成部分,是管理的重要依据,评估体系不能仅仅是一张'体检表',还必须是一支'指挥棒',要起到为审判执行工作指明方向的任务。"[1] 绩效考核制度不仅是一套法院工作的检验标准,也体现了法院工作的导向。各地法院以量化为特征的绩效考核制度的实行,使得量化指标为法院审判工作提供了一个导向,但是法院绩效考核的量化指标体系所起到的导向性作用更多的是一种效率导向。而如果司法工作中一切以效率为中心,绩效考核在实践中必然出现异化,也必然使法院工作的性质发生根本性变化,法院就会变得与企业、行政机关等组织部门无异。此外,绩效考核体系中正向指标和负向指标的划分会使法院在考核中尽力追求正向指标数值的最大化,而将负向指标降到最低,这样绩效考核就会陷入数据攀比的恶性竞争中。

第三,存在机械化的误区。中华人民共和国成立以来,我国上层建筑体系的政治哲学基础是一种理性主义的哲学传统,在思想上都力图建立一种包容一切、穷就永恒和终极的体系,而不是去研究人的现实问题。在法学领域,19世纪西方法学界曾经出现概念法学时代。概念法学深受科学思维的影响,认为法律应当建立在理性基础上,是一个严密的、逻辑自足的规范体系,司法者的任务就是将已经制定好的、能够解决所有世俗纠纷的法律规范适用于具体案件。受这些思想影响的法学界,自晚清以来的中国司法制度就是沿着德国概念法学的思路构建起来

---

[1] 张军主编:《人民法院案件质量评估体系理解与适用》,人民法院出版社2011年版,第32页。

的。在中国司法制度设计师们的思想深处,总以为只要有完备的制度设计,就能"正确地"自动运行和演进,当前实行的绩效考核制度一定程度也体现了这一观念。但这种纯粹追求数字化的考核模式可能会忽视司法活动本身的复杂程度,违反审判活动的规律,使得简便化沦为简单化,从而造成考核结果与实际情况不符。

(2) 制度和实践方面。第一,存在把不宜和不能量化的指标强行量化的问题。案件质量评估体系中设计了立案变更率、一审案件陪审率、一审判决案件改判发回重审率、平均审理时间指数、法院年人均结案数等量化指标,但是,其中许多内容实质上都是不宜进行量化考核的。例如公正指标下的一审案件陪审率这个指标,在司法实践中,一审案件的来源及其复杂程度是不同的,也并不一定都需要组成合议庭审判,对于简单的民事、刑事与行政案件以及当事人要求使用简易程序审理的案件,可以使用简易程序由审判员独任审判,而法院为减少司法成本,提高司法效率,也乐于使用简易程序。即使由合议庭审理的案件,合议庭也并不必然由审判员和人民陪审员组成,也可能全部由审判员组成。因此,作为一个正向指标,如果在审判活动中刻意追求一审案件的高陪审率,这势必增加案件程序成本,不利于司法效率的提高。又如,效果指标中的调解率指标,反映了法院把调解视为法官办案能力的表现和法院审判业绩惯性思维。然而,把调解率设置为考核指标,必然使法官在审判中追求高调解率,于是法官便会在案件审理中尽力调解甚至强制调解,结果导致许多案件"久调不解",当事人的权利既得不到及时救济,法官的司法裁判权也无从体现。《民事诉讼法》规定:"人民法院审理民事案件,应当根据自愿和合法的原则进行调解;调解不成的,应当及时判决。"这就明确了调解的前提是当事人自愿,因此"有多少案件可以采取调解方式结案,并不由法院或者法官决定,法院以及法官无法预知多少案件可以调解结案"[①]。实践中,法官常常以时间为软性条件对案件进行硬性调解,迫使当事人最后同意调解,使得当事人失去许多正当利益,降低司法的公信力与权威。因此,把调解率设置为绩效考核指标,于法于理都是没有根据的,应当予以废止。

第二,存在指标设计不切合实际的问题。从目前情况看,在绩效考核中存在过于注重结案率,要求法官尽可能审结当年所受理的所有案件的倾

[①] 孙宪忠:《"调撤率"不宜作为法院绩效考核指标》,《中国社会科学报》2013 年 4 月 10 日。

向。同时，结案数直接与法官个人绩效挂钩，如 S 市辖区 C 法院规定："办案法官个人结案数考评以部门人均结案数为基数，各类审判人员经考评达到本人应完成结案工作量的，得 35 分。如结案工作量每超额完成 1 件，加 0.5 分；每少完成 1 件，扣 1 分。如未达到本人应完成结案工作量 50%的，则其个人当年度工作绩效考评不得分。"法院每年设定的结案率目标值通常高达 95%以上，结案率是法官乃至整个法院每年工作总成绩的突出体现，至于其他反映审判质量、效果的目标值和权重却远不及这个效率指标要高，这一状况不切实际，有失偏颇。其一，由于司法的被动性特点，法院并不能自主决定案件受理的多少，一些经济发达地区法院收案数量较大，人均结案数量也就较大，相反，如 Y 省这样的西部落后地区，"有些法院长期以来收案数只有几百件甚至几十件而法官仍有几十名，导致人均结案数很少"①。其二，同一地区内不同法院之间，由于地区的发案形势是稳定的，一般来说收案数量差异不大。为了提高结案率，只能采取增加总结案数量（分子）、减少总收案数量（分母）两个办法。而在收案数量基本稳定的情况下，只能采取增加结案数量的方法。但是，开庭审理、草拟裁判文书、送达法律文书、合议庭评议等程序性工作纷繁复杂，所需时间较多，除审判工作外，法官还承担了不少信息调研、培训学习、信访维稳等事务性工作，占据了大量工作时间，很难达到 95%以上的结案率。同时，从审判规律方面看，根据我国《民事诉讼法》的相关规定，法院应当给予当事人法定的举证期限，保障双方充分行使诉讼权利，这是难以跨越的审判周期障碍。审结一个简易程序的民事案件需时约 43 天，若遇上案情复杂、当事人争议很大、涉及管辖权异议、反诉、评估鉴定、调查取证等情形，一个案件适用普通程序审理（指定举证期限不少于 30 天），从受理至审结的时间为四个月到一年不等。近年来，以 C 法院为例，每年 11 月中旬开始受理的绝大多数适用简易程序的案件（除少数调解撤诉的案件外）都无法在正常情况下审结，那些适用普通程序案件更难以年度内结案。因此，全年结案率达到 95%以上是困难的。

又如，案件调解（撤诉）率目标值及权重过高的问题。调解（撤诉）率不宜进行量化，但从各地情况看，普遍把这项指标作为仅次于结案率的指标，要求法官尽可能通过调解或撤诉的方式结案。这里暂且不论设立这

---

① 邓志伟：《主观与客观之间：司法效率评估的选择与优化》，《法律适用》2011 年第 3 期。

一指标是否合理，即使承认设立这一指标有合理性，但目前各地法院对这一指标的要求也是偏高的。按照一般审判规律，正常调解（撤诉）率范围为20%—40%，而各地法院所设定的该项指标目标值高达60%—70%。法院过分注重调解（撤诉）率，无异于扮演"人民调解委员会"的角色，舍弃了最基本、最主要的裁判职能。实践中，大多数诉诸法院的纠纷，双方当事人之间的矛盾冲突已经较为激烈，甚至被告已经外出逃债拒不到庭参加诉讼。有的法官为达到调解或撤诉的结果，使用各种手段，如采取久拖不决、轮番游说、以做出不利裁决结果相要挟等，以达到提高调解或撤诉率的目的，侵害了当事人的合法权益，影响了法院的司法权威和公信力。

第三，缺乏对司法工作人员综合素质的考核办法。目前各地法院的绩效评估体系中，大多把对法官的业务工作方面的考核作为绩效评估的内容，法官综合素质方面的绩效考核指标相对欠缺。作为司法者，法官的政治思想、个人品德、理论政策水平、学识水平、工作协调能力等综合素质都影响着法官能否更好地行使司法权，影响着社会公众对法院的评价。但是，从目前各地法院实施的绩效评估制度来看，对于法官个人综合素质方面的考核要么处于空白状况，要么尚未建立有效的考核方法。显然，由于综合素质本身的特性，对于综合素质的考评标准是难以量化的，而各地法院推行的量化考核方法对法官等综合素质的考核并不适用。

第四，绩效考核范围存在混乱状况。一是缺乏对法官以外的法院管理岗位工作人员的考核办法。绩效考核的考核对象偏重具体办案的法官，对其他管理岗位（如办公室）业务考核过于简单概括，很多指标量化不够。由于以民意测评为主，最终决定因素就是审判部门对综合部门的民主测评，带有很强的主观色彩。同时，对于这些部门和岗位如何为审判、执行部门发挥职能作用、完成其自身岗位任务、提供后勤服务保障等方面的考核指标明显不足，导致绩效考核结果不能客观反映管理岗位的职责和水平，由此难以客观反映出这些部门和岗位的绩效状况。二是对法院领导的考核采取与法官考核不同的办法进行，形成考核上的"双轨制"。当前，各地对法院领导和工作人员的考核实行"双轨制"，就是指区分领导职务与非领导职务，对其采取不同的考评方式。具体而言，"对于普通法官，审判工作的数量和质量往往成为考评的对象，包括结案数、上诉率等指标在内的量化数据直接成为左右其收入和升迁的依据。对院领导干部，由于审判工作并不是其工作重点,这一套适用于普通法官的量化考评指标自然不太管用。实践中,对各级法院领导普遍适用一种'一岗双责'的双重责任制度。即领导干部既要抓好业务工作,又要抓好队伍建设,对领导干部的考评也是既要考评抓业务工作的实绩和本领,也要考评抓队伍建设的实绩和本领"①。对院领导所采取的考评标准与考评方法,与一般法官所采取的考评标准与方法明显不同。对于法院领导的考核,延续的是行政化管理模式下领导干部的考核模式,并非按照资深法官的考核办法。三是对法院各业务庭负责人的考核缺乏明确定位。从各地法院实际推行的绩效考核办法看,考核的对象主要是两类,一类是个人,包括法官和法院综合部门的人员;另一类是法院的各职能部门,包括业务庭和其他管理、组织人事、财务、后勤等职能部门。就个人的考核而言,如前所述,各地法院的考核办法并不适用于院长和副院长的考核。并且,对各业务庭负责人的考核,各地法院考核办法也语焉不详。虽然各地有对法院职能部门考核的一环,对职能部门的考核可以起到对职能部门负责人间接考核的效果,但对职能部门的考核显然不能替代对其负责人的考核,因为对职能部门的考核方式并不同于对个人的考核。如果法院的绩效考核不适用于法院和部门领导,这样的考核显失公平。

第五,对法官个人的考评有一定随意性。目前,各地法院所实施的审判管理办法,主要是针对法院各个部门的考评,所设计的各项指标也主要是以部门为依据设计的。针对法官个人的考评则由各业务庭自行组织负责,但如何对本部门的法官进行考评,没有统一、具体的考评方案,致使考评方式出现一定的随意性。领导的看法和人际关系就成为影响考评的重要因素,影响了考评的公平性。另外,考评机构的设置存在一定不合理之处。目前,各地法院的绩效考评机构主要是考评委员会,考评委员会的正常工作由政治处(或政工科)负责。各业务庭及管理部门负责本庭、本部门的相关审判业务和综合管理方面的考核,再上报政治处(或政工科)汇总。这会带来两个方面的问题:一是由于考核需要(或政工科)与不同考核部门的衔接,往往出现由于衔接不及时、疏漏导致数据不完整和不真实等情况;二是不同业务庭、不同部门的人员组成不固定,有些甚至是交叉上岗,考核对象不稳定,考核结果的真实性大打折扣。

---

① 艾佳慧:《中国法院绩效考评制度研究——同构制和双轨制的逻辑问题》,《法制与社会发展》2008年第5期。

第六,绩效考核结果的应用不足。这主要表现为绩效考核的奖惩措施实施不佳,效果有限。绩效考核制度的顺利推行并在实践中产生实效,最为关键的是奖惩措施的设计和落实。从各地法院考核的奖惩措施落实情况看,均能较严格执行出台的奖惩办法,但问题在于奖惩措施的设计本身存在缺陷,致使考核结果的应用不足,没有把考核结果与晋级晋升和奖金、津贴等物质性奖励方式有效结合,大大降低了绩效考核的权威性。表现为:一是奖励的力度不够。从全国各地法院推行的奖惩措施来看,对于基层法院的考评结果一般进行排名,然后根据排名进行精神鼓励。如Y省S市中级人民法院绩效考评办法规定:"省法院根据考评情况,对考评总成绩前5名及审判(执行)工作任务、年度重点工作、领导班子建设、党风廉政建设等单项成绩第1名的中级人民法院予以表彰,并对考评总成绩虽不是前5名但与上一年度相比进步最为突出的1个中级人民法院予以表彰。总成绩在前5名以及获单项表彰的中级人民法院,不再对其进行进步最为突出的表彰,由其他中级人民法院按此项排名顺序递补。连续3个年度考评总成绩进入前2名的中级人民法院和连续3个年度考核总成绩进入前5名的中级人民法院,按照有关规定,分别记集体二等功和集体三等功1次。对考核中发现的突出问题以适当方式进行监督指导。"对于个人的奖励措施,主要是年终奖金、评先选优和晋升等方面,但这种奖励的力度不足,以Y省高级法院绩效考核为例,对工作人员的奖励主要包括工资和职务晋级,年终奖励和给予记功等。考核达到称职,晋级一级工资。虽然这项奖励须达到的条件较低,但晋级一级工资实际上每月增加几十或一百元,其鼓励的力度不大。职务晋级虽有较大吸引力,但累计五年被确定为称职以上等次的,才可享受在所任职务对应级别范围内晋升一个级别。对于连续三年被确定为优秀等次的,在晋升职务时可优先考虑,但也非一定能够晋升职务。这些晋升职务的条件明显较高,最终只是个别人能够争取到的奖励,一般工作人员则难以企及。二是奖惩范围和层次的不足。根据各地法院奖惩制度的设计,能够受到奖惩措施影响的人员范围有限。从奖励角度看,Y省高级法院考核办法主要确立的是称职和优秀两类对象,而对优秀的奖励条件又较严格,没有在这两类之间设定相应的层级,也就是说,对其他到达称职以上但又没有突出表现的工作人员没有相应的评价,奖励的层级和差别没有体现出来。而从惩罚角度看,各地法院惩罚的对象主要针对存在较大问题的工作人员。根据Y省高级法院的惩罚规定,惩罚对象仅限于考核不称职的工作人员,但在法院考核中实际被评为不称职的工作人员属于少数。所以,各地法院有关奖惩所涉及的对象来看,主要是"两端"人员,即表现较出色的工作人员和个别的不称职工作人员,而占法院大多数的工作人员却缺乏相应的直接评价机制,奖惩对象的层次多样性没有充分体现出来。这种做法可能产生的结果是法院绩效考核对于大多数工作人员无关痛痒,难以真正调动他们工作的积极性和主动性。

四 推进我国法院绩效考评制度改革和有效运行的对策建议

法院绩效考核,作为法院审判管理的一项重要制度设计,是当前和今后一段时期法院工作的重要内容。随着最高人民法院第三个五年司法改革纲要将加强法院审判管理作为司法体制改革的一个重要突破口,以及党的十八届三中全会提出全面深化司法体制改革的方针,法院审判体制改革显得日益紧迫和重要。结合前面对法院绩效改革的实证分析,对于改革完善法院绩效考核制度提出如下对策建议。

(一) 实现法院绩效考评理念和思想的转变

如前所述,我国各地法院绩效考核更多地体现了一种效率至上的思想,考评中出现了唯量化、唯数据的考评观念,由此产生违背程序正义、恶性竞争、考评异化等不良后果。因此,必须进一步深刻认识法院作为司法机关所具有的特殊性,以及法院审判工作的独有规律,实现考评观念上的转变。

法院的绩效考核需遵循司法的固有规律和裁判逻辑,不能推行行政化的、事务性的绩效考核方法。因为法院绩效考核的最终目的是法院更好地驾驭审判,提高审判的质量和效率,法院绩效考核方法始终须围绕审判的业务需要加以设定,而不是行政化的、事务性的绩效考核方法能够取代。受历史惯性的影响,这些年来我国的司法体制改革,有一种行政化的倾向。不过,这些改革措施"尽管借用了行政机构或企业管理的某些措施,与司法管理的要求或许不符,但是,这些改革措施毕竟反映了人们,尤其是法院里的人们对于现行管理制度缺陷的不满和变革的愿望,这无疑为深层次的改革提供了难得的契机"①。当前思考法院审判管理体制改革,就应该总结这些年来的得失,采取更符合司法规律的举措。应该说,追求公正、司法独立、正当程序、裁判终局、法官职业制等,是任何一个司法机关进行司法活动都必须遵循的司法规律。但这些年来不少地方法院实行的唯量化、唯数据的绩效考核办法,催生了不少为考核而考核,为数据好看不惜违背法律程序的事例。不少量化指标和考核标准成了"法律规则之上的规则",在一定程度上甚至发挥着比法律规则更大的作用,使得法律的权威性、法官的独立性丧失殆尽。可以说,过于追求效率和结果的绩效考核制度,让法院审判工做出现了异化,背离了法院作为司法机关应该具有的公正形象。因此,应该改革失衡的带有行政化色彩的法院绩效考核体系,在进行制度设计时应把遵循司法运行的特点和规律作为前提贯穿于整个制度体系中。

(二) 对绩效考核中的具体制度进行调整和完善

1. 调整考核方法。当前各地法院实行的量化考核为主的绩效考核办法,固然有其合理之处,但弊端也是显而易见的,实践运行情况表明,已经成为当前法院绩效考核的"硬伤"。从审判固有规律看,审判能力等考核项目的评价,并不适宜于采用量化指标评价方法,而应采取较为灵活的综合评价方法。因此,首先要坚持量化指标和综合评价相结合的原则,改变现行考核以量化为主的做法,增加综合评价的权重。进行综合评价的体系设计时,可以参考其他国家的一些做法。比如,美国康涅狄格州的司法评估制度是从法官的举止、法律能力、管理技能和对当事人的态度等四个方面对法官的工作状况进行衡量,以充分了解法官工作状况。② 综合评价可以以考核对象实际表现为依据,由自我评价、同事评价、领导评价和社会评价组成,而同事评价可占较重权重。有关审判质量和效率的考核,也应改变以比率或数量等量化指标为主的评价方法,增加同事评价和领导评价所占比重,并引入社会反馈效果的评价因素,将上述综合评价比重占到考核的30%或40%左右,改变现在用数字说话的僵硬和形式化的做法。现行量化方法可根据考核内容或项目的不同做出适当调整。例如审判效率

---

① 贺卫方:《中国司法管理制度的两个问题》,《中国社会科学》1997年第6期。
② 参见韩苏琳编译《美英德法四国司法制度概况》,人民法院出版社2002年版,第95—96页。

的考核以量化考核为主的方法固然可取，但量化的方法应避免采用纯粹件数或数字计算的方法，而可采取百分比的方法；审判质量的考核除可采用百分比的方法外，还可采用有的法院所推行的消极评价方法，即对出现差错的案件扣除相应的分数，以扣除分数的多少对评价进行排序。当然，对审判质量的评价不仅须以当时法院对案件程序性和实体性的处理为依据，而且应综合考虑案件在一定时间内社会反响等因素。

另外，对于绩效考核中排名的做法，也应该适当加以淡化。美国律师协会考评委员会在经过充分的论证后，决定不采用数字化的考评指标，因为如果进行"数字化比较"就会产生等级排名，从而"形成一个错误的观念，即使某个法官的行为是可以接受的，但如果他在这样的评估中排在最后，就仍然是个'坏'法官。评估不是为了在法官之间造成竞争的气氛，而是为了鼓励和促进法官工作的改进"[①]。针对排名带来的绝对化倾向，可以采取评定等次等非精细化方式进行，避免各法院在数字上的恶性竞争。

2. 调整部分考核指标。首先，对部分指标进行修改或取消。鉴于设置结案率、结案均衡度产生的实际困难和不尽合理的问题，应予取消，即使保留，也只应作为参考指标使用。调解、撤诉率指标的设置也有不科学、不合理之处。各地对于这项指标都设定了较高的数值，但在实践中，基于人情社会的特点，以及人民调解组织所发挥的作用，当事人对于一般的矛盾纠纷大多习惯于用调解的方式解决，到法院起诉往往都是调解无果之后的无奈之举，法院调解、撤诉的难度是很大的。另外，从法律层面上讲，调解、撤诉是当事人的诉讼权利，法院一味强调调解、撤诉，甚至采取各种手段劝说、威胁当事人调解、撤诉，或因当事人不愿意调解、撤诉而出现"久调不判"的状况，既侵犯了当事人的诉讼权利，也违背了程序法定原则。因此，应该对调撤率的目标值进行下调。

其次，调整考核内容及其权重。在各地法院绩效考核体系中，除对法官审判业绩进行考核外，还要对法官审判工作以外的活动，如部分事务性的司法行政工作、撰写调研报告等进行考核，并且设置的考核所占分值不小，使得法官难以专注于审判工作。因此，要在考核指标体系中增加对法官业务绩效考评的权重，减少与审判业务无关的指标权重，突出以审判为

---

① 怀效锋主编：《法院与法官》，法律出版社 2006 年版，第 602 页。

中心的法院工作特点。

3. 调整考核对象。当前各地法院绩效考核的对象,就个人而言主要限于法院的法官和综合部门的工作人员,不包括法院负责人、审委会成员和部门负责人,就机构而言则主要是法院的各职能部门,法院本身并未作为绩效考核对象。出于遵循法院绩效考核的整体性和公平性原则,推动法院绩效考核向纵深发展,真正形成法院内部和外部良性竞争的格局,对法院的考核和对法院负责人、审委会成员及职能部门负责人的考核机制应同步设置。就对法院的考核而言,可由上一级法院统一组织实施。从当前法院管理的实际做法看,最高法院对省级法院,省级法院对辖区内各级法院均有一定的组织管理职能,都开展了相应的先进单位评比和业务竞赛等活动,对于推动各地法院的良性竞争,提高法院系统整体审判能力和水平起到了一定作用,但这些活动或举措缺乏相应的规范,而且一般未纳入法院绩效考核的范围。由于这些活动较为灵活,欠缺诸如绩效考核的硬性指标,对法院的约束力和促进能力不足,从而在一定程度上流于形式。因此,应将法院自身纳入绩效考核的范围,各省级法院由最高法院统一考评,省级以下法院由上一级法院进行考核,最高法院和地方各级法院应出台相应的法院绩效考核办法。就对法院负责人、审委会成员和部门负责人的考核而言,应在法院绩效考核办法中专门设立上述人员的考核办法,考核的依据、指标、程序和组织机构与一般人员的考核应有所不同,对院长和副院长的考核主要侧重于对法院整体审判质量、效率和审判效果或分管工作的综合评定,对部门负责人的考核主要集中于对部门工作成绩和对其他部门的配合及法院整体工作所做的贡献进行评定。需要注意的是,对上述人员的考核机构应由上级法院派员和本院民主推荐的一般工作人员组成,以保证考核的客观性和公正性。

目前法院全部工作人员中既有直接参与审判的法官,也有负责案件辅助工作的书记员、法警,还有负责执行工作的执行员,负责司法行政工作的人员等。这些人员的工作职责、工作性质与直接参与审判的法官是不一样的,实行同一考核制度既不科学、不合理,也无法体现他们的本职工作特点。故应当将法官考核制度的适用范围限定于直接参与办案的法官,将从事审判业务的法官与法院其他工作人员的考核制度相分离。

4. 调整法官考评委员会的组成。我国各地法院普遍的做法是,在法院内部设立法官考评委员会,由院领导和业务庭及职能部门的负责人担任考评委员会的组成人员，下设办公室，或由政治处、政工科等部门作为办事机构。这种内部的考评组织，带有强烈的行政管理色彩，使得法官考评中的公开性、客观性显得不足。从国际通行做法看，考核工作也以一种内部化的组织形式进行，比如，在德国，考核由资历高深的法官或法院院长主持；日本的法官评定工作，由本院院长和合议庭的审判长或总括审判长主持①，但能呈现一定开放性。法院绩效评估的指标设计，普遍需要征询法官、统计学家、政府公务人员、律师、公民的意见。所以，在我国法院绩效考评的指标设计和实施中，应该积极争取社会力量的参与，内部评估与外部评估相结合，实现评估主体的多元化。当然，评估组织的成员构成无疑需要以法院内部人员为主，且应由法院院长担任委员会主任，考评委员包括其他院领导、部分中层干部，但须吸收人大专门委员会成员、律师、专家学者、社会公众等进入考评委员会，切实增强考评委员会的社会公信度。

5. 建立对法官个人综合素质的评价体系。各地法院出台的绩效考核办法都将个人业务技能和素质作为考核的主要内容，而个人综合素质的考核基本处于空白。科学合理的绩效考核机制必须有个人综合素质的考核内容，从某种程度上讲，个人综合素质的考核显得更为重要。个人综合素质的考核首先涉及评价依据的设定，应该说，个人贯彻执行党和国家方针政策情况，政治上的方向和态度，遵循法官法和法官职业道德标准的情况，落实法院规章制度的情况，有无渎职失职行为，团结同事的情况，集体荣誉感和责任感的践行情况等，都属于对个人综合素质评价的依据。这些评价依据需要进行科学的整理和归类，并使评价依据具体化。个人综合素质的考核主要涉及个人思想和精神领域，一般不适合采取量化的考核方法，至少量化方法不是考核个人综合素质的主要方法。应该说，个人的自我鉴定、同事评价、部门领导的评语以及社会舆论的反映等应作为考核的主要渠道，而对他们评价的依据在于上述个人综合素质各项指标在实际工作中反映出的具体情况。同时，应确立个人综合素质所占考核的合理比重，这一标准可由法院根据具体情况确定。总之，个人综合素质评价应作为一种常态化和制度化的考核指标纳入绩效考核机制之中，在绩效考核办法中做出明确规定。

---

① 参见韩苏琳编译《英美德法四国司法制度概况》，人民法院出版社 2002 年版，第 481 页；龚刃韧《现代日本司法透视》，世界知识出版社 1993 年版，第 95 页。

6. 进一步规范绩效考核的奖惩措施。合理规范法院绩效考核的奖惩措施主要是解决奖惩的力度和影响范围的问题。就奖惩的力度而言，从调动法院法官及其他工作人员工作积极性的角度出发，结合法院实际情况，所设定的受奖条件可以适当放宽，对于获评优秀的法官及其他工作人员主要应从职务和职称晋级上给予奖励，尽量少设限制性条件，以体现奖优的基本精神。对于物质奖励尤其年终奖的设置，在物质条件允许的情况下，可考虑设定与实际工作成绩相匹配的奖金数额或其他物质奖励措施。同时，要把考核结果作为选拔任用干部的重要依据，将那些综合素质和工作业绩突出的法官选拔到审判长、庭长等领导岗位上。

考核中要防止搞平均主义、"大锅饭"和"轮流坐庄"，因此对于考核不佳尤其考核不称职的工作人员，应该给予惩罚。惩罚的措施包括降职、降薪、待岗和辞退等处罚措施，上述处罚措施相较于不予晋级工资、不发年终奖等措施更为严厉。上述奖惩措施对于提高工作人员工作的积极性和主动性，增强其责任感是有利的。就奖惩的范围而言，主要是将奖惩面能够辐射多数工作人员，充分调动广大工作人员的工作热情。可考虑在现有奖惩适用于的"两端"人员的基础上，设立层级多样化和范围普遍化的奖惩措施。就奖励而言，可设置称职、较好和优秀等层级，对不同层级的工作人员予以相应的奖励或鼓励；就惩罚而言，对于不称职或表现一般的工作人员可以考虑给予不同的惩戒措施，尤其对表现一般的工作人员给予一定的惩戒是必要的。参照《法官法》的规定，相应的惩戒措施可包括诫勉谈话、警告、记过等。有关奖惩措施的具体标准和条件以及奖惩种类、程度等可在考核办法中规定。

（三）强化对绩效考评制度有效运行的保障

1. 改革经费管理体制。建立新型的法院经费管理制度，设立法官考评专项经费，为法院信息化建设、司法统计工作，并最终为绩效考核工作提供充分的经费保障，确保法官考评工作顺利、深入开展。

2. 强化绩效考评的制度约束。完善现行法院系统运行的案件质量管理办法，从基层法院开始对电子卷宗和纸质卷宗实行一致性评查，使得上级法院可以利用电子档案管理系统有效地监督基层法院，杜绝绩效考评中弄虚作假的行为。同时，把司法公开原则贯彻于法院绩效考核中，完善审判流程管理制度，使案件流程信息公开，提高案件审理的透明度，以司法公开的方式让社会公众尤其是案件当事人参与到绩效考核工作中,提高法院绩效考核结果的公众认可度。

3. 加强信息化建设。案件信息录入等工作是法院绩效考核工作关键的环节,因此,抓好信息化建设是法院绩效考核顺利进行的重要保障,是法院审判管理制度建设的大势所趋。"随着科学技术的发展和管理理念的创新,信息技术所具有的公开、即时、全面、客观的特点,在管理方面得到了发挥,促进了管理制度的发展。运用信息技术加强管理成为时代发展的趋势,信息技术在管理中也得到越来越广泛的应用。"① 法院绩效考核直接或间接地和法院目前运行的应用系统相连接,把应用系统引入绩效考核可以提高绩效考核结果的真实性和有效性,因此,要不断强化法院信息化建设,升级现有的案件信息综合管理系统,依靠现代化的信息技术手段保障法院绩效考核制度的有效实施。

---

① 邱新华:《浅析信息技术在审判管理中的应用》,《山东审判》2010 年第 6 期。

第六章

法院案件管理机制的综合评判和未来路径选择

一 我国法院案件管理机制运行的整体态势

(一) 法院案件管理的基础条件和手段状况

"案件管理是为实现案件管理系统化、规范化、信息化",① 通过专业的案管部门和司法管理人员,对案件信息进行统计整合、报告反馈并实施对案件审判的组织和监督等活动,其应具备以下基础条件和手段:第一,在组织机构方面,法院案件管理需要有专门的机构、组织,各机构、组织之间分工明确、契合运行,形成精细化的、科学的案件管理组织与机制;第二,在工作人员素养方面,意识指导着实践,案件管理也需要法院内部各方的共识,明确认识案件管理部门的地位与职责,才能真正做到对案件信息的统计分析、实时报告和反馈;第三,在管理方式上,法院的案件管理需要纳入法治的轨道,有明确的法律规范予以指导,使案件管理规范化、体系化。从当前我国法院案件管理运行情况看,我国初步具备了上述案件管理的基础条件和手段:

1. 法院案件管理的专门组织体制和实施机制。1998 年,山东省率先采取"大立案庭"的方式实现立审分离、审执分离,由大立案庭统一管理收案、分案、诉讼保全等审判辅助事宜,这种模式在全国得到认可,于 2002 年被全国推行。然而,由于大立案庭模式自身存在权责不明、衔接不畅以及自我监督不够等缺陷,各地法院逐渐推行"小立案庭"模式。这种模式采取"法官、助理加书记员"三合一模式,规避了大立案庭模

---

① 参见 2003 年最高人民检察院《关于加强案件管理的规定》第 1 条。

式衔接不畅、权责不明的不足，但同时，"小立案庭"模式采取的是业务庭直接管理审判流程的方案，构成了各自为政的小团队工作模式，不能满足阳光司法、科学司法的改革趋势和公众期待。因此，最高人民法院于2010年成立审判管理办公室作为法院的一个内设机构，在法院主管领导之下开展工作，其对法院整体审判管理工作负有直接的组织、协调和执行之责。审判管理办公室具体职责是：第一，案件审判流程管理，包括立案、开庭、审限延长、宣判等关键节点信息统计和整理；第二，案件质量评查，依据案件质量考评标准对案件质量进行评估；第三，监督检查法定审限执行情况，督办重要案件，根据案件审理信息制作统计报表；第四，承担审判委员会事务管理、司法公开、审判经验总结等其他工作，包括优秀法律文书评选、典型案例编辑等宣传性工作。

案件管理机构独立于审判业务部门，是人民法院接受外部监督的信息化平台，同时"兼具管理、服务、参谋、监督职能"①。法院审判管理机构履行管理职责的方式表现在，利用信息化平台收集案件自收案至结案全流程的诉讼信息，根据案件质量考核标准编辑统计报表，评估审判活动是否公正高效；向审判、执行部门实时更新案件进程信息，保障信息传递畅通，以利准确办案。在其实际运行中体现如下具体职能：一是服务职能。为审判业务部门提供全面、及时、准确的数据，为业务部门科学决策提供支撑。二是参谋职能。根据案件信息数据库，制作统计报表，编辑典型案例和优秀法律文书等业务，总结审判经验，提高案件审判质量。三是监督职能。审判管理部门通过监督案件办理流程，倒逼法官提高办案效率和工作素养，形成以管案促管人的良性互动关系。

2. 法院案件管理的规范体系。涉及案件管理等的具体问题，属于司法系统内部的日常组织管理运行问题，虽与司法体制、机制问题密切相关，但又非是司法整体体制、组织机构的根本性调整和完善的问题，故全国人大及其常务委员会并未就司法系统案件管理的问题制定相应的法律规范体系，更无针对法院系统的审判管理出台统一适用的法律规范，涉及案件管理的具体规范问题则一般由法院系统加以解决。当前法院系统对此领域的规范体系主要包括以下几个方面：一是最高人民法院出台或制定的规范性文件。1999年至2013年最高人民法院出台的四个人民法院五年改革

---

① 参见王胜俊《创新和加强审判管理，确保司法公正高效》，2018年8月4日最后访问，http://www.court.gov.cn/zixun-xiangqing-1461.html。

纲要对涉及审判管理制度建设提出总体思路、方针和举措；最高人民法院发布《关于加强人民法院审判管理工作的若干意见》（2011年1月6日）对审判管理的概念、基本要求、基本职能和内容、审判管理的机构设置及职责和审判管理的其他事项等做出具体明确规定；最高人民法院《关于完善人民法院司法责任制的若干意见》（2015年9月21日）和《关于落实司法责任制完善审判监督管理机制的意见（试行）》（2017年5月1日），对改善审判权力运行机制（独任庭、合议庭、审判委员会运行机制及审判管理与监督），司法人员职责和权限（独任庭、合议庭司法人员职责，院庭长的管理监督职责），审判责任的认定和追究（审判责任范围和承担，违法审判责任追究程序），以及各级人民法院应当逐步完善院、庭长审判监督管理权力清单，院、庭长根据职责权限，对审判流程运行情况进行查看、操作和监控等落实司法责任制问题做出明确规定。二是各省级高级人民法院制定全省法院系统适用的审判管理实施规定或办法。如《Y省高级人民法院案件质量评查规定》《Y省高级人民法院案件流程管理办法（试行）》《Y省高级人民法院绩效考评办法》《H省高级人民法院案件质量监督评查办法（试行）》《H省高级人民法院案件质量内部监督检查实施细则》《G省高级人民法院质量评查标准（试行）》等等。三是各市级中级人民法院根据受辖高级法院的规定，结合自身实际情况制定的案件管理规定或办法。如《S市中级法院案件质量评查规定（试行）》《S市中级法院案件质量内部监督检查实施细则》等。四是基层人民法院根据审判管理的实际需要制定出台的实施办法或细则。如Y省S市所辖区县人民法院针对省市两级涉及审判管理中有关案件质量评查、案件流程管理、案件审判效率要求以及法官绩效考核等制度规范均出台具体的规定或办法。

3. 法院案件管理的基本共识和观念。一是对法院案件管理基本原理和功能的认识。一般认为，案件管理是对案件的监管，"是人民法院通过组织、领导、指导、评价、监督、制约等方法，对审判工作进行合理安排，对司法过程进行严格规范，对审判质效进行科学考评，对司法资源进行有效整合，确保司法公正、廉洁、高效"[①]。做好案件管理工作有利于对办案过程进行动态、全面、准确的监督，规范文书写作，保障被追诉人

[①] 参见王胜俊《创新和加强审判管理，确保司法公正高效》，2018年8月4日最后访问，http://www.court.gov.cn/zixun-xiangqing-1461.html。

的公正审判权;高效、及时、有序、依法办理案件,有利于实现形式正义与实质正义,实现司法"公正、廉洁、为民"。① 二是上、下级法院在案件管理中相互关系的基本认识。按照现行法律规范来看,我国上、下级法院之间是监督与被监督的关系,而非领导与被领导关系;但就案件管理来讲,上、下级法院之间实际上属于一种行政化的指导管理关系,也就是说,在案件管理上,下级法院按照上级法院的指导行事;对于上级法院而言,可以通过行政化的指导对个案的处理做出指示,或者通过出台的司法解释、其他规范性文件以及指导性案例等方式对下级法院的审判活动进行宏观指导或组织管理;对于下级法院而言,可以通过请示汇报或商请上级法院介入案件处理、规则制定的讨论并提出意见等方式,寻求上级法院的支持和帮助,以消除或降低自身在案件管理各环节可能出现的风险或不当行为。

(二) 法院案件管理机制运行的综合状况

1. 法院案件管理各领域运行的比较分析。经过多年发展,案件管理形成了以案件审判流程管理、案件质量管理、审判绩效评估为核心的管理体系,通过流程管理、案件质量管理以及绩效评估管理方法达到案件管理的目标,保障司法公正与效率的实现。2003 年四川省、上海市、江苏省等省市摸索审判管理的实践经验,最高人民法院于 2008 年下发《关于开展案件质量评估工作的指导意见(试行)》,明确了案件质量三个二级指标,即审判公正、审判效率、审判效果。② 在 2011 年将 33 个三级指标调整为 31 个。而对于案件质量评估是绩效考核、奖惩的基础,利用质量评估软件设定评估方案,输入参数即可自动生成评估报告,呈现信息化、专业化的特点。

---

① 参见王胜俊《创新和加强审判管理,确保司法公正高效》,2018 年 8 月 4 日最后访问,http://www.court.gov.cn/zixun-xiangqing-1461.html。
② 参见《关于开展案件质量评估工作的指导意见(试行)》第 8、第 9 条:"审判公正指标 11 个,由立案变更率、一审陪审率、一审上诉改判率、一审上诉发回重审率、生效案件改判率、生效案件发回重审率、二审开庭率、执行中止终结率、违法审判率、违法执行率、裁判文书质量指标组成;审判效率指标 11 个,由法定期限内立案率、法院年人均结案数、法官年人均结案数、结案率、结案均衡率、一审简易程序适用率、当庭裁判率、平均审理时间与审限比+平均执行时间与执行期限比、平均未审结持续时间与审限比、平均未结持续时间与执行期限比指标组成;审判效果指标 11 个,由上诉率、申诉率、调解率、撤诉率、信访投诉率、重复信访率、实际执行率、执行标的到位率、裁判主动履行率、一审裁判息诉率、公众满意度指标组成。"

2. 法院案件管理对审判活动产生的积极效应。最高人民法院于2011年发布《全国法院2011年案件质量评估分析报告》，对于案件管理制度实行以来，有关审判公正、审判效率以及审判效果的指数都呈现上升，这说明案件管理制度促进了办案规范化。一方面，通过审判流程管理减少暗箱操作、审判拖延等问题，保障业务部门和司法辅助部门之间信息畅通，解决由于信息传递不畅导致的案件办理停滞的问题；另一方面，通过质量评估、绩效考核对法官办案质量进行及时监督，警示司法人员更加重视查明案件事实以及正确适用法律，防止案件瑕疵甚至冤错问题。

（1）案件管理具有服务职能。案件管理将各类案件集中统一管理，自立案至结案全面收集信息，在信息化平台上公开相应信息，让审判人员、辩护人、诉讼代理人、诉讼当事人更加便利地了解到案件走向，从而科学决策。首先，审判管理部门统一管理所有案件，具有全面性、专业性以及综合性。其次，由专门的案管部门统一管理，及时更新数据，便于实时动态的管理。最后，案件管理部门通过专业的人员收集分析数据，社会公众更能够及时发现问题，从而助益于司法过程公开。

（2）案件管理具有监督职能。首先，法院案件管理有利于阳光司法的落实。动态管理、实时监控和全程监督每一个案件，使得司法行为有序而规范。其次，作为独立于审判业务的第三方监督机构，监督更具独立性，从而也更加全面、及时、公正地监督案件办理过程。最后，作为专业化的职能部门，根据科学的评价标准制作统计报告，其做出的评判更具可信性。

（3）法院案件管理有利于提高司法公信力。案件管理部门负责案件信息公开、案件信息查询及律师接待等职能，是连接当事人与司法部门的纽带，一方面响应了司法公开的号召，另一方面向相关部门实时反馈群众的意见。

3. 法院案件管理对审判活动产生的消极影响。

（1）通过数字分析难以充分把握案件的具体情况，再加上标准本身存在问题，从而导致程序运行功效失灵。其具体原因有三：其一，审判流程管理高度依赖数据，通过人工智能机械分析，陷入了唯数据论[①]的误区。审判公正占40%、审判效率占30%、审判效果占30%，而三级指标

---

① 参见郭松《审判管理进一步改革的制度资源与制度推进：基于既往实践与运行场域的分析》，"唯数据论，是指一切以数据为准的思维方式"，《法制与社会发展》2016年第6期。

31个各有比重，有学者认为，"这种数字化的评估可能违反诉讼规律"①。其二，案件质量评估标准本身难以衡量相关维度，"调解率、人民陪审率以及简易程序适用率等指标"②，因我国陪审制度形式化、调解范围不明确、简易程序扩大适用本身就是对当事人公正审判权的削减等，导致案件质量评估异化。其三，案件质量评估关切个人奖惩，部分法官依据规则精心计算，忽略了案件质量。

（2）案件质量考核标准含混不清，不具备可操作性，同时案件质量评估标准混乱，各地方评估标准不同，难以达到政治效果、法律效果、社会效果的统一。

（3）在统一集中管理案件后，案件质量评估机构的设置各地不同。"有的地方由研究室管理、有的地方由审监庭管理、有的单独设立质量评估办公室单独管理"③。评估主体也各有特色。

4. 法院案件管理部门自身职能存在的问题。

（1）案件管理部门服务职能向控制职能转变。由于案件管理涉及立案、接洽当事人等事宜，与审判业务部门存在交叉，同样影响审判活动。同时，由于案件管理部门职责之一是评估案件质量，案件管理部门所掌握的信息直接决定了司法人员的晋升和评优，导致案件管理部门存在对司法人员的控制倾向。

（2）监督职能未能落实。一方面，就内部监督职能而言，由于案件质量评估标准不科学，评估主体不专业，而案件管理具有专业性较强的特点，案件质量评估自身的不足和配套措施不完善，案件管理部门的监督功能难以落到实处。常见的问题是，评估人员和办案法官的意见经常出现分歧，而文书审查又缺乏司法的亲历性，法官囿于绩效考核又必须按照评估标准进行，由此可推断，案件管理的监督功能难以取得实效。另一方面，就外部监督而言，由于我国当事人法律素养参差不齐，在没有专业人士引导和辅助的情况下，难以对司法活动做出中肯评价，从而出现数据虚化，难以反映真实情况，大众监督的职能定位也会随之落空。

---

① 参见张青《人民法院案件质量指标体系及其功能之异化》，《法律适用》2011年第2期。
② 参见蔡彦敏《中国民事司法案件管理机制透析》，《中国法学》2013年第1期。
③ 参见王琦《民事审判管理研究》，博士学位论文，南京理工大学，2011年。

二 我国法院案件管理机制评析

(一) 我国法院案件管理机制的独特之处

法院的案件管理虽然属于法院系统内部的一种运行机制,但也是一种具有公共性质的制度建构,因而有必要在对我国法院案件管理运行情况了解的基础上,认识和把握我国现行法院案件管理机制的独特之处:

1. 法院案件管理机制的建立和运行的推动方式。从我国现行法院案件管理机制实际运行情况看,法院案件管理机制的建立和运行的推动方式是自上而下和外部因素推动的结果,而非法院自身自觉的行为。我国当今案件管理方式是由最高人民法院及上级法院通过司法规范性文件及内部规定等形式,在下级法院中逐步推行,而非由下级法院经过实践摸索而实行的。同时,我国现行案件管理制度的建立,也非法院审判实践的现实需要,而更多表现出来的是司法改革方针、政策和顶层总体设计的基本要求、公众对司法改革的期待以及理论研究的不断探索等因素促成的。

2. 法院案件管理机制运行的维持方式。从现今法院案件管理机制运行的维持方式看,法院的案件管理依赖政策和组织机构而非系统的法律规范。从上述"法院案件管理规范体系"我们可以看出,我国现行案件管理主要通过法院系统自上而下推行的司法规范性文件、法院系统内部的规定和办法等,而非由全国人大及其常委会制定的专门法律规范加以推动。同时,党领导司法工作属于一项根本的司法工作原则,因此,在法院案件管理中,党的十五大以来尤其党的十八届三中、四中全会通过的司法体制机制改革的各项方针、政策和基本原则,成为我国法院案件管理机制建立和完善的根本遵循,有着重要的、无可替代的作用。但应该看到,就法院案件管理制度的各类规范如何与党的总体司法体制机制改革的大政方针高度契合和统一,还存在诸多现实的不足和缺陷,尚需在深化法院系统的体制机制改革中逐步加以解决。

(二) 我国法院案件管理机制存在的突出问题

1. 法院案件管理的宏观问题。所谓"宏观"就是从整体的制度结构、组织体系、案件管理的实效等整体性的方面去透视我国当前法院案件管理存在的问题。从宏观层面来看，我国法院案件管理主要存在以下三个方面的问题：

（1）从制度建设看，尚未建立一套完整的有关案件管理的综合法律规范。从我国涉及法院制度的法律规范性文件来看，并没有一部法律（广义的"法律"）专门规范法院的案件管理，只是在一些司法解释、司法规范性文件及法院系统内部的规定中做了规制。这种统一法律规范的缺失导致法院案件管理无统一规章可循，全国未形成一个通行的管理模式，各地法院案件管理的标准难以统一，差异较大。这一状况不仅影响法院案件管理应遵循的普遍司法规律，也导致各地法院案件管理各自为政，法院管理中的人为因素和体制外因素的干扰较为严重，最终影响法院案件管理所应实现的审判公正和效率的目标。

（2）从组织体系看，我国法院案件管理的组织机构也存在问题。从法院案件管理的组织机构看，主要有如下几个问题：一是机构交叉重叠，同一法院中有多个机构涉及案件的管理，既浪费了司法资源，又不利于司法效率的提高；二是在有多个机构进行案件管理的情况下，各机构权限和职责不明确，致使案件出现问题时难以追责；三是人员配备不足，各级法院案件管理机构的人员配置有限，不足以有效完成工作，案件管理的日常操作难以为继；四是管理手段、资源、信息等存在缺陷，没有实现有效管理。

（3）案件管理的整体效果未达预期。从法院的案件管理总体效果看，管理形式意义大于实质意义。"对于'重实体轻程序'观念的矫枉过正，导致在司法实践中出现了审判管理重程序性监管有余、案件实体管理重视不足的问题。"目前，多数法院的审判管理体系中，对审判流程等程序性事项的管理规定已经颇为完善，而对法官自由裁量权的行使、案件质量评估等实体事项的管理机制则仍处于摸索完善阶段，还不甚成熟。

2. 案件管理存在的具体问题。法院案件管理在微观层面的问题，我们可以从以下几个方面进行理解和阐述：

（1）案件管理领域不够均衡。这种领域上的不均衡，可以说是三个方面的"不完整性"：一是对案件管理的领域没有实现全覆盖。现今法院的案件管理大多集中于立案管理、案件分配管理、法律文书管理、审判监督管理、法律文书上网管理、案件材料归档管理等方面。而对诸如案件的审判与调解分离、案件的程序分流等方面的关注不足。因而，当今法院案件管理在整体上呈现覆盖未完全，使得部分本应由案件管理承担的工作没有做好，或由审理法官、审判庭承担，加重了审判法官的工作任务，不利于案件的高效、公正、合理的裁判。二是偏重于特定领域的案件管理。由于案件管理整体的覆盖不全面，使得法院案件管理偏重于具体事务，没有对案件管理综合、全面地"用力"，使得案件管理在特定领域有问题而影响案件管理的全局，不足以使整个案件管理机制良性运行。三是某一领域的案件管理标准不合理。例如，在案件分配管理中，分配的标准不合理，使得各个承办法官的负担不同，这致使案件管理中司法资源配置上的不合理，也导致案件管理的公正性受到质疑，最终影响案件办理的质量和效率。

（2）案件管理方法存在问题。我国法院案件管理主要采用三种方法：一是量化方法，包括数据统计和百分比等具体方法。这些方法的运用，一方面具有简单易行、可操作性强等优势；另一方面，也有僵化、评价不全面、甚至带有"欺骗性"等缺陷，并不能较好体现案件管理的基本要求。二是竞赛方法，即最具代表性的打分评比排序方法。这种方法是一种创造竞争环境的方法，但也有导致恶性竞争的危险，使部门间或同部门的人员间缺乏良好合作，既浪费了司法资源，也不利于部门之间协同配合。三是反馈方法。这种方法主要在于对法院业务部门及其承办案件法官办案情况的通报警示。但有效的反馈方法应该是，除了过错呈现，还有过错改正，更重要的是良好成果的交流，在互相学习中共同前进与进步。

（3）案件管理责任主体问题。所谓责任主体，是指案件管理过程中应由谁来承担责任的问题。我国现行法院案件管理责任主体的确立存在以下问题：一是组织领导者是谁。法院院长或院级机构在案件管理中的责任并不明确，因而法院案件管理的领导责任没有落实到位。二是管理者是谁。案件管理职能部门并不明确，或当有多个部门涉及案件管理时，各个职能部门的权限与职责也没有划分清楚。三是实施者是谁。存在多个业务部门涉及案件管理时，到底有谁来真正负责案件的管理并未有明确。

（4）案件管理的约束力存在问题。案件管理中的约束力不足主要表现在以下三个方面：一是奖惩机制不完善。我国多数地方各级法院案件管理中没有完善的奖惩机制，特别是奖励机制的缺失大大地限制了案件管理部门及被管理者的积极性。二是案件管理的约束手段是空白。在整体奖惩机制不完善的前提下，案件管理部门与人员的奖惩手段也极其简单与不足，通常予以通报批评或表扬、警示等，这些手段并不足以产生案件管理的拘束力。三是党纪政纪处分手段在案件管理中的不足等。由于整个奖惩机制、奖惩手段都不完善，党政处分也不足以满足实际的需要。

（三）我国法院案件管理机制存在的整体困境和难点

除了上述我国法院案件管理存在的问题，现行法院案件管理机制建构还存在如下整体上的困境和难点：

1. 法院各级领导层和法官对案件的思想认识问题。我国法院案件管理机制存在的整体困境和难点，首先来自法院各级领导层和法官对案件的思想认识存在问题。对法院的领导层来说，一方面案件的管理是他们行使司法行政权的方式之一，彰显他们的领导力；另一方面又是其职能工作的重要内容。对于法官而言，法院案件管理方式是影响其办案质量和效率的非法律因素，承办法官可能比较在意案件管理机制的运行，但承办法官自身的工作压力较大，致使其并不会花太多的时间、精力关注案件管理问题，因而他们对案件管理本身的影响和反制约能力有限，进一步加剧了法院案件管理的形式化，难以真正为审判服务。

2. 法院司法组织体系改革对案件管理带来的影响。司法体制改革正在如火如荼地进行之中，其范围可谓"多方面、宽领域、深层次"的。但当今推行的司法体制改革的重要举措对法院案件管理带来了重大影响：

（1）员额制。这一制度使得原来是法官，但不参与案件审理的人员——其中包括案件管理法官，被排除在入额法官之外，使案件管理法官的积极性受到打击，进一步影响其有效履行案件管理职责。

（2）司法责任制（错案追究制）。司法责任制将法官办案责任细化为办案绩效责任、审判消极责任和违法审判责任，明确了追责的程序和实体性规定。一些法院组建了专门的案件评查委员会等机构，对案件审理等工作提供独立、公正、权威、客观的案件质量评查意见，建立了科学合理的法官绩效评价体系，成立了法官惩戒委员会，完善了法官惩戒制度，实现了评价机制、问责机制、惩戒机制等司法责任体系。一般来说，司法责任追究主体分为各级法院纪检监察部门、法院的审判管理组织、各级监察委员会、各级法院的院长和审判委员会；追责的启动机制为上级法院设置互联网举报系统，采用一种预报—案件受理—分配—定期处理的流程进行处理；具体追责的流程为：固定线索—案件评查—做出结论—错案惩戒。司法责任追究制有利于法官审慎地使用手中的裁判权，但追责机制实体性和程序性条件并不完善，法官普遍面临较大的追责压力，可能因为需要承担责任而影响其履职的积极性和创造性，造成法院案件管理的现实困难，阻碍案件管理机制的进一步发展。如何完善错案责任追究制度，从审判工作的实际出发，明确错案责任追究的界定标准，并以此为抓手提升办案法官的司法责任和履职能力，科学合理地界定错案和错案责任追究，把法官因故意违法、重大过失与没有故意或者重大过失进行区分，把应当追究责任的事由和一般性的工作差错区别对待，可能是推动法院案件管理工作落实的重要环节。

（3）以审判为中心的诉讼制度改革。审判为中心不仅强调公检法三机关的案件办理以法院的审判为中心，也强调法院的案件管理也要以庭审为中心，案件管理要为案件的审理为服务。对于审判中心的概念，有学者从国家的角度出发以此凸显国家公权力在整体上的强制化效能，同时兼对人权保障加以强调；也有学者从宪法和法律规范的层面进行拓展，在协调司法机关之间关系的前提下，旨在突出法院的核心地位以及该制度对防范冤假错案的重要作用；另有学者重点强调其他诉讼阶段的实施主体所开展的诉讼活动要服从于审判活动，以审判为中心。① 尽管学界对"审判中心主义"的意涵界定有所差别，但以审判为中心的组织构造内核是庭审的实质化，即在审判组织内部，组织目标和组织管理都应当围绕着审判工作而展开，而在与公检法的外部组织关系中，弱化现有三机关之间的配合关系，强化三机关的相互制约和监督作用。所以，法院案件管理如何适应并服务于以审判为中心的诉讼制度改革则是当前法院案件管理机制重构的重要课题。

（4）法院人员分类管理改革。根据工作性质不同，将法院人员分为法官、审判辅助人员、司法行政人员三类不同职能的人员结构，实行区别对待的人员管理制度，对法官实行单独职务序列管理，对审判辅助人员和司法行政人员则按照综合管理类公务员等规定进行管理。实行分职、分类的管理机制、职业准入机制、职业培训和职业保障制度。法院系统这项组织体制的改革对案件管理制度的影响在于，一方面对管理对象的范围和条

---

① 参见孙长永《审判中心主义及其对刑事程序的影响》，《现代法学》1999 年第 4 期；樊崇义《解读"以审判为中心"的诉讼制度改革》，《中国司法》2015 年第 2 期；顾永忠《"庭审中心主义"之我见》，《法制资讯》2014 年第 6 期。

件需要重新界定，从而影响案件管理适用的标准和方法；另一方面对案件管理者本身身份确定、机构设置和职能履行也产生相应影响。

（5）审判权运行机制改革。部分试点法院结合员额制改革，取消院、庭长案件审批和裁判文书的签发制，还权于主审法官和合议庭，减少和弱化审判委员会讨论个案的功能，将讨论案件限定于在法律适用等疑难问题处理上，弱化业务庭室管理职能，减少层级，建立无关人员违法过问、打招呼等影响案件审理的存档备查制度，避免不当干预案件审理。这一改革措施与法院内部去行政化的改革方向一致，实际上涉及法院案件管理体制重构问题，需要解决法院内部独任庭、合议庭与院庭长、审委会及上级法院司法权运行关系的问题。

3. 法院案件管理的局限性。我国法院案件管理机制的局限性主要可分为：一是法院审判职能履行的复杂性对案件管理带来的困扰。在当代法院审判实际工作中，严格依法办事属于应遵循的基本原则，但法院的司法工作也需遵循党和国家的方针、政策和社会公认的价值观，强调审判活动法律效果、政治效果和社会效果的统一性，使得司法审判难以完全依据法律规则进行裁决，需要考虑诸多非法律因素，进而影响案件办理的质量和效率上难以真正做到进行独立的"法律评价"。二是存在司法行政权干预审判权的风险，可能在一定程度上影响法官的独立性。由于法院系统的审判管理权与审判权没有进行合理分离，在现行法院案件管理机制之下，审判法官对案件承接、审理和裁判过程，实际上均受到法院内的各级行政化管理部门及负责人影响和干预，甚至法官在开始审判前可能需要就案件的处理与法院各级行政管理组织进行讨论或协商，承办法官难以独立自主地对案件进行裁判，从而出现判者不审、审者不判的现象。

4. 审判管理权与审判权关系的处理存在一定困难。长期以来，我国审判机关采用行政机关的管理方式和运行机制，司法具有较强的行政化色彩。然而，行政权和司法审判权在本质上是两种性质不同的权能，行政权运行的主动性、应变性、先定性、主导性与司法权的被动性、中立性、终极性显然不相适应。司法行政化表现为审判管理机制的行政化，即法院内部司法权配置的行政化和法院审判管理的行政化。法院审判管理的行政化是法院管理中存在的突出问题，是制约司法改革整体进程的一大瓶颈，是审判管理饱受诟病的重要根源。不可否认，加强审判管理需要运用一定的行政权力，但不是通过对司法行政权的强化来实现的，而应该通过对内部多层级式行政方式的弱化,以正当程序的理念统筹各项审判管理权的行使,将审判管理权对审判权的行政"控制"理念转变为服务理念,使之真正成为相对于审判权而言的附属性权力。我们认为,破解审判管理的行政化有如下可行路径:①科学界定"两权关系"(即审判权和审判管理权),明确审判管理权为审判权的附属性派生权利;②将审判管理权各要素进行科学地分级、分层细化,形成结构合理、逻辑严密、成效显著的审判管理权程序化、规范化、体系化运行机制;③积极探索审判管理权运行规律,充分运用审判工作思维来开展审判管理工作。

5. 法院案件管理与审判程序协调也有一定困难。

(1) 法定的审前程序、庭前会议与案件流程管理的衔接问题。案件流程管理主要是通过对立案、受理、送达、排庭、开庭、保全、审理、结案、归档等不同的诉讼阶段进行跟踪管理。通过设置合理的民事审判流程将案件在开庭审理前逐渐进入有序的流程通道,不仅增强审理过程的公开度和透明度,也有助于当事人诉权与法院审判权的彼此制约,从而促进审判活动的公正公开公平的开展。审前程序具有很强的审判管理色彩,立法只是为审前程序提供了一个框架。要达到审前程序的目标,还必须在立法的基础上,具体地开展相关活动,交换证据、固定争点、完成回避程序等,尤其是对民事案件,要开展调解等活动。从我国的立法来看,这也是为审判管理留下的空间,立法仅仅提供了一个粗略的规范,具体活动的展开,完全可以纳入审判管理的框架。① 我国新修改的《刑事诉讼法》《民事诉讼法》都对审前程序、庭前会议等做了相应的规定,为完善审前程序提供了立法依据。例如,2012 年新修订的《中华人民共和国刑事诉讼法》第一百八十二条第二款规定:"在开庭以前,审判人员可以召集公诉人、当事人和辩护人、诉讼代理人,对回避、出庭证人名单、非法证据排除等与审判相关的问题,了解情况,听取意见。"最高人民法院关于适用《中华人民共和国刑事诉讼法》的解释第一百八十三条规定,案件具有下列情形之一的,审判人员可以召开庭前会议:"(1) 当事人及其辩护人、诉讼代理人申请排除非法证据的;(2) 证据材料较多、案情重大复杂的;(3) 社会影响重大的;(4) 需要召开庭前会议的其他情形。召开庭前会议,根据案件情况,可以通知被告人参加。" 2012 年修改的《民事诉讼

---

① 参见江必新《域外案件管理改革的借鉴与启示》,《比较法研究》2013 年第 4 期。

法》第一百二十五条至第一百三十三条以及 2015 年修改的《民诉法解释》第二百零八条至第二百二十七条对民事审前程序和庭前会议做出了具体规定，《民诉法解释》第二百二十四条规定："依照民事诉讼法第一百三十三条第四项规定，人民法院可以在答辩期限届满后，通过组织证据交换、召集庭前会议等方式，作好审理前的准备。"该条款确立了我国民事诉讼中的庭前会议制度，是《民诉法解释》充分关注民事审前程序的功能和价值的必然结果，有助于保障庭审活动的顺利进行、实现"庭审中心主义"。

  上述这些法律的规定明确了开庭前准备工作的具体操作流程，但从审判流程管理的角度看，在流水线运行的实践中，案件流转过程中的配合和衔接产生了一些问题。首先，一审案件提起上诉在流转过程中的审判流程管理成为真空地带。在案件从一审法院上诉移转到二审法院的过程中，对二审法院而言，案件尚未进入审判管理系统，二审庭审准备程序还未开始，审限还未计算；对一审法院而言，案件可能还处于结案归档或移出环节。对此种情况，两级法院的审判流程管理工作都处于"失灵"状态。一审上诉案件的流转前问题长期以来成为案件管理工作的难点、重点，常常会出现当事人已将上诉状递交半年甚至更长时间，但二审法院还未接到一审法院送达的诉讼材料现象。

  其次，庭前准备程序与正式庭审的协调问题也不容忽视。我国审判流程管理制度从"大立案审判流程管理模式"起步，该模式采取从立案、受理、送达、保全、排期、调解等庭前准备程序一直到案件评查活动管到底的方式。由立案庭统一负责的庭前准备程序，不可能有效切断当事人与承办法官的庭前接触，也不可能存在现代意义上的时间节点管理、审限管理、流程监督等。对于案件具体承办法官而言，因为完全不介入庭前准备程序，其对案件具体情况知之甚少，常常导致不能聚焦争议焦点、庭审拖延、扯皮等现象，既损害了司法效率，也不利于司法公正。随着科技社会的发展，部分法院对"大立案管理模式"进行了不同程度的改革，例如将审判流程管理的职能从立案庭中进行分离，专门成立审判管理办公室。就审前程序而言，审判管理办公室因与其他庭室平级，可以对立案庭的工作进行监督管理，同时由审判管理办公室开始与当事人和其他社会大众进行对接沟通，既方便了当事人，也解放了业务庭室的承办法官，更是实现了部分隔离人情世故对具体承办人的影响，保护了司法公正。当然改革也导致的新的情况发生,在"案多人少"的大背景下,随着立案登记制度运行的不断成熟,在审前程序中大量需要采取"立案调解"、"诉前调解"以及"程序分流"的方式将部分案件在庭审前进行分流处理。例如不少法院采取设立的"速裁中心"的内设机构,通过纠纷处理的分流活动,充分采用调解、督促程序、速裁程序等方式进行快速便捷的纠纷处理,这些出于分流目的的纠纷解决机制,让部分案件没有进入正式的庭审活动,但是这些案件亦有送达、保全、管辖权异议、证据交换等审判的准备活动存在,也就意味着审判流程管理对该部分庭前的准备程序也应该实施流程管理。

(2)案件管理替代或影响二审程序的问题。"长期以来,法官管理基本上套用普通公务员管理机制,在业务上也带有浓厚的行政色彩,具体到法官管理机制考核上,案件改判率和发回重审率体现较为明显。"[①] 在我国的刑事审判活动中,各级法院内部普遍存在主管院长、业务庭庭长审批案件的行政化运作管理体制,具体从事审判工作的承办法官不能依照法律规定独立地对案件做出处理决定,而受制于院庭长的审批制度,服从于审判委员会的决定,陷入一种"审者不判、判者不审"的怪圈。在上、下级法院之间也存在"内部请示汇报"制度,即下级法院对于比较敏感、重大、疑难、复杂的案件,在做出裁判前以各种方式向上级法院请示汇报,以便和上级法院取得裁判的一致性。绝大多数经过内部请示的案件,二审法院都做出了维持原判的裁定,使二审法院审级制度被架空,对一审法院失去了应有的监督作用,对当事人上诉审的审级救济作用落空。加之目前法院普遍推行司法责任考核制度,案件上诉后如果被改判或发回重审,会直接影响到承办法官的晋升、晋级、奖金和评优等,造成一审法院法官们想尽办法避免案件被改判或发回重审的可能。在这种情形下,当事人的上诉常常流于形式,没有获得任何审级利益,实质上是对当事人上诉权利的剥夺。案件请示汇报和责任制考核制度弱化了二审的纠错功能,把上、下级法院之间的监督与被监督关系变成了行政色彩浓厚的领导和服从关系,导致了一审程序虚化与二审程序形式化。

(3)将上诉率、发回重审率、改判率作为考核一审法官质效的重要依据。对于上诉案件而言,二审维持一审法官裁判结果比例较高。维持的原

---

① 参见田平利、雷霆《从差异到融合:统一审判管理体系下的案件质量评估与审判质效考核》,载《审判管理研究与参考》第3辑,法律出版社2015年版。

因是多方面的，有案件本身的事实认定、证据采信、法律适用的原因，也不可避免有其他因素的存在；如果不分青红皂白，只要一审案件上诉，便认为一审裁判本身是有问题的，则一律在绩效考评中采用扣分、排名靠后的考核指标体现，不仅对一审审判活动不够尊重，而且倒逼一审法院采用各种手段动员当事人不上诉，抑或采取做出裁判前积极主动地向上级法院进行请示汇报以便求得同意和支持。对于二审发回重审、改判的案件而言，不可否认，很多情况确实是由于存在事实认定错误、法律适用不当等原因，但也有很多情况是由于二审中当事人重新提交了新的证据，或者案件本身存在较大争议，不同法官对问题的看法不同甚至是二审法官的认识错误造成的。如果不考虑其他因素的介入而一味地将发改率作为评判一审法官案件办理质量的依据，显然会导致以案件管理替代或影响二审程序的问题。

三　我国法院案件管理机制的建构

（一）法院案件管理的目标确定和基本思路

1. 案件管理的基本目标

（1）尊重裁判权的固有属性前提下实现案件管理的科学性。案件管理的任务是以科学的方法，在案件审判中实现高效率、低成本的公正与恰当地解决纠纷。公正是司法的生命线，案件管理要符合司法规律，保证其公正性。"应该在标准化考核的同时，注意对案件的类型化、差别化管理，针对各种案件的不同特点，灵活设计审判管理模式，以达到审判管理应有的宏观调控作用，实现大规模地集中化管理。"[①] 案件管理的科学性不能违背客观规律，干扰法官的独立审判权，案件管理是一种规范、制约、优化机制；案件管理要在稳定中机动灵活，适时排除那些不合时宜甚至错误的管理行为；案件管理也要符合司法的需要，保障司法公平与司法效率。需要始终牢记的是：案件管理只是手段，促进司法公正与效率才是目的，不能为了管理而管理，追求管理的形式而忘记其实质。案件考评中要全面考评，我们需要数据但不能仅依靠数据，我们的绩效考核还需要其他的非量化的要素。

（2）案件管理的重点在于合理配置审判资源，实现公正和效力的目

[①] 参见王晨《审判管理的性质与体制机制建构》，《人民司法》2014年第5期。

标。一是建立科学的人员分类机制。建立以法官为核心、以审判为中心的"分类科学、结构合理、分工明确、保障有力的法院人员管理制度,将法院人员分为法官、审判辅助人员和司法行政人员,实行分类管理"[①]的制度。二是优化职能部门设置。在司法资源既定的情况下,通过优化组合,提高司法效率、保障司法公正。要实现司法资源优化,需要进行科学测评,因地制宜的配置司法人员。通过部门与人员调整,将人员配置到到合适的岗位,实现"人尽其能",提高司法效能。三是优化案件分流机制。优化案件分流机制也是降低司法成本、提升司法效率的重要途径之一。通过对案件的整体把握,使案件的适用程序与案件实际情况相适应,做到繁简分流,做到不仅公正而且及时解决纠纷,保护当事人合法权益,同时也提高了司法效率。

（3）案件管理注重对管理理念和基础的改造。现今法院案件管理存在的最大问题就是管理主体不明确,形成"多部门执法"的乱象,这种境况既不利于案件统一管理、增强效率,也不利于责任追究等。在审判中心主义与庭审实质化的司法改革下,健全审判权运行机制,确保独任庭法官及合议庭独立依法行使审判权,改变过去"审者不判,判者不审"的违反司法亲历性原则的做法。故而案件管理首先是更新管理的理念,形成"管理促进审判、审判指导管理"的态势;其次是加强案件管理的机制构建,调整原有的案件管理模式,改变过去"各自为政"的状态;最后是细化办案流程、明确主体责任、加强可视化操作,"建立全程留痕、相互监督、相互制约的机制;深化司法公开,完善社会监督机制"[②]。

2. 案件管理的基本思路

（1）案件管理权与审判权的适当分离。法院要解决好案件管理的问题,尤为需要处理好案件的审判权和管理权的关系。根据宪法、《人民法院组织法》等的规定,案件的审判权是专属于审判机关即法院的独有权力,而审判权在实际运行中又表现为法官通过适用法律独立审判案件的行为,其"具有中立性、公开性、程序性、专业性的特征"[③]。案件的管理

---

① 参见王国侠《基层法院审判资源管理现状及优化路径》,《上海政法学院学报》（法治论丛）第 30 卷第 4 期（上）。

② 参见杨宜中、吴美来《审判权运行机制改革与司法公开背景下的审判管理专题研讨会综述》,《人民司法》2015 年第 3 期。

③ 参见王国侠《基层法院审判资源管理现状及优化路径》,《上海政法学院学报》（法治论丛）第 30 卷第 4 期（上）。

权是为了保障审判的效率、规范、公正等而产生的衍生性、从属性的权力,其主要目的是通过对审判权行使的组织、管理、监督和制约,促进审判活动的规范、高效、公正和廉洁,保障司法的统一性和有效性。"审判管理权与审判权的本质属性、行使主体、作用领域、运行机制均不同,规范'两权'的关系,就是既要保证审判权的依法公正行使,又要通过审判管理权对审判权的行使形成适当的约束监督机制,在司法'去行政化'和避免审判管理'边缘化'之间寻求恰当的平衡"[1]。

(2) 限制案件管理权对案件实体处理的干预。从当前实际情况看,人民法院案件管理过程中确实存在通过行政化的手段和方式干预案件的实体处理,甚至决定案件实体裁判的现象,案件审理普遍流于形式化或"走过场"。基于此,有必要对案件管理权进行一定的限制,杜绝以案件管理替代案件的审理,以法院内部的行政权(案件管理权)干预司法审判权的倾向,使法院的案件管理对审判活动起到真正的正向监督和制约作用,切实促进案件庭审的实质化进程。

(3) 案件管理的实质化。案件管理是为案件的审理和裁判服务的,然而,在司法实践中,案件管理存在为管理而管理的现象。案件管理中做表面文章,只图形式和程序正当,只满足于数据和指标的量化要求,而忽视审判运行的实际质量和效果情况,浪费了法院案件管理的资源,而未实现法院案件管理的预期目标。所以,我们必须回到案件管理的服务性、有效性、合理性上来,实现案件管理为法院合理而有效管理案件服务、为庭审服务、为案件的公正和高效处理服务的目标。

(4) 案件动态管理与静态管理相结合。所谓案件的"静态"管理,就是法院在案件管理中要符合其规范化的要求,实现"按规定办事";而"动态"管理则是指在案件管理中除了"依法办事",还要根据现实的实际情况机动调整案件管理,不能过于刻板、僵化、官僚。要实现案件管理"静态"与"动态"的结合,及时根据现实需要,进行动态调控。应该将这种管理理念扩展到案件管理的各个方面。例如,对案件质量的动态管理,可以通过定期通报制度,分析某一阶段影响案件质量的主要因素,对案件质量方面存在的共性问题进行通报,从而引起有关人员的注意。

(5) 案件管理的常态化、规范化。审判活动是一个连续动态的过程,

---

[1] 参见王国侠《基层法院审判资源管理现状及优化路径》,《上海政法学院学报》(法治论丛) 第30卷第4期 (上)。

每一个环节都与案件的质量效率有直接联系。提升审判质效，首先要在加强审判流程管理上下功夫，着力推进"精细化管理"，对立案受理、案件移送审判庭、延长及扣除审限审批、开庭、合议、做出判决、宣判、法律文书校对、印刷、送达、归档、文书上网、上诉案件移送、调卷等环节实行节点控制，每个环节都要明确完成时限，保证流程各个环节在分工明确、紧密衔接的状态下受到专门管理部门的监督和其他环节的制约，实现案件审理在程序层面的公正和高效。应按照"简案出效率、繁案出精品"的原则，抓好立案和审判环节的繁简分流，让一部分案件走速裁程序，让追索赡养费、抚养费、抚育费以及拖欠农民工工资等事关弱势群体的民生案件走"绿色通道"，避免法律事实简单的简易案件再走普通程序，导致不仅耗费时间，也耗费有限的审判资源。

审判管理对审判活动的规制，既有制度上的规制，也可以通过对类型化案件审理程序和实体裁判的指引来加强对审判活动的规制。实践中，交通事故、民间借贷、损害赔偿等是民事纠纷的主要类型，故意伤害罪、交通肇事罪、盗窃罪等是刑事审判的主要罪名，如果能把这些案件整理出相应的审理规范，进行分类指导，不仅能提高办案效率，更能保证案件质量。应当进一步加强类案审理的研究，及时研究出台相关审理规范，定期编发指导性案例，加强对案件审理程序和实体裁判的指引，以促进整体办案水平的提升。

（二）法院案件管理的规范化建设

法院案件管理作为法院内部的机制建设，由法院系统进行制度化和规范化建设，制定和出台相应的管理规范文件是合理的。从我国法院案件管理规范化建设的实际需要出发，可以考虑构建如下案件管理规范体系：

1. 最高人民法院制定统一适用的案件管理规范性司法文件。虽然法院系统审判的刑事、民事和行政等三类案件适用不同的诉讼程序及相应的诉讼法律规范，但就法院案件管理领域而言有着共性或诸多相似之处，它们有着共同遵循的案件管理的固有规律，案件管理的定性和定量标准以及案件管理的组织机构和管理方式也趋于一致，由最高人民法院统一制定适用于上述三类诉讼案件的管理规范性文件是可行性的。当然，最高人民法院制定的统一规范性司法文件应具有相当的弹性，应该属于案件管理的原则性规范，而对于涉及三大诉讼案件管理的具体标准、程序和方式等操作性的问题，可以由最高人民法院再行制定相应的实施办法，从而使最高人民法院形成的案件管理规范体系既具有统一性也具有相应差别性的特点。

2. 省级人民法院制定案件管理的规章制度。在最高人民法院统一的案件管理规范性司法文件及三大诉讼案件实施细则的基础上，省级人民法院可以根据本行政辖区的司法工作的实际情况，制定相应的实施规则或规定。具体包括制定本辖区适用的统一案件管理实施规则或规定，以及三类诉讼案件管理的实施细则。省级人民法院也可根据案件管理存在的具体问题或重点需解决的问题，就案件管理的相应领域如案件质量评查、法院绩效考评等做出专门规定。

3. 其他各级法院制定实施细则或规定。其他级别的普通法院和专门法院，可根据辖区的地域特点、业务需要等，在上级法院制定的规范性文件基础上，制定在本辖区适用的案件管理实施细则以及案件管理专项领域的规定或办法等。在特别需要的情形下可以对上级法院的规定进行变通，但"变通"只是例外。

4. 法院案件管理规范体系的协调。一是最高人民法院的案件管理规范性文件与人大立法的协调。最高人民法院出台的这类规范性文件需符合人大制定的刑事诉讼法、单行法律规范以及立法解释的基本精神和原则，尤其需遵循人大立法确立的审判组织与法院内部管理组织的权限划分、程序法定以及审级监督等基本原则。二是最高人民法院案件管理规范性文件与司法解释及其他司法规范性文件的协调。除须遵循最高人民法院有关诉讼程序的基本法律规范外，与案件管理密切相关的法院体制机制改革的各类司法规范性文件的基本原则和精神也需得到遵循。三是地方各级法院案件管理规范与最高人民法院案件管理的司法规范性文件的协调。省级及以下各级法院的出台的案件管理规范性文件需始终与最高人民法院规范性文件的精神和原则保持一致，地方各级法院对案件管理制度的灵活规定或变通也需保持在一定限度之内。

（三）法院案件管理组织体系的调整

法院通过设立新的专门案件管理机构，既需要处理、协调原有的法院内设机构与案件管理部门职能运行的关系；也要处理与其他有关机关的对接工作，避免原先的平衡被打破。

1. 法院外部组织体系的建立

（1）上级法院的管理。虽然我国上、下级法院之间是监督与被监督的关系，上级法院不得直接干预下级法院的案件审理，但上级法院可以通过规则之治、审判监督等方式管理指导下级法院的案件管理。上级法院通过上述方式对下级法院进行案件管理的同时，也可通过对下级法院组织人事的任免、人员培训等手段发挥对下级法院案件管理的间接指导作用。

（2）同级政法委的监督。同级政法委是党领导同级政法机关的组织机构，对法院的案件管理也负有领导监督职责。其对法院案件管理的领导主要是方针、政策、思想的领导，也包括通过协调政法各机关的组织和业务工作，优化法院案件管理的外部环境与机制。

2. 法院案件管理领导机构

（1）院党组。在我国，法院党组有其不可替代的重要作用：一方面，法院党组是法院内部的最高领导组织，是法院科层制的顶端，统管法院政治思想、组织人事、重大审判事项以及行政管理事项等工作。另一方面，法院党组是与同级党委、政法委、上级法院党组、同级人民代表大会进行联络的枢纽，党的路线、方针、政策的传达机构，起着上传下达的桥梁作用。法院的财政问题、人员编制问题、涉诉信访问题等都需要同级地方党委、政府的支持，而这些工作都是通过以法院院长为首的法院党组安排协调的。法院党组在案件管理运行中主要对案件管理的方针、政策和基本原则的确立，具体管理制度、方案的落实和实施加以指导和监督。

（2）院长、庭长。"院长、庭长是审判管理中的桥梁和纽带，审判管理要服务院长、庭长。"① 在办案部门建立以审判庭为中心的案件分配和案件管理制度、完善庭务会议制度，实现对疑难、复杂、重大案件的质量监控，统一司法裁判尺度。院长、庭长除以听取汇报、参加案件研究、审签法律文书等方式对个案进行把关外，主要对审判的质量和效率、法官业务素质以及审判绩效考评等进行把关和监督。

（3）审委会。审判委员会是法院内部最高审判组织，"负责研究具有普遍性的法律问题和审判管理宏观决策，审判管理服务审委会主要表现在使其通过听取审判运行态势分析报告、案件质效评查报告、专题问题探讨等方式，加大其对审判管理有关事务的研究力度，准确深入把握审判运行

---

① 参见王晨《审判管理的性质与体制机制建构》，《人民司法》2014年第5期。

中存在的新情况、新问题、新趋势,及时分析成因,总结经验,查找不足,并做出相应的决策"①。

3. 法院案件管理职能部门

(1) 审判管理办公室。审判管理机构在性质上是法院案件管理的办事机构,主要是具体实施审判管理工作。其职能包括:关系全院审判执行业务的综合性工作,协助院庭长进行审判管理及审委会决定的贯彻落实,审判流程管理、程序管理及实体管理,案件督查、督办、评查、审判绩效评估,司法调研、司法统计,法律适用研究咨询、案例指导,以及审判管理的其他事宜。

(2) 立案庭。立案庭是案件管理的"首站",其承担着案件"初次分配"的使命。因此,其在整个案件管理机制中有其初始的、不可替代的作用。立案庭应当对所立案件进行科学归类,在此基础上根据案件审理的难易程度、案件的大概耗时、案件的性质归属等将案件分配给各业务庭。这是一个细致、劳心劳力的工作,需要有相应的人力、物力、财力等予以支持。

(3) 人事部门。人事部门在法院的案件管理中的功用是:一是安排人员进行案件管理。这里需要解决的是安排能完成该工作的人力资源、适于该工作的人员等方面。二是对案件管理人员进行规范考核,并在有效考核的基础上决定有关人员的去留、升降、奖惩等。

(4) 宣教部门。宣传部门在法院案件管理中的工作主要有三:一是对案件管理人员的违纪、违法、懈怠、渎职等行为进行通报。这是发挥对案件管理人员进行警示、批评、教育等惩罚性功能。二是对一些先进人员进行公开表扬,确立榜样、标杆;同时有利于对其他相关人员的激励。三是对有关成功经验、良好机制等进行宣传。这既有利于各个法院及有关人员学习、改进自己的案件管理的不足,也有利于对本单位的机制与特色对外呈现,使民众得以了解及更好地运用。

(5) 司法改革机构。司法改革机构着重完成以下工作:一是确立和实施法院案件管理机构的方案,旨在顺利推进法院的审判工作,又能有效完成案件管理工作。二是明确各职能部门的权限与职责,在各司其职的基础上良好合作,以快捷、高效的方式推进法院的各项工作。

---

① 参见王晨《审判管理的性质与体制机制建构》,《人民司法》2014年第5期。

（6）档案室。案件的最后归档作为案件管理的收尾工作，对法院开展事后案件质量和效率评查，以及对法院管理对象的绩效考评等均有重要意义。应当强化和提高案件归档的意识，档案室的案件材料归档需注意归档的科学性和规范性，建立案件归档、管理和运用的一系列制度。

4. 法院案件管理实施机构

（1）业务庭。建立业务庭的良好工作机制，通过明晰业务庭的职责，保障业务庭真正担负起对承办法官审判管理监督职能，使其落实让审理裁判、让裁判者负责的司法改革目标的重要一环。业务庭与审委会、合议庭的相对分离，排除行政管理权对法官审判权的不当干预，"人情案""关系案"的发生概率大为降低，为法官公正审判、树立司法权威创造条件。

（2）审判长。审判长是人民法院合议庭中，负责组织审判活动的人员，其身份具有双重属性，既是案件的审判人员，也是合议庭审案的组织者。其主要职权除对个案直接行使的审判权外，也包括对合议庭的组织管理权：指定合议庭其他成员担任案件承办人；组织合议庭成员和有关人员做好庭审准备及相关工作；主持庭审活动；主持合议庭对案件进行评议，做出裁判；对重大疑难案件和合议庭意见有重大分歧的案件，依照规定程序报请院长提交审判委员会讨论决定；依照规定权限审核、签发诉讼文书；依法完成其他审判工作。

（3）主审法官。所谓主审法官，就是法院的案件承办人。从当今司法责任制的要求来看，案件承办人是案件追责的主要对象。对主审法官的审判责任需要注意以下两点：一是每个主审法官承办的案件要实现大体的平衡。这种平衡不能仅是案件的数量平衡，还应综合考虑案件的总体难易程度，进行综合考量。二是案件的类型上也要平衡。这种平衡需根据法官个人的特点、知识结构等来考虑案件的分配，以有利于"人尽其才，物尽其用"，实现司法资源的优化配置。

（4）审判团队。审判团队通常是1+1+N的模式，即由一个审判法官加一个法官助理再加书记员和其他司法行政人员组成的承办案件的集体组织。它是一种具有一定的独立性、也具有较强业务操作性的审判组织架构，是当代法院系统内部审判权运行去行政化，淡化业务庭或其他行政管理机构对审判业务的直接领导，推行审判业务扁平化管理的一种重要改革尝试。它的人员组成应有相应的专业化和集约化的要求，开展的活动应保持相应的自主独立空间，并保障其功能发挥所必要的物质、人员条件。

5. 法院案件管理的监督机构。法院的案件管理可以由以下内设机构进行监督：①法院的咨询或专业委员会。这种监督的优点是内部监督、比较熟悉法院的业务，有利于全面有效的评价。②法院考评委员会或考评领导小组。主要是对案件管理进行考察、评价，将考评结果反馈给有关部门及领导。③法院的纪检部门。主要对法院纳入考评范围对象的政治思想、工作作风、遵纪守法等情况进行监督检查，对出现的违纪违法行为予以党纪政纪处分，从而为法院案件管理的有效实施提供思想和组织保障。

（四）理顺法院案件管理与审判程序的关系

1. 书面审查程序中案件管理手段的运用。书面审查是与开庭审理相对应的一种法庭审理案件的方式，书面审查程序一般具有以下特点：①法官审理活动具有封闭性，一般不对当事人或不同时对当事人公开；②在审理过程中，双方当事人不出庭，也不进行口头辩论，法官的活动是书面审理形式的主要内容。① 我国现行《民事诉讼法》第一百六十九条规定，第二审人民法院对上诉案件，应当组成合议庭，开庭审理。经过阅卷、调查和询问当事人，对没有提出新的事实、证据或者理由，合议庭认为不需要开庭审理的，可以不开庭审理。《最高法院关于〈中华人民共和国民事诉讼法〉的解释》第三百三十三条规定，第二审人民法院对下列上诉案件，依照民事诉讼法第一百六十九条规定可以不开庭审理：（一）不服不予受理、管辖权异议和驳回起诉裁定的；（二）当事人提出的上诉请求明显不能成立的；（三）原判决、裁定认定事实清楚，但适用法律错误的；（四）原判决严重违反法定程序，需要发回重审的。我国刑事审判活动中对二审案件的审理方式主要有两种，即开庭审理和不开庭审理。我国现行《刑事诉讼法》第二百三十四条和《最高人民法院关于适用〈中华人民共和国刑事诉讼法〉的解释》第三百九十三条对应开庭审理作了相应规定，其中主要是被告人、自诉人及其法定代理人对第一审认定的事实、证据提出异议，可能影响定罪量刑的；被告人被判处死刑的上诉案件；人民检察院抗诉的；其他应当开庭审理的案件等。

以减刑、假释案件审理为例，一般采用监狱提请—法院书面审理的方式，具有较强的书面审理、行政审批的特点，在案件办理过程中合议庭和

---

① 参见王福华《直接言词原则与民事审理样式》，《中国法学》2004年第1期。

承办法官一般采用查阅卷宗材料和监狱报告材料的方式进行，审理过程不与被审理对象见面，没有亲历感知审理对象的改造情况和思想状况。根据《最高人民法院关于减刑、假释案件审理程序的规定》（法释〔2014〕5号）第六条规定，人民法院审理减刑、假释案件，可以采取开庭审理或者书面审理的方式。但下列减刑、假释案件，应当开庭审理：（一）因罪犯有重大立功表现报请减刑的；（二）报请减刑的起始时间、间隔时间或者减刑幅度不符合司法解释一般规定的；（三）公示期间收到不同意见的；（四）人民检察院有异议的；（五）被报请减刑、假释罪犯系职务犯罪罪犯，组织（领导、参加、包庇、纵容）黑社会性质组织犯罪罪犯，破坏金融管理秩序和金融诈骗犯罪罪犯及其他在社会上有重大影响或社会关注度高的；（六）人民法院认为其他应当开庭审理的。各地法院办理减刑、假释案件采用办案系统进行，具体采用监狱网上报—法院网上办—法庭远程审的方式进行。监狱将对罪犯的考核奖惩、认罪悔罪等情况实行网上录入，向法院报送案件以电子数据形式通过网上进行传输。法院对减刑假释案件的立案、分案、阅卷、审查、文书起草及审签等活动均在网上进行。整个减刑、假释案件办理主要运用计算机信息网络、高清晰媒体传输存储等科学技术，实现远程开庭提讯、远程打印、远程调试等功能的数字化高清远程审判法庭，实现提讯、开庭全程录音录像、文书生成、文书往返整个审判工作都在网上进行，大大提高了审判效率，也提高了案件管理信息化手段的运用，同时该网络实现了检察机关随时抽查和监督的接口。案件办理实现了全程无纸质卷宗、无人员见面；但检察机关可随时进行案件审理监督；审判管理办公室和院、庭长可实现网上进行审判管理监督。

2. 通过破解请示汇报制度发挥二审程序应有的功能。

（1）赋予一审法院对发改案件的异议建议权。对于二审法院发改率问题，不仅直接影响一审法院的独立审判权，而且间接造成了这种质效考评式样的审判管理方法有替代甚至蚕食二审实质审理的负面作用。故应赋予一审法院对发改案件的异议建议权，由一审法院研究后定期或逐案向上级法院审判管理部门报送发改异议案件，上级法院审判管理部门做类型化梳理后认为具有普遍意义的，报请审委会讨论后以适当方式对该类问题进行规范和指导。建立发改案件工作台账，包括发改案件的案号、案由、同类型案件数量、发改原因等基本情况，建立改发案件双向分析通报制度，定期召开改发案件分析会，解析案件改发原因，解决普遍性问题，并形成研讨通报定期印发，逐步推进司法标准化建设。

（2）以二审法院的沟通协调取代一审法院的请示汇报。实践中，请示汇报等审判管理一定程度上加剧了审判权运行的行政化色彩：一是院、庭长的行政权力在审判管理中具有特殊优势的地位；二是对于敏感、疑难案件，向上级法院请示汇报，以便求得二审结论上的统一和支持。为此，二审法院发改前需建立沟通协调机制，沟通节点应当限定在二审法院合议庭初次评议之后、二审决定发改之前，弱化一审法院意见对二审裁判结果的干预；完善发回重审的公开释明机制和信息双向反馈机制，二审法院发回重审和改判案件，应当在裁判文书中指出一审法院存在的具体问题，并阐明裁判理由，及时在各种形式将裁判文书予以公开，从而避免两级法院因交换意见出现法院内部新的行政化处理方式。

（五）法院案件管理的具体措施

1. 根据不同地区和不同法院的实际情况，采取多样灵活的案件管理操作方式和程序。规范全国法院的案件管理，并不意味着全国整齐划一，更不是完全忽略地方法院的自身特点，而是在统一规范法院案件管理的同时，也要发挥地方的优势、强调地方法院的积极性。全国法院案件管理规则只是原则性的制度安排，各级地方法院需要在此基础上结合各自的特点与本院实际情况确立案件管理机制。允许并鼓励各地法院在充分实现案件管理总体目标的前提下，按照实际情况安排案件管理，实现案件管理的多元化。

2. 法院审判管理工作的绩效考核与案件质量评查相分离。案件质量评查是法院内部监督和案件质量监管的手段，有监督纠错、考核、引导、规范、同意司法尺度等各项功能。案件评查工作是手段，而绝对不是目的。案件评查的统计数据在短期内会发挥一定的导向作用，如果简单地将质效指标和数据直接运用到绩效考核工作中，长此以往难免会发展成为盲目追求指标漂亮的数字游戏。所以应明确摈弃机械僵化地理解和运用绩效考核，人为割裂指标之间的逻辑和权重关系的做法，将案件质量评估与法院绩效考核相分离，取消各种形式的排名排序，充分发挥案件质量评查中"评"的功能，弱化"比"的色彩。注重定量分析与定性分析相结合，当数据差异居于合理区间时，应当结合数据形成原因进行定性分析。弱化发改率对法院法官绩效考核的影响。只要存在审级，就会存在发回重审或改判,这是两审终审制度的应有之义。二审发改率并不必然与一审质量具有一一对应关系,应当对被发改持相对宽容的态度,适当调低发改率在案件质量评估体系中的权重,提高其满意值,纠正把改发率当命根的导向。在法官业绩考核中,不把被改发情况作为评优评先、职级晋升的依据,而作为对法官改进工作的提示性意见。尤其应当纠正视二审发改案件为差错案件追究法官责任的做法,建立二审发改案件甄别机制,严格设定错案与瑕疵案件的认定程序及责任追究方法,构建多元开放复合的法院法官绩效评价体系。

3. 规范和落实错案责任追究制。"由审理者裁判、让裁判者负责"是当下司法体制改革的重要内容之一。错案是任何时代、任何制度都无法避免的,对此法院对错案的界定、追究需要科学合理,既不能失之过宽,也不能失之过严,防止"过犹不及"现象的出现。有学者认为,错案应具备三个构成要件:一是主体要件,即案件的实际裁判者;二是客观要件,案件存在事实认定或法律适用错误;三是程序要件,错案必须经过人民法院审判组织予以确认。并提出错案追责的四项原则:一是实事求是,不得冤枉也不能包庇等;二是依据法律和适用正当程序,不能未经法定程序与法定事由而追究有关人员责任;三是裁断标准要统一,通常限于故意和重大过失的情形;四是要公开与及时,不能搞"秋后算账"。[①]"评价错案必须科学界分瑕疵案件、错误案件和违法审判,明确各种审判责任的追究主体、追责程序和责任形式。"[②] 对于错案责任追究程序,可以由审判管理部门收集相关资料,进行线索初查,将初查情况移交法院考评委员会和纪检部门审查、核实,并提出相应的处理意见,报法院审判委员会做出处分决定,如果错案性质严重或造成重大社会影响,还需将错案责任追究的处理决定报上级法院审查批准。

4. 提高信息技术手段在案件管理中运用的水平。我国地域辽阔、地区经济发展差异较大,各地在推进信息化建设中并不同步,总体呈现沿海经济发达地区比较先进、紧跟时代步伐,而内陆欠发达地区则出现办公平台老化、满足不了现实需要的境地。因此,"针对一些法院信息化建设缺

---

① 参见杨宜中、吴美来《审判权运行机制改革与司法公开背景下的审判管理专题研讨会综述》,《人民司法》2015年第3期。
② 参见审判管理专委会秘书处《审判权运行机制改革与司法公开背景下的审判管理》,《法律适用》2015年第5期。

乏规划、建设滞后、建用脱节、建管分离、效能不高等实际，也针对传统的管理方式和手段面临的审判管理管不了、管不到、管不好等问题"，①需要特别注意以下情形：第一，要统筹谋划，分步骤、有重点构建信息化平台，并且要尤为注意加强欠发达地区的推进速度与质量；第二，要在重点领域、核心领域、待突破领域等加强建设，实现有利于提升司法效率、促进司法公正、规范司法行为、强化司法监督等；第三，要依托有关技术平台，创新案件审判管理模式，努力实现全过程、全方位的全面覆盖，将管理从事前、事中到事后的各个环节都能进行科学的管理，提高管理水平和审判效率；第四，要在有利于司法公开、司法规范、司法监督等部分着力建设；第五，要回归到司法为民、司法便民的轨道上，切实保障人民的司法需求，在人民常需的、急需的领域加大建设力度。

　　加强案件管理的信息化建设，构建智能化司法是大数据时代提出的内在要求，"落实司法公开要求，在立案大厅设置案件查询系统，当事人可凭案号查询审判进程；对法庭进行信息化改造，当事人可即时阅读庭审笔录，庭审过程可直播观摩并进行存储；推进裁判文书在互联网上的公开；依托信息化，推行执行告知、执行对话、执行日志公开等措施，保障了执行当事人、利害关系人的知情权、参与权"②。通过技术建设将相关系统及配套软硬件应用于案件管理，既有利于案件的审理、裁判、执行等司法环节的效率提升，也便于审管部门对审判活动进行监督、服务，提高自身的管理工作效能。

---

① 参见朱明《以"六化"推进审判管理科学化》，《中国审判新闻月刊》2014年第1期。
② 参见邹川宁《强化案件质量效率管理，推动审判工作科学发展》，《山东审判》2010年第1期。

参考文献

一 译著

［英］阿德里安·A. S. 朱克曼：《危机中的民事司法》，傅郁林等译，中国政法大学出版社2005年版。

［意］贝卡里亚：《论犯罪与刑罚》，黄风译，中国法制出版社2005年版。

［美］本杰明·卡多佐：《司法过程的性质》，苏力译，商务印书馆2000年版。

［英］彼得·斯坦、约翰·香德：《西方社会的法律价值》，王献平译，中国人民公安大学出版社1990年版。

［美］博登海默：《法理学：法哲学与法律方法》，邓正来译，中国人民大学出版社1999年版。

［美］布莱克：《法律的运作行为》，唐越、苏力译，中国政法大学出版社1994年版。

［美］大卫·D. 弗里德曼：《经济学语境下的法律规则》，杨欣欣译，法律出版社2004年版。

［英］戴维·M. 沃克：《牛津法律大辞典》，光明日报出版社1988年版。

［美］道格拉斯·C. 诺斯：《制度变迁理论纲要》，载《经济学与中国经济改革》，上海人民出版社1995年版。

傅郁林、［荷］兰姆寇·凡瑞主编：《中欧民事审判管理比较研究》，法律出版社2015年版。

［美］戈尔丁：《法律哲学》，齐海滨译，生活·读书·新知三联书店1987年版。

［美］亨廷顿：《变化中的政治秩序》，王冠华等译，生活·读书·新知三联书店 1989 年版。

［美］杰弗里·非佛、杰勒尔德·R. 萨兰基克：《组织的外部控制——对组织资源依赖的分析》，闫蕊译，东方出版社 2006 年版。

［德］克劳斯·罗科信：《刑事诉讼法》，吴丽琪译，法律出版社 2003 年版。

［美］克特·W. 巴克：《社会心理学》，南开大学出版社 1984 年版。

［美］库恩：《博弈论经典》，韩松译，中国人民大学出版社 2004 年版。

［德］马克斯·韦伯：《论经济与社会中的法律》，张乃根译，中国大百科全书出版社 1998 年版。

［英］马林诺夫斯基：《原始社会的犯罪与习俗》，原江译，法律出版社 2007 年版。

［法］孟德斯鸠：《罗马盛衰原因论》，商务印书馆 1962 年版。

［美］米尔伊安·R. 达玛什卡：《司法和国家权力的多种面孔——比较视野中的法律程序》，郑戈译，中国政法大学出版社 2004 年版。

［德］米夏埃尔·施蒂尔纳：《德国民事诉讼法学文萃》，赵秀举译，中国政法大学出版社 2005 年版。

［日］棚濑孝雄：《纠纷的解决与审判制度》，王亚新译，中国政法大学出版社 2002 年版。

［美］萨利·安格尔·梅丽：《诉讼的话语——生活在美国社会底层人的法律意识》，郭星华等译，北京大学出版社 2007 年版。

［美］史蒂文、卢克斯：《权力：一种激进的观点》，彭斌译，江苏人民出版社 2008 年版。

［美］汤姆·R. 泰勒：《人们为什么遵守法律》，黄永译，中国法制出版社 2015 年版。

［美］沃尔特·W. 鲍威尔、保罗·J. 迪马吉奥主编：《组织分析的新制度主义》，姚伟译，上海人民出版社 2008 年版。

［美］乌戈·马太：《比较法律经济学》，沈宗灵译，北京大学出版社 2005 年版。

［古希腊］亚里士多德：《政治学》，商务印书馆 1965 年版。

［德］尤尔根·哈贝马斯：《交往行为理论：行为合理性与社会合理

化》,曹卫东译,上海人民出版社2004年版。

[奥地利]尤根·埃利希:《法律社会学基本原理》,万哲编译,江西教育出版社2014年版。

[美]约翰·M. 康利、威廉·M. 欧巴尔:《法律、语言与权力》,程朝阳译,法律出版社2007年版。

[美]詹姆斯·C. 斯科特:《国家的视角:那些试图改善人类状况的项目是如何失败的》,王晓毅译,社会科学文献出版社2011年版。

[美]詹姆斯·G. 马奇、[挪]约翰·P. 奥尔森:《重新发现制度:政治的组织基础》,张伟译,生活·读书·新知三联书店2011年版。

二 国内著作

毕玉谦主编:《司法公信力研究》,中国法制出版社2009年版。

陈传明、周小虎:《管理学》,清华大学出版社2009年版。

陈光中、沈国峰:《中国古代司法制度》,群众出版社1984年版。

陈瑞华:《刑事审判原理论》,北京大学出版社1997年版。

陈卫东主编:《刑事诉讼法学研究》,中国人民大学出版社2008年版。

储建国:《调和与制衡——西方混合政体思想的演变》,武汉大学出版社2006年版。

杜豫苏:《上下级法院审判业务关系研究》,北京大学出版社2015年版。

范愉:《纠纷解决的理论与实践》,清华大学出版社2007年版。

风笑天:《社会学研究方法》,中国人民大学出版社2009年版。

冯丽霞:《政党、国家与法治——改革开放30年中国法治发展透视》,人民出版社2008年版。

高宣扬:《当代社会理论》,中国人民大学出版社2010年版。

龚刃韧:《现代日本司法透视》,世界知识出版社1993年版。

顾培东:《诉讼制度的哲学思考》,载柴发邦编《体制改革与完善诉讼制度》,中国人民公安大学出版社1991年版。

韩苏琳编译:《美英德法四国司法制度概况》,人民法院出版社2002年版。

何挺:《现代刑事纠纷及其解决》,中国人民公安大学出版社2011

年版。

贺卫方：《司法的理念与制度》，中国政法大学出版社1998年版。

怀效锋主编：《法院与法官》，法律出版社2006年版。

黄仁宇：《万历十五年》，生活·读书·新知三联书店1997年版。

李方民：《司法理念与方法》，法律出版社2011年版。

李文健：《刑事诉讼效率论》，中国政法大学出版社1999年版。

刘春年编：《司法精义——审判热点探究》，人民法院出版社2003年版。

冉井富：《当代中国民事诉讼率变迁研究——一个比较法社会学的视角》，中国人民大学出版社2005年版。

宋冰编：《程序、正义与现代化》，中国政法大学出版社1998年版。

宋冰：《读本：美国与德国的司法制度及司法程序》，中国政法大学出版社1998年版。

田平安：《民事诉讼法·原则制度篇》，厦门大学出版社2006年版。

汪庆华：《政治中的司法：中国行政诉讼的法律社会学考察》，清华大学出版社2011年版。

王晨编：《审判管理体制机制创新研究》，知识产权出版社2013年版。

王玉荣：《流程管理》，机械工业出版社2004年版。

吴英姿：《法官角色与司法行为》，中国大百科全书出版社2008年版。

谢佑平：《刑事司法程序的一般理论》，复旦大学出版社2003年版。

徐昕：《论私力救济》，中国政法大学出版社2005年版。

徐昕：《英国民事诉讼与民事司法改革》，中国政法大学出版社2002年版。

于显洋：《组织社会学》，中国人民大学出版社2001年版。

张军主编：《人民法院案件质量评估体系理解与适用》，人民法院出版社2011年版。

张卫平：《转换的逻辑：民事诉讼体制转型分析》，法律出版社2004年版。

张文显主编：《法理学》，高等教育出版社、北京大学出版社2007年版。

张志铭：《法理思考的印记》，中国政法大学出版社 2003 年版。
郑天翔：《郑天翔司法文存》，人民法院出版社 2012 年版。
周辅成：《西方伦理学名著选辑》下卷，商务印书馆 1987 年版。

三　报刊论文

艾佳慧：《中国法院绩效考评制度研究——同构制和双轨制的逻辑问题》，《法制与社会发展》2008 年第 5 期。

艾佳慧：《中国法院系统绩效考核制度研究——"司构性"和"双轨制"的逻辑及其问题》，《法制与社会发展》2008 年第 5 期。

蔡彦敏：《中国民事司法案件管理机制透析》，《中国法学》2013 年第 1 期。

陈柏峰：《领导干部干预司法的制度预防及其挑战》，《法学》2015 年第 7 期。

陈桂明、吴如巧：《美国民事诉讼中案件管理深度对中国的启示》，《政治与法律》2009 第 7 期。

陈璐、乐巍：《案件质量评估中的功利主义倾向及其规制》，载钱锋编《审判管理的理论与实践》，法律出版社 2012 年版。

陈忠、吴美来：《案件质量评估与审判绩效考核衔接机制研究》，《法律适用》2014 年第 3 期。

程印学：《浅析影响审判效率的基本因素》，《理论学刊》2004 年第 4 期。

重庆市第二中级人民法院课题组：《审判质效考核体系的考察与反思》，《法律适用》2011 年第 2 期。

邓志伟：《主观与客观之间：司法效率评估的选择与优化》，《法律适用》2011 年第 3 期。

樊崇义：《解读"以审判为中心"的诉讼制度改革》，《中国司法》2015 年第 2 期。

樊崇义：《论以审判为中心的诉讼制度改革》，《中州学刊》2015 年第 1 期。

方乐：《审判权内部运行机制改革的制度资源与模式选择》，《法学》2015 年第 3 期。

方流芳：《民事诉讼收费考》，《中国社会科学》1999 年第 3 期。

傅郁林：《以职能权责界定为基础的审判人员分类改革》，《现代法学》2015年第4期。

盖贝宁：《论"审判中心主义"下刑侦理念之变革》，《辽宁警察学院学报》2016年第1期。

高一飞、高建：《智慧法院的审判管理改革》，《法律适用》2018年第1期。

葛治华、邓兴广：《法院审判流程管理模式：反思与进路》，《政治与法律》2006年第4期。

顾培东：《人民法院内部审判运行机制的构建》，《法学研究》2011年第4期。

顾培东：《中国法治的自主型进路》，《法学研究》2010年第1期。

顾永忠：《"庭审中心主义"之我见》，《法制资讯》2014年第6期。

关玫：《司法公信力初论》，《法制与社会发展》2005年第4期。

郭松：《审判管理进一步改革的制度资源与制度推进：基于既往实践与运行场域的分析》，《法制与社会发展》2016年第6期。

韩大元、于文豪：《法院、检察院和公安机关的宪法关系》，《法学研究》2011年第3期。

贺卫方：《中国司法管理制度的两个问题》，《中国社会科学》1997年第6期。

贺欣：《为什么法院不受理这些纠纷？——司法决定过程中的法律、权力与政治》，载徐昕主编《司法制度演讲录》（第一卷），法律出版社2008年版。

胡夏冰：《审判管理制度改革：回顾与展望》，《法律适用》2008年第10期。

黄淳：《返璞归真：审判管理定位的理性分析》，载钱锋编《审判管理的理论与实践》，法律出版社2012年版。

黄金兰、周赟：《判决书的意义》，《法律科学》2008年第2期。

江必新：《域外案件管理改革的借鉴与启示》，《比较法研究》2013年第4期。

江西省高级人民法院课题组：《人民法院司法公信现状的实证研究》，《中国法学》2014年第2期。

李雨峰：《司法过程的政治约束——我国基层人民法院审判委员会运

行研究》,《法学家》2015年第1期。

廖小鑫:《论审判流程管理权与审判权的冲突及协调》,《韶关学院学报》(社会科学版)2008年第2期。

刘炎:《使命与职责——创新新时期的立案工作》,选自陈明主编《立案审判实务与创新》,人民法院出版社2004年2月第1版。

刘忠:《论中国法院的分庭管理制度》,《法制与社会发展》2009年第5期。

龙宗智:《审判管理:功效、局限及界限把握》,《法学研究》2011年第4期。

龙宗智、袁坚:《深化改革背景下对司法行政化的遏制》,《法学研究》2014年第1期。

毛煜焕、金宁:《让数据说话:法院司法统计与绩效管理——从司法统计的边缘化谈起》,《人民司法》2008年第3期。

沐润:《法院绩效考核机制的评析及其完善》,《云南大学学报》(法学版)2012年第2期。

钱颖萍:《司法改革视野下中国民事案件管理制度的构建》,《重庆大学学报》(社会科学版)2015年第1期。

邱新华:《浅析信息技术在审判管理中的应用》,《山东审判》2010年第6期。

冉井富:《现代进程与诉讼:1978—2000年社会经济发展与诉讼率变迁的实证分析》,《江苏社会科学》2001年第3期。

沈德咏:《新时期中国司法改革进程纲要》,《人民司法》2004年第6期。

沈德咏:《刑事司法程序改革发展的基本方向》,《人民法院报》2014年10月24日第002版。

审判管理专委会秘书处:《审判权运行机制改革与司法公开背景下的审判管理》,《法律适用》2015年第5期。

施鹏鹏、王晨辰:《论司法质量的优化与评估》,《法制与社会发展》2015年第1期。

孙长永:《审判中心主义及其对刑事程序的影响》,《现代法学》1999年第4期。

孙海龙、高翔:《审判事务管理权的回归》,《人民司法》2010年第

9 期。

孙立平：《改革以来中国结构的变迁》，《中国社会科学》1994 年第 2 期。

孙启福、吴美来：《案件质量精细化管理的局限及其克服》，《法律适用》2012 年第 6 期。

孙万胜：《以科学考评提升审判质量与效率》，《人民法院报》2006 年 1 月 9 日。

孙宪忠：《"调撤率"不宜作为法院绩效考核指标》，《中国社会科学报》2013 年 4 月 10 日。

田平利、雷霆：《从差异到融合：统一审判管理体系下的案件质量评估与审判质效考核》，《审判管理研究与参考》2015 年第 3 辑。

王晨：《审判管理的性质与体制机制建构》，《人民司法》2014 年第 5 期。

王福华：《直接言词原则与民事审理样式》，《中国法学》2004 年第 1 期。

王国侠：《基层法院审判资源管理现状及优化路径》，《上海政法学院学报》（法治论丛）2015 年第 4 期。

王睿：《理性形式主义的诉讼运行和控制机制之构建——兼谈对审判流程管理制度的几点思考》，《立案审判改革与探索》，人民法院出版社 2004 年版。

王亚新：《法院财政保障的现状及前景略议》，《学习与探索》2010 年第 4 期。

王亚新：《司法成本与司法效率——中国法院的财政保障与法官激励》，《法学家》2010 年第 4 期。

魏建国：《"科学主义"对大陆法系影响的考察与反思》，《北方法学》2010 年第 5 期。

魏文彪：《禁止法院院长干预审判有利司法去行政化》，《人民论坛》2015 年第 8 期。

夏锦文：《当代中国的司法改革：成就、问题与出路》，《中国法学》2010 年第 1 期。

肖宏：《激励型管理与司法效率》，《人民法院报》2011 年 1 月 19 日。

肖建国：《程序公正的理念及其实现》，《法学研究》1999 年第 3 期。

肖扬：《公正与效率：新世纪人民法院的主题》，《人民法院报》2001年1月1日。

许建兵：《中国特色审判管理机制构建之构想》，《法律适用》2009年第9期。

杨宜中、吴美来：《审判权运行机制改革与司法公开背景下的审判管理专题研讨会综述》，《人民司法》2015年第3期。

姚莉：《司法效率：理论分析与制度构建》，《法商研究》2006年第3期。

叶向阳：《试论审判长联席会议的运行机制及功能实现》，《法律适用》2008年第7期。

叶自强：《论法的独特价值》，《诉讼法论丛》2000年第1期。

岳麓山：《遵循司法规律，推进审判管理科学发展》，《人民法院报》2010年8月10日。

张晋红、梁智刚：《完善民事审判流程管理机制的动因、目的与目标——以我国民事审判流程管理机制改革的背景与进路为基础》，《民事程序法研究》2008年第4期。

张卫平：《我国法院体制的非行政化——法院体制改革的一种基本思路》，《法商研究》2000年第3期。

张文显：《联动司法：诉讼社会境况下的司法模式》，《法律适用》2011年第1期。

章武生、吴泽勇：《论民事诉讼的目的》，《中国法学》1998年第6期。

周雪光：《基层政府间的"共谋"现象：一个政府行为的制度逻辑》，《开放时代》2009年第12期。

朱明：《以"六化"推进审判管理科学化》，《中国审判新闻月刊》2014年第1期。

邹川宁：《强化案件质量效率管理，推动审判工作科学发展》，《山东审判》2010年第1期。

邹谠：《中国二十世纪政治与西方政治学》，《经济社会比较》1986年第4期。

左卫民：《中国基层法院财政制度实证研究》，《中国法学》2015年第1期。

左卫民：《最高法院若干问题比较研究》，《法学》2003 年第 11 期。

四 官方规范性文件

《人民法院第二个五年改革纲要》，《中华人民共和国最高人民法院公报》2005 年第 12 期。

《人民法院第三个五年改革纲要》，《中华人民共和国最高人民法院公报》2009 年第 5 期。

《人民法院五年改革纲要》，《中华人民共和国最高人民法院公报》1999 年第 6 期。

肖扬：《最高人民法院工作报告》，1999 年 3 月 15 日第九届全国人民代表大会第二次会议通过。

最高人民法院办公厅：《最高人民法院重要司法文献选编》，人民法院出版社 2010 年版。

最高人民法院：《关于基层人民法院审判质量管理工作的指导意见》，2010 年 12 月 9 日。

最高人民法院：《关于开展案件质量评估工作的指导意见》，2011 年 3 月 10 日。

最高人民法院：《关于开展"审判质量年"活动的通知》，2009 年 3 月 10 日。

最高人民法院印发《〈关于加强人民法院审判管理工作的若干意见〉的通知》。

五 英文文献

Kerkvliet, Benedict J. Tria, *The Power of Everyday Politics: How Vietnamese Peasants Transformed National Policy*, Cornell University Press, 2005.

Michael E: Shared Cooperative Activity, *Philosophical Review* 101\\ 2, April 1992.

Xin He, "Block Hole of the Responsibility: The Adjudication Committee's Role in a Chinese Court", *Law and Society Review*, 2012, Vol. 46, Issue 4.